国家最高科学技术奖获奖人丛书 第三辑
国家科学技术奖励工作办公室

一清如水

徐光宪传

Xu Guangxian

郭建荣 编著

中国科学技术出版社
·北京·

图书在版编目（CIP）数据

　一清如水：徐光宪传／郭建荣编著．—北京：
中国科学技术出版社，2013.11
　（国家最高科学技术奖获奖人丛书）
　ISBN 978-7-5046-6447-1

　Ⅰ．①一…　Ⅱ．①郭…　Ⅲ．①徐光宪-传记
Ⅳ．① K826.13

　中国版本图书馆 CIP 数据核字 (2013) 第 247535 号

出 版 人　　苏　青
策划编辑　　吕建华　许　英
责任编辑　　赵　晖　高立波
责任校对　　何士如
责任印制　　张建农
装帧设计　　中文天地

出　　　版　　中国科学技术出版社
发　　　行　　科学普及出版社发行部
地　　　址　　北京市海淀区中关村南大街16号
邮　　　编　　100081
发行电话　　010-62103354
传　　　真　　010-62179148
网　　　址　　http://www.cspbooks.com.cn

开　　　本　　787mm×1092mm　1/16
字　　　数　　290千字
印　　　张　　23
版　　　次　　2014年3月第1版
印　　　次　　2014年3月第1次印刷
印　　　刷　　北京盛通印刷股份有限公司
书　　　号　　ISBN 978-7-5046-6447-1
定　　　价　　96.00元

序

科技部组织出版这套丛书，向全社会宣传国家最高科学技术奖获奖者的奋斗历程和先进事迹，非常有意义。

我国是历史悠久的文明古国。在漫长的历史进程中，我国产生了众多在世界文明发展史上有着重要地位的思想家、科学家、文学家等杰出人物，他们创造的成就彪炳史册。新中国成立后，我国广大科技工作者发愤图强、勇攀高峰，在许多领域取得了领先世界的成就，为缩小我国科学技术与世界先进水平的差距作出了重要贡献。吴文俊同志、袁隆平同志等国家最高科学技术奖获得者，就是我国科技工作者的杰出代表。

他们能取得今天这样的成就不是偶然的。在长期工作和生活的道路上，他们不断坚定为祖国和人民贡献力量和智慧的远大理想，在科学研究中历经磨砺和艰辛而矢志不移，始终为祖国的强盛和人民的幸福而奋斗不息。在他们身上，集中体现了我国知识分子爱国主义的高尚情操和中华民族自强不息的优良传统，集中体现了我国人民强烈的民族自尊心、自信心和自豪感，集中体现了我国科技工作者敢于创新、顽强拼搏、为中华民族争气的宏大抱负，集中体现了严谨治学、为人师表、平易近人、甘为人梯的崇高精神。他们用自己的行动为我国科技事业的发展写下了美好的篇章，用自己的勤奋和智慧作出了无愧于祖国和时代的贡献。

广泛宣传国家最高科学技术奖获奖者的事迹，对弘扬爱国主义精神，增强全民族的科学意识，激励广大科技人员勇攀科学技术高峰，启迪青少年的创新思维，在全社会形成尊重人才、鼓励创新的良好风尚，有着积极的作用。一切有志于为中华民族伟大复兴而贡献力量的人们，都应该以国家最高科学技术奖获奖者为榜样，爱国敬业，甘于奉献，敢于创新，努力在我国亿万人民为全面建设小康社会、开创中国特色社会主义事业新局面进行的伟大奋斗中实现自己的人生理想和价值。

江泽民

2003 年 2 月 15 日

目录
CONTENTS

一清如水

徐光宪传

第一章　年少思奇路坎坷

名士之乡的文化滋养，父亲的循循善诱，母亲的谆谆教诲，黑白世界的千变万化，"鸡兔同笼"和"幻方"的奇妙，天上的星星和中药铺的抽屉引起徐光宪极大的好奇，一生探索不止。

图 1-1　1925 年徐光宪 5 岁与父亲徐宜况、大哥徐光宇，二哥徐光宙合影

1 名士之乡

　　徐光宪于 1920 年 11 月 7 日（农历庚申年九月廿七日），出生在浙江省绍兴市城内宣化坊 39 号。他的父亲徐宜况（1883—1933），别号东山居士（见图 1-1），于 1883 年 4 月 23 日出生于浙江省绍兴府上虞县汤浦镇下徐村东山七亩故居。所以，徐光宪生长于绍兴而祖籍是上虞。

　　相传四千年前的新石器时代，当时炎黄联盟的首领之一、陶唐氏部落长唐尧年迈之后，考虑继位人选，他自知其长子丹朱，德才不足，难膺重任，便四出寻访贤人，大族长们一致推荐虞舜，于是唐尧把部落长的位置禅让给虞舜。丹朱不服，等唐尧死后，蠢蠢欲动。舜避让丹朱，回到上虞故乡隐居。不料百位大首领不服丹朱，都到上虞来拥戴虞舜。现在上虞市政府的所在地"百官"，据说即由此而来（参见《上虞乡贤文化》第一辑，5页）。

舜以大象教民农耕，这是以兽力代替人力的一次农业革命。2009年6月徐光宪与女儿徐放，外甥女胡长康曾在舜象石雕前留影。这个亚洲最大的石雕，是著名美术家韩美林设计的，有9头大象，6头小象，重1600吨，气势雄伟。胡长康是中科院古生物研究所的资深研究员，对周口店猿人等考古研究作出过重要贡献。

上虞属绍兴府。绍兴，古越之地，位于杭州湾南岸的宁绍平原西部。南部会稽山脉绵延起伏，千岩竞秀，万壑争流，山清水秀，景色宜人。"越中山水镜中看"、"山阴道上行，如在镜中游。""遥闻会稽美，一弄耶溪水。万壑与千岩，峥嵘镜湖里。"……赞美之词广为传扬。江南水乡绍兴，人杰地灵。据资料载，从越国至今的两千多年间，绍兴人才辈出，代不乏人，数以千计。著有《论衡》的汉王充、流传千古的《兰亭集序》的作者人称书圣的晋王羲之、唐诗人贺知章、宋词人陆放翁、元画家王冕、明医圣张景岳及哲学家王守仁和书画家徐渭、清治水专家何焯及史学家章学诚和篆刻家赵之谦等，近代以来绍兴籍的革命家、文学家、史学家、科学家更是不胜枚举，如徐锡麟、秋瑾、陶成章、杜亚泉、蔡元培、鲁迅、朱自清、邵力子、范文澜、马叙伦、陈建功、竺可桢、周恩来、马寅初、胡愈之、吴觉农、钱三强、俞大绂、金善宝、徐光宪……所以，毛泽东主席称绍兴为名士之乡："鉴湖越台名士乡，忧忡为国痛断肠。剑南歌接秋风吟，一例氤氲入诗囊。"（《绍兴典故》，277页）

人物的活动构成了人类的历史，特别是那些具有代表性的人物的活动，形成了他所在时代的生动画面，而他们的事功之影响可能超越时代和地域，广为流传，影响深远。"人物为

一郡之柱础，乡邦之光耀"，可见人物对一地域的重要。一方水土养一方人，家乡水土、文化精神滋养着它的子孙，人与环境互动，相互影响，所谓"地以人贵，人以地传。"（《新编方志十二讲》，113 页）

绍兴历史久远，大禹陵就在绍兴。大禹治水"三过家门而不入"的那种刻苦耐劳的敬业精神对徐光宪有深远影响。

2 温暖的家

徐光宪的母亲徐陈氏（1881—1952），于 1881 年 4 月 9 日生于绍兴城内前观巷大成弄 10 号，即明代书画家、文学家徐渭（字文长）先生故居——青藤书屋（见图 1-2）。徐文长先生的后嗣衰微，未能守业。1793 年，徐光宪外婆陈家的祖先陈无波先生出于对徐文长先生的景慕，买下了他的宅第和藏画。此后二百余年，陈家一直住在这座宅第中，并在宅中设了

图 1-2　青藤书屋原貌（左）（汤伟星摄）和近照（右）

徐文长先生的牌位，每年清明节祭祀徐文长先生。

徐文长简介

明代著名文学家、书画家、戏曲家徐渭（1521—1593），初号文清，后改文长，别号有田水月、山阴布衣、天池山人、青藤道士等，以文长行世。徐文长虽幼年聪慧，颇受邻里称赞，但年少失怙，家境不顺，又屡试不第，名落孙山，一生坎坷。1552年夏，倭乱战火烧到绍兴一带地区，已过而立之年的徐文长虽在仕途中碰得头破血流，但当他面对民族忧患、百姓安危时，却能积极投身抗倭。由于他平生颇阅兵法，龛山战役，由胡宗宪指挥，徐文长参与谋划，打败倭寇，终获大胜。在抗倭期间，徐文长写了大量诗文赞颂抗倭将士，如他的《龛山凯歌》第四首："短剑随枪暮合围，寒风吹血着人飞。朝来道上看归骑，一片红冰冷铁衣。"他的诗文爱憎分明、极富联想，在《龛山凯歌》第九首中，徐文长由中国战场写到日本望夫的女子："夷女愁妖身画丹，夫行亲授不缝衫；今朝死向中华地，犹上阿苏望海帆。"（《绍兴名士》，172页）他能在痛恨倭寇的同时，却给予骨埋异国的倭人之妻以无限同情，无疑是徐文长的民本思想、仁者爱人的表现。

徐文长中年以后的诗趋向诡奇多变、峻厉强横，是由于他大量吸收了韩愈、李贺、李白、杜甫以及魏晋宋元诗赋之长，融于自己的感悟，以己所悟，抒发己情。徐文长博采众长，抒发个性的主张，开公安派文学之先河。

徐文长的杂剧语言犀利，思想清新，其中《四声猿》更有惊世骇俗之感，撼人心魄之力，开一代风气之先。《牡丹亭》的作者汤显祖为之倾倒，佩服得五体投地，他说："四声猿乃词坛飞将，辄为之演唱数遍。安得生致文长，自拔其舌！"（《绍兴名士》，176页）

徐文长的绘画艺术不求形似而重生韵，他的泼墨大写意，神到意到，随心所欲，风格独特，纵横不可一世，为"青藤画"风之肇始，深受后辈画家陈洪绶、郑板桥、吴昌硕、齐白石等大家的推崇。

徐文长诗文书画俱佳。他自称："吾书第一、诗二、文三、画四。"不论诗文书画，都表现了徐文长强烈的个性意识，那种精神要独立，意志要自由的锋芒在在可见。这一切都与徐文长一生境遇坎坷，精神压抑分不开。生活艰辛、精神痛苦、内心郁闷的人，往往会形成民本思想，并由此而产生悲愤情绪、反叛精神从而接近百姓。推崇"民为贵，社稷次之，君为轻。"（《孟子·尽心下》）的孟轲；"亲朋无一字，老病有孤舟！"（《登岳阳楼》）的杜甫；"僵卧孤村不自哀，尚思为国戍轮台"（《十一月四日风雨大作》其二）的陆游等，都是穷困益坚，不坠青云之志的榜样，都表现了一定的民本思想。

徐文长是个悲剧人物，但他留给我们的是丰富的精神财富，在他去世后的几百年间，不断被后人顶礼膜拜。陈家先祖买下他的全部藏画和宅第后，徐文长的故事也在陈家代代相传。可惜在19世纪末，陈家遭遇了一场火灾，徐文长先生的书画被烧毁大半。这个火烧现场在徐光宪童年时还保留着没有重建，听母亲讲述当年火烧的情境，还很后怕。

新中国成立后，徐光宪的表兄陈性存和陈宜卫的儿子陈惟于将徐文长先生故居前观巷青藤书屋以及保留下来的全部书画捐献给了绍兴市政府，辟为对公众开放的纪念馆。陈惟于长期担任绍兴市政协副主席，是6大部《绍兴市志》的编辑委员会顾问，对绍兴的文化建设作出重要贡献，提出不少好的建议。

（参看《绍兴市志》，以及何信恩编《绍兴文史资料》中陈惟于写的"青藤书屋沿革史"）。

徐光宪自幼常到青藤书屋外婆家，听那年代遥远但颇为亲切的故事：

　　我幼年时常随母亲到外婆家，享受外婆的宠爱。外婆坐在藤椅上，每次总是拉开旁边的抽屉给我吃橘子或苹果。后来外婆故世了，我问妈妈："外婆不在了，外婆的抽屉还在吗？"我也常到二舅舅住的房屋，听舅舅讲述徐文长先生的故事。二舅卧室的墙外就是徐文长先生手植的青藤，墙上嵌有碑文，很多人来拓碑文，以致碑文有些磨平了。

　　每年清明节，我会随母亲到外婆家上坟。一家人坐在两艘四明瓦的大乌篷船中（乌篷船的大小以明瓦称，"明瓦"指船上半透明的窗户；三明瓦的船约有 12 个座位，四明瓦的船约有 16 个座位），在水乡绍兴交错的河道里穿梭，再上岸爬山。正是春日，放眼望去，漫山遍野的都是红殷殷的杜鹃花，绍兴人叫它"映山红"；杜鹃的桃红与满山的绿色交融在一起，织成一幅美丽的画面，成为了我脑海里一幅不能忘怀的童年图景。

图 1-3　老绍兴照片

图1-4　绍兴市蔡元培联谊会第二届理事会留影。前排左起何信思、陈惟于、郭建荣、蔡英多、徐光宪、张国有、顾秋麟、李青、沈云姑、梁柱、蔡睟盎、李露儿、胡国枢、蔡至明

　　离徐光宪家宣化坊200米，就到轩亭口。这是辛亥革命的先驱，鉴湖女侠秋瑾英勇就义的地方。她的革命精神永远激励着绍兴儿女。

　　国人十分尊敬的伟大教育家蔡元培先生的故居就坐落在绍兴城内的笔飞弄，蔡元培与徐光宪的外婆家还有一段小故事。1900年蔡先生的原配王夫人不幸因病故世，为蔡元培做媒的人络绎不绝。徐光宪的外婆家是绍兴望族，当时有媒人为陈家三小姐（即徐光宪母亲的三姐，生于1877年，爱好诗文，是个才女）向蔡家提婚，但由于陈家三小姐不是天足，不合蔡元培的五项条

件之一而成为憾事。蔡元培当时提出的五个条件是：①天足者；②识字者；③男子不得娶妾；④夫妇意见不合时，可以解约；⑤夫死后，妻可以再嫁。这些男女平等的条件对当时的社会风气是很大的冲击，很有革命精神。据徐光宪回忆：

就因三姨母缠过足而不合格。她后来竟因此未嫁，一辈子和外婆住在一起。我叫她三爹，因她未婚，不愿小辈叫她姨母。后来蔡元培与完全符合他的五点要求的黄仲玉女士结婚。

一清如水 徐 光 宪 传

1916 年底蔡元培出任北京大学校长，他以"思想自由，兼容并包"八字真言重塑北京大学，通过立原则、揽人才、建体制、养风气、倡科研、广交流、融文理、收女生，弘扬民主和科学精神等措施，使北京大学成为现代意义上的大学，可以说没有蔡元培先生就没有今天的北京大学。2008 年 1 月在绍兴举办庆祝蔡元培先生诞辰 140 周年纪念活动。

徐光宪离开家乡的数十年中，不断回到绍兴水乡寻找他童年的美好记忆，乡情永永。

徐光宪是家里最小的孩子，上面有三位姐姐和三位哥哥。最大的大姐比他大 16 岁，最小的三哥也比他大 7 岁。由于他的年纪与哥哥姐姐相差太大，在他幼年时，三位姐姐已经出嫁，哥哥在上学，于是在家里他便没有可以一起玩的同龄伙伴，所以：

> 我的童年游戏都可以说是"自娱自乐"。我十分擅长一种游戏叫"拉铃"或"空竹"，就如同我们今天在杂技节目里经常看到的，两个轮子，轮心以硬棍相连，称作"双轮"；耍铃的人以一根绳子卡在两个轮子中间，拉动绳子，轮子便在绳子上开始飞快地转动。至于为什么叫"铃"，是因为轮子上通有小孔，铃子在转动的时候，风吹进小孔，便发出好听的声音。童年的我十分擅长玩这个游戏，能够把铃抛向空中、再接住、抛出、再接住……令旁边的人艳羡不已。我还能够玩"单铃"，就是去掉了一边的轮子，如同茶壶盖子一般形状的"铃"。"单铃"不像双铃一样对称，因此不平衡，玩它更需要技巧。
>
> 我还喜欢玩水。每当下雨的时候，家家户户都会把天上的雨水——绍兴人称之为"天落水"，十分形象——用半圆形的黑瓦和洋铁皮做成的圆筒引下来，引到一口直径

图 1-5　枕河人家照片（吴赛男摄）

可达一米的大缸里，作生活用水之用。那时候还没有自来水，生活用水来自雨水和井水；河水只做洗衣等用。我经常在下雨的时候，跑到引水的装置前面，去玩那些清凉的雨水，比如用手把铁皮圆筒的出口堵住，让雨水一时流不出，在铁皮圆筒里蓄积，积到一定程度了再放开手，于是积蓄的雨水便会急急喷出，喷得远远的，尽管屋子里会传来母亲的叫声，责怪我又弄湿了衣服，但我依然乐此不疲。

　　我家的前门正对着一条马路，后面正对的则是一条河，有一条阶梯直通河水边，女人们会在河边洗衣服。夏天的时候，会有船从河上经过，传来一阵阵响亮的"卖西瓜了"的吆喝声，这个时候，我们便会止住小船，买上十几个西瓜，一趟趟地搬回家里去，用清凉的井水冷却"冰镇"，最后一家人一起享受西瓜带来的凉意。

好一幅江南水乡的田园风光，充满了诗情画意，令人神往。

3 有趣的"鸡兔同笼"

徐光宪的父亲徐宜况，生于 1883 年，曾任前清中书科中书，民国后从浙江法政专门学校法律科毕业，持律师执照，在绍兴从事律师工作多年。他熟悉中国古代算术，爱好围棋，对培养幼子徐光宪的数学兴趣和逻辑思维有很大影响。作为律师并不需要出去上班，而是把家作为他的"律师事务所"。

于是，我便能经常和父亲待在一起。父亲熟悉《九章算术》（见图 1-6）、《孙子算经》等中国古代数学，经常给我出一些"鸡兔同笼"等算术题，还有"幻方"，在一个由若干个排列整齐的数组成的正方形中，图中任意一横行、一纵行及对角线的几个数之和都相等。这些从中国古老智慧而来的数学题，激发了我对数学的兴趣，在这之后，我经常缠着父亲，要求父亲再给我出些题目。

兴趣、爱好，是人们心理、情绪兴奋、激活的一种表现，是人们完成一件事的重要条件之一。中国古代教育家一向重视受教育者的兴趣、爱好、性情所近，注意调动其内在的积极因素、自身自动的活力，对儿童少年尤其重要。明代学者王阳明曾说："大抵童子之情，乐嬉游而惮拘检，如草木之始萌芽，舒畅之则条达，摧挠之则衰痿。今教童子，必使其趋向鼓舞，中心喜悦，则其进自不能已。譬之时雨春风，霑被卉木，莫不萌动发越，自然日长月化。"（《传习录·训蒙大意示教读刘伯颂等》）

中国教育传统中有许多值得今天借鉴的瑰宝，寓教于乐便是其中之一。四书五经为学子所必读，但文字简约，词义深

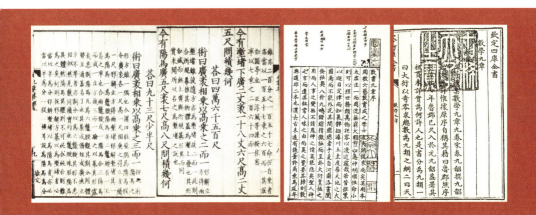

图1-6 《九章算术》书影

奥，儿童少年不易读记，于是有人进行变通成朗朗上口的形式。比如《论语》中的"各言尔志"曾晳（名点，曾参之父）的故事："（夫子问）'点！尔何如？'"曾点回答孔子："暮春者，春服既成，冠者五六人，童子六七人，浴乎沂，风乎舞雩，泳而归。"夫子喟然叹曰："吾与点也。"这段文字颇不易记咏。有人改为顺口溜的形式："暮春者，三月天。新做的棉布衫，大的大，小的小，同到南坑去洗澡。洗罢澡，乘风凉，回家唱个山坡羊。夫子听罢心欢喜，说我的徒弟就数你。"与原文大致意思相去不远，但生动活泼，小孩子教一遍基本就能记能说，表现了活生生的孔夫子教育思想。

不仅文史典籍如此，中国古代优秀的数学思想同样通过趣味游戏进行传授，《九章算术》《周髀算经》《海岛算经》《孙子算经》等都有好玩的例子。古代数学不是文人雅士的专利，中国民间也把数学作为游戏教给儿童少年，以启发他们的智力，为此起了好听好记的名目如苏武牧羊、李白沽酒、韩信点兵、三翁垂钓、三兵巡营、僧分馒头、鸡兔同笼、七巧板、九连环、华容道、九宫图等。并且多与生产、生活实际相联系，反映了中国人的数学观和生活观，《九章算术》即列有方田、粟米、衰分、少广、商功、均输、盈不足、方程、勾股与测量、分配、田亩等实际生活、生产有关的九个部分。趣题多多，略举数例：

"今有牛、马、羊食人苗，苗主责之粟五斗。羊主曰：'我羊食半马。'马主曰：'我马食半牛。'今欲衰偿之，问各出几何。"（《九章算术》）

"旷野之地有个桩，桩上系着一腔羊。团团踏破三亩二，试问羊绳几丈长。"（《算法统宗》）

"今有物不知其数，三三数之剩二，五五数之剩三，七七数之剩二。问物几何。"（《孙子算经》）

"今有雉兔同笼，上有三十五头，下有九十四足。问雉兔各几何。"（《孙子算经》）这就是广为流传的"鸡兔同笼"问题，它是"今有术"和"盈不足术"的发展，是现代数学二元一次方程组解应用题的实例。

有资料说，诺贝尔物理奖获得者、著名物理学家李政道博士曾用"五猴分桃"问题考问中国科技大学少年班的同学，结果无一人能答。李博士告诉大家，这个熟悉中国算术思想的小学生都可以简便解答的问题，著名物理学家狄拉克却没有找到简便解法，而著名数理逻辑学家和哲学家怀德海竟是通过高阶差分方程理论来解决的。中国传统数学思想不仅深奥、有趣，而且非常富有智慧。数学大师吴文俊院士曾指出，中国古代劳动人民在广泛实践的基础上，建立了最先进的实用的中国古代数学，直至16世纪，我国数学在最主要的领域尤其是在应用方面一直居于世界领先的地位，如开高次方、计算圆周率等都领先于西方。但缺少抽象而有严密的逻辑思维的欧几里得几何学的传统，而牛顿力学就是继承这一传统发展起来的。这可能是中国近代科学落后于西方的原因之一。中国数学的特点是，学习者不仅要明形数结合之理，还要明寓理于算之道。因此常常析理以词，解题用图，把形象思维与逻辑思维有机地结合了起来。

现在人们习惯说的"幻方"就是宋代数学家杨辉的"纵横图"亦称"九宫图"。它是从著名的"河图洛书"中的"洛书"推演出来的一个三行三列的数字方阵："洛书盖取龟象，故其数戴九履一，左三右七，二四为肩，六八为足。"杨辉深入研究了"九宫图"，找出了其中的规律，把它从三阶推向高阶，并命名为"纵横图"，其特点是方阵的每一行、每一列、对角线上各数字之和都相等。方阵虽小，魔力却大，千百年来吸引了中外多少数学家、数学爱好者。"幻方"实在是一块人类智慧的磨刀石，少年徐光宪曾为它着迷。

4 奇妙变幻于黑白之间

围棋，在我国古代称为弈，至今已有数千年的历史。几经变化，今天的围棋棋盘由纵横各 19 条线构成 361 个交点，棋子分为黑白两色，故被人们形象地称为"黑白世界"。黑白对垒，规则虽很简单，但布局千变万化，复杂奥妙。著有《梦溪笔谈》的北宋科学家沈括喜好围棋，并颇有研究，他计算出围棋的最大变化数约为"连书万字五十二"，即 1×10^{208}，可谓变化无穷。围棋不仅变化莫测，还具有美感，所谓二敌交行，星罗宿列。夺谋之妙，巧思参玄。深思远虑，知白守黑。行必量力，动必相时。驰神不竭，应运无穷。古来围棋高手临局，每每手起惊风雨，子落泣鬼神，如飞仙剑侠，令人莫测端倪；卷舒当其会要，取舍就在斯须。当将遇良才、棋逢对手之时，可见龙潜双关虎口争，黑白相击红光迸，厮杀的难解难分。棋局如战局，因此许多军事家都有围棋的嗜好，我们熟悉的陈毅元帅，便是闻名的围棋高手。围棋魅力无穷，引人入胜，至今仍为人们所喜爱。

围棋是中华民族传统文化中的瑰宝，它融科学、艺术和竞技为一体，对陶冶性情、愉悦身心、增长智慧、开发智力、培养意志和灵活变通的思维极有帮助，可增强一个人的计算能力、判断能力、逻辑思维能力，也能提高人的专注力和控制力。因此，几千年来为人们所喜爱，以至班固作弈旨之论，马融有围棋之赋。难怪有人因观黑白战，会愕然有所悟。

徐宜况非常喜欢下围棋，他的水平，当时在绍兴的棋馆和茶楼中已少有对手，估计在专业初段和二段之间。在徐光宪出生的1920年，他还编著了《中日围棋百式》一书，自费刻版印刷（见图1–7），可见他对围棋爱好非同一般。徐光宪至今还保留着这本和他同龄的书，深受父亲影响。

　　我从小就跟父亲学围棋。围棋的棋盘纵横各有19条线，共有361个交点。一个交点称为"一目"。黑白双方

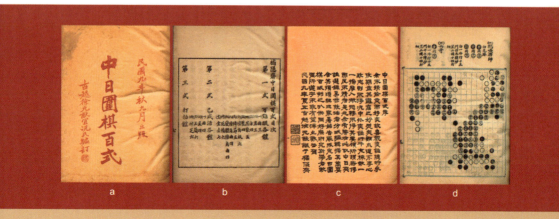

图1–7　徐宜况编著的《中日围棋百式》（a 封面；b 目录；c 序；d 内页）

依次下子，最后以占领"目数"多者为胜。

第一步怎么走呢？一般先在角上下子，因为角上在 3×3 路上下一子就能占领一个角。在边上第 3 路上空 2 格下两子，可以在边上围住一块地；而在中腹，至少要 3 个或 4 个子，才能围住一块地。所以围棋有"金角银边草腹"的谚语。

围棋开局称为序盘，双方都在角上下子。角上下子有几种选择，常见的有：4×4 路称为"星位"，3×4 路称为"小目"，3×3 路称为"三三"，3×5 路称为"目外"等。然后是在对方角上棋子傍边行棋，称为"挂角"；在自己角上行棋，称为"守角"。每个角上局部的行棋方式，前人经过大量研究，选出其中最为合理的数以千计的方式，称为"定式"。关于定式的棋谱有几大本，每一定式还有许多变化。

这样经过大概一半棋局以后，就进入"中盘"。中盘千变万化，就没有定式了。以后每一步，每一子，都要经过严格的思考和分析：为什么这一步要这样走？如果这样走了，对方的第二步怎样走？我的第三步又如何？专业棋手要这样在头脑中计算几十步。如果结果对我方不利，就要另外开始第一步，再计算几十步，所以要下好围棋，需要非常强的记忆、逻辑思维和对敌我双方的判断决策能力，是非常伤脑筋的脑力劳动。在围棋史上，不乏对局者之一当场呕血或晕死的"呕血名局"。围棋是棋类中最复杂的一种，也是锻炼逻辑思维最好的一种智力游戏。围棋理论是数学概率论、系统科学的决策论难以攀登的高峰。目前计算机软件可以战胜国际象棋冠军，但计算机围棋软件不能战胜围棋的一般业余棋手。

围棋的规则非常简单，黑白双方的一方只要把对方的一群棋子全部围住，就可把这一群棋子杀死，从棋盘上全部提去。所以被对方围困的一群棋子，只要有两个"眼"（即两个空格），就是"活棋"。

到终局时，黑白双方各有几块活棋，都被对方互相围住。终局前还有双方都没有围住的空格，称为官子。官子走完就终局。计算胜负时，把被对方提取的棋子填入己方的空位，那么盘上的棋子就相等（白方收后）或黑多一子（黑方收后）。这样就只要数清比较双方的空位目数，就能知道谁胜几目。

所以，围棋有序盘、定式、中盘战斗、死活、打劫、大官子、小官子七个阶段。对于军事家的决策，企业家的商战，科学家的逻辑推理和制订科研计划，以致个人一生的决策，都有很大指导作用。父亲编写的《中日围棋百式》对这七个阶段的精华做了扼要解释，并附有棋经、棋诀、棋谚。我学习父亲的书，并在实战中训练体验，初步明白围棋的棋理和上述七个阶段的作战方法，对我的科研创新方法学的探索和研究很有启示。比如说，在我的教学生涯中，坚持在讲课之前，把自己的思路理得非常清楚，这样才能把学生教懂、让学生喜欢，这就仿佛围棋需要早做计算，把自己的思路理清，才能继续下去。

业余围棋爱好者最怕入迷，因此而耽误学业和工作。但是，徐光宪对科学的热爱甚于围棋，因此能不被围棋引诱入迷，浪费宝贵的学习和工作时间。所以在中学、大学、研究生学习和回国做教学科研的几十年中，他基本不下围棋。只是在"文化大革命"期间不能做研究了，才下过一二百盘棋。其他时间只是偶尔有喜欢围棋的亲友来访时手谈几盘（见图1-8），平时订阅《围棋天地》，看看国际比赛，保持这样一个爱好而已。以他的水平，据他自己估计，大概在业余二段，因为他在20世纪80年代访问日本时，曾多次战胜过日本的业余二段。有的天才小孩子十余岁就能通过专业初段，专业初段和业余五段对局互有胜负。所以，"人上有人，天外有天"。徐光宪说：

> 我的围棋水平与十余岁的天才棋童相差很远呢！但围棋对我的逻辑思维训练却享用一生。围棋虽好玩，但除了极少数准备专门做职业棋手的孩子以外，千万不能入迷，以免影响学校的正式学习。现在青少年喜欢玩电脑游戏，但千万不能入迷，以免影响学业。我在上初中后直到五十多岁，一直没有下围棋，要有这个控制力。

图 1-8　徐光宪与女婿王绍民下围棋（摄于 2000 年 1 月 1 日）

5 星星和抽屉

黑白世界的千变万化，"鸡兔同笼"和"幻方"等的奇妙极大地鼓舞了徐光宪的好奇心，这好奇心是他一生探索的动力。

> 我幼年时好奇成性，喜欢缠着大人们问："天上有多少颗星星？人有多少根头发？"大人们笑着说我傻，爱提傻问题。但我傻心不死，许多年后，我还是从文献中得到这些"傻"问题的解答："黄种人大约有12万根头发，白种人10万根，黑种人14万根。银河系有1000亿颗像太阳那样的恒星，整个可见宇宙，大约有100亿个像'银河系'那样的星系……"

徐光宪望着银河两边的牛郎织女，渴望知道星空的秘密。

> 我在哥哥的指导下，用两块透镜和两个纸筒，做成了一架可调节的简易望远镜，于是闪烁的繁星在我的眼中更近、更清晰，令我兴奋不已。这份童年对科学的好奇，一直是我从事科学研究最原始而又最持久的动力。

根据自己的亲身经验和科学史上大量事实，徐光宪认为，好奇心是许多重大基础研究和发明创造的原动力。

> 我多次对中学老师这样说："我们应该像保护眼睛那样，保护和鼓励青少年的好奇心。同时，要允许老师回答不出学生的提问，因为老师不是无所不知的人，何况有的问

题，当前的科学还没有认识，正等待年轻人将来去解决。"

凡真正的学问家大都实实在在，"知之为知之，不知为不知"。严复就曾主张暂时不知者，不可一概否定、排斥，只宜存疑，在今天看来仍然是正确的。（《严复集》第三册，407页）

且说徐光宪童年时体弱多病，那时的绍兴西医很少，抗生素也还没有发明，主要依靠中医，所以他经常与中医中药打交道。

有时家里人带我去买中药，站在柜台外面，我眼看着柜台里的伙计灵活地拉开一格格古色古香的、贴写着标签的小抽屉，从这里拿出一点，从那里取走一些，熟练地称取、混合，交到顾客的手中……这些高至天花板的柜子，眼花缭乱的小抽屉，我觉得这些抽屉很好玩，并模糊地意识到，自己也应该在头脑中建起一格格"小抽屉"，把从学校老师那里学到的各种知识放在里面储存，还要把不同的"抽屉"有顺序地排列，才能记住。这种分类归档，建立自己的知识框架的习惯，使我终身受益匪浅。

于是，在绍兴小城的中药铺里，一个好奇心强烈的孩子，出神地望着那一排排药抽屉，得到了他受益一生的学习和研究方法——分类归档。

6 家遭变故 去学土木

徐光宪幼年时，徐家是殷实之家。父亲与人合伙在绍兴城里开设一家小钱庄；在上虞县还有一家像《林家铺子》那样的小布店；在老家上虞汤浦镇下徐村，还有百余亩地。家中条件算是不错的。1909 年出生的大哥徐光宇在徐光宪小时候就上了大学。1910 年出生的二哥徐光宙在 1922 年初中毕业后，就到钱庄当学徒，五年学徒期满后，17 岁当钱庄伙计，慢慢升任协理。但不幸的是，在 1932 年，年仅 22 岁的徐光宙交友不慎，被人诱惑，沉迷赌博，钱输光了。坏人借钱给他，叫他立借据，这样累计输了八千银元，大于钱庄和布店的股本，于是只好破产，徐宜况卖掉了大部分田产赔补亏空。一向教子甚严的徐陈氏，一气之下将儿子逐出家门。但安慰儿媳（徐光宪的二嫂）说，让他出去反省反省，过些天让他回家。但那时候，徐光宙已在绍兴商界失去了信誉，不能再找到工作。几个月后，徐家有亲戚要去西安工作，于是家里给了徐光宙一些路费，托那位亲戚带他到西安去谋生路。他到西安后一直与徐光宪的二嫂有通讯联系。但到 1936 年西安事变后，通讯就中断了，以后就再也没有消息。

1932 年，大学毕业的徐光宇有心投身教育。他向母亲借来外婆给母亲的首饰，变卖凑得约五千元，和他的两位大学同学在杭州合办了一个清华初级中学。徐光宪小学毕业后，就进入这个杭州私立清华初级中学就读。这所学校学生不多，大约几百人。由于学校新办，师资条件并不太好，但徐光宪学习努力，在班上总是第一名。

从 1932～1935 年，徐家接二连三地发生了四次大的不幸：二哥徐光宙因赌博负债，使小钱庄破产；1933 年，刚刚年过五十的父亲徐宜况，在经历了次子徐光宙的那一场变故后，由于劳累和抑郁，一病不起，最终于 1933 年 8 月 15 日故世，徐家的顶梁柱倒下了；徐光宪在初二时，不幸得了伤寒症，不得不休学回到绍兴；大哥徐光宇所办的学校，亦即他所就读的清华初中，由于一场官司遭受停办的打击。那时，有一名校工患了肺病，在那个没有抗生素的年代，肺病等同于绝症——且是会传染的绝症。学校为了防止肺病传染，考虑再三，给了那名校工一年的工资，请他回乡自寻出路。然而这名校工大概是觉得生活凄凉、人生无望，于是在学校内自杀了。结果，作为校长的徐光宇被拘留；学校的学生由于恐慌纷纷退学，学校终于无法再办下去，只能出让给同事。变卖母亲首饰所得的钱款，也打了水漂。徐家再次受到巨大的打击。

1935 年 7 月徐光宪从已易手他人的清华初中毕业，参加了浙江省全省初中毕业生的数理化竞赛，结果名列第二，获得的奖品是中国科学化运动协会的会刊《科学的中国》，赠刊为期两年。这本科普杂志对他影响深远，其中的"人体中所含元素"、"肥皂的原理与经济用法"等是与生活密切相关的科学常识；还有图文并茂的世界科技景观解说、从国外最新报刊中翻译而来的最新科技动态……科学火花遇上一颗好奇而渴求知识的心灵，其结果是可想而知的，徐光宪如饥似渴地阅读着……

1935 年 9 月，15 岁的徐光宪考入绍兴稽山中学，这是一所由爱国民主人士邵力子会同朱仲华、金汤侯、汤日新、徐柏堂等十位乡贤在 1932 年创办的高中。然而，自从钱庄与布庄倒闭，大部分地产被卖，父亲去世，大哥创办的学校被迫停办，徐家昔日那美满的小康生活早已烟消云散，取而代之的是经济上的捉襟见肘。而那时候，读完高中，就要读大学。如果按照这条路走下去，需要七年才可能工作，且上学还需要学费。这时母亲遵循"遗子黄金满籯，不如教子一经"的古训告诉徐光宪："家有良田千顷，不如一技在身。"徐光宪考虑了家庭的境况，放弃了读普通高中、读大学，再找工作的道路，而决定从绍兴稽山中学改考浙江大学附属杭州高级工业职业学校，因为杭州高工毕业生的就业率是百分之百，他希望自己毕业以后能到铁路去工作，挑起一部分家庭负担。

浙江大学附属杭州高级工业职业学校（简称杭州高工）。它的前身是于 1910 年创办的浙江中等工业学堂。次年学校暂停，1912 年复校时定名为浙江公立中等工业学校。1933 年由浙江省教育厅主办，浙江大学代办，抗战开始后因浙大内迁而停办，抗战胜利后定名浙江省立杭州高级工业职业学校。它不同于作为大学预科的普通高中，学生毕业后即可直接工作。而高水平的杭州高工，培养工程员以及一些高级蓝领，以它毕业后近百分之百的就业率，吸引了大量的考生。当时，它的录取比是 7∶1，而省立杭州高级中学也只有 4∶1。经过一场严酷的淘汰考试，徐光宪成功地成为了那八分之一，进入土木科学习。

这是当年高工土木科（包括杭州高工和宁波高工）的课程表：

第一学年：代数、三角、解析几何和微积分，国文、英语、化学、物理和体育，以及木工、车床工、铸工和锻工等。

第二学年：应用力学、材料强度学、测量和实习、投影几何和机械制图学。

第三学年：钢筋混凝土设计、桥梁结构、公路和铁路工程、房屋建筑学、城市给水和污水处理工程等。

这样一份在今天看来令人吃惊、咋舌的课程表，是徐光宪当年在杭州高工和宁波高工时所攻读的。这"高工"三年的课程，几乎涵盖了大学土木工程系的所有课程，还要加上一些普通高中也有的基本课，相当于把高中加大学的七年硬生生地压成三年，只是不学历史、地理、化学和生物学。徐光宪在杭州高工的如山课业中成了近视眼，从此戴上了眼镜。学校的老师，也大部分由大学老师兼任，有浙大的教授，还有从中国最早的大学——创办于 1895 年的北洋大学——毕业的老师。他们上课所用的教材，也是大学的大厚本英文教科书，因为中专的教科书还没有编写出来；学生从高二就要开始实习，做一些野外测量、木工、车工、铸工和锻工等工作。

杭州高工的校园，位于浙江大学西南角的求是里，紧靠大学路。宿舍楼前是一片荷塘，夏日的夜晚，那里总会传来一阵阵清晰的蛙声。北面平房是校长、教导主任、训导主任等的办公室，南面有门通浙江省立图书馆，学生们常去那里自习、借书。饭费大约六元钱一个月，吃饭时食堂中四人一桌，一桌有两荤两素一汤，同当时的大学一样。

由于杭州高工就在浙江大学附近，高工的同学们得以利用浙大的资源。比如，高工的体育老师，是浙大的体育老师舒鸿教授，他曾做过奥运会体育比赛的裁判。比如，浙大的讲座，高工的同学们都能够自由去听。

我曾去听过时任浙大校长的竺可桢先生的报告，而令我印象最深刻的，还是一天晚上听时任浙大化学系主任的周厚福先生的讲座，内容是"荧光染料"。周厚福先生把荧光染料倒进盛有水的脸盆中，关掉电灯，脸盆中的液体熠熠发亮；周先生又把毛巾放进脸盆中绞了一绞，拎起来，整块毛巾在黑暗中发出美丽的亮光，让我和同学们兴奋不已，直呼化学的神奇。就是从这个时候，我开始觉得化学"很好玩"，对我今后走上化学的道路产生了影响。时至今日，浙大的校园里还立着周厚福先生的像，周厚福先生的儿子曾任台湾化学会的会长，我在担任亚洲化学会会长时认识的他，后来他曾邀请我去台湾访问。

另外，浙大的学生也不歧视高工的学生，也把高工的学生当做浙大学生看待。在之后的年月里，高工的学生们也将浙大作为自己的母校，浙大也将杭州高工的同学当作自己的校友。

从高工南门，可以直通浙江省立图书馆。这是当时杭州最大的图书馆。对一个渴求知识的学生来说，有一个近在咫尺的大图书馆，确实是一件十分幸福的事情。徐光宪经常从这个小小的南门跑出去，借一些教学参考书，因为高工课程所用的书都是英文书，参考书可以帮助他更好地理解课程。他也会借一些科普书，或者在图书馆里自习，畅游在知识的海洋里。

几十年后，我旧地重游，求是里、荷塘和浙大都已不在原地，只有浙江省立图书馆还挺立在原地，令我倍感亲切。

在浙江省立图书馆，我还学会了杜威的"图书十进分类法"——脑海中模糊的"中药铺抽屉"，自此有了清晰的轮廓。"杜威图书十进分类法"（Dewey Decimal Classification），简称DDC，由美国图书馆专家麦尔威·杜威发明，是对世界图书馆分类学有相当大的影响的一种图书分类法。DDC以传统的学科来分类，总共以10个主要的学科（main classes）来涵括所有的知识体系，每个大类下细分10类（divisions），接着又再分成10小类（sections）……这就是"中药铺的抽屉"更科学、更系统的表述。

徐光宪孜孜求学的日子，正是中国相对稳定，有所发展的岁月，可惜被日本侵略者所打断。他在杭州高工读书刚刚一年，"七七事变"发生了，全国进入全面抗击日本侵略者的战时状态。1937年11月8日，日军在杭州湾大金山岛登陆；12月24日，杭州沦陷。

7 避难乡间

1937 年 7 月 7 日夜，卢沟桥的日本驻军在未通知中国地方当局的情况下，径自在中国驻军阵地附近举行所谓军事演习，并诡称有一名日军士兵失踪，要求进入北平西南的宛平县城搜查。在中国守军拒绝了这一无理的要求后，日军开始开炮猛轰卢沟桥，向城内进攻。中国守军第 29 军 37 师 219 团奋起还击，掀开了全民族抗日的序幕。7 月 29 日，北平、天津相继失守。8 月 13 日，为了使上海丧失其经济中心的职能，日军开始大规模进攻上海。尽管中国军民英勇抗敌，然而在日军的强力攻击之下，许多地区沦陷。面对中国方面的抵抗，日军开始向上海南面的杭州一带进攻，希望能够从这里打开局面。11 月 8 日，日军在杭州湾大金山岛登陆，12 月 24 日，日军占领了杭州。

1937 年 9 月 21 日，杭州高工被迫迁至萧山县闻家堰浙大农场，临近湘湖师范。没有校舍，就在临时搭建的茅屋内上课，同时还要冒着被日本飞机轰炸的危险。虽然条件比在杭州时更加艰苦，但同学们刻苦学习的精神不仅没有减弱，反而更加被激发起来。

然而即使是这样的条件，也无法长久。在杭州沦陷之后，浙大内迁至贵州遵义；而为了减轻内迁的负担，当时附属于浙大的杭州高工便被迫解散了。

高工解散之后，我不得不回到了我的老家，父亲的出生地——上虞下徐村。而在下徐村里，我自学代数，做 Hall and Knight 的代数习题，做 Smith and Gale 的解析几何习题。这种多做习题的习惯，后来给予我丰厚的回报。

8 希望与失望

1937 年 7 月 7 日，日军在卢沟桥发动侵略战争以后，全国很快进入全面抗战时期。战时与平时大不相同，因此教育界一部分人士主张改变教育体制，高中以上的学校与战争无关者予以改组或停办，以适应抗战形势，鼓励员生应征参战，保卫国家。但更多的人认为我国大学生只占总人口的万分之一，本已很少，为抗战建国之计，原有教育必须维持，否则后果堪忧。而我国人口众多，不缺兵源，尚无立即征调大学生上前线之必要。因此，应以"战时须作平时看"为方针办理。大学教育仍以"为研究高深学术培养能治学、治事、治人、创业之通才与专才"为目标（《第二次中国教育年鉴》）。在战时想到战后建设的远见卓识指导下，1938 年夏，浙江省教育厅通知了由于杭州高工解散而各自回家的同学们：如果愿意，可以到宁波高级工业职业学校，重新开始他们被迫中断的学业。

我于是在 1938 年的夏天，来到了宁波，经过考试，插班到土木建筑科的三年级。我在上虞乡下 8 个月在学习上所做的努力带来了回报，我没有像大部分同学一样，降级读二年级。

宁波高工的条件，一样艰苦。由于宁波市区也已被日军占领，宁波高工只能在宁波乡下办学。他们在一个叫做凤岙寺诚应庙的庙里上课。这是一个已经废弃的庙。他们把菩萨偶像等搬开，把庙里的空间腾出来。于是，白天放上书桌，小庙就成了书声琅琅的课堂；晚上搬开书桌，打上地铺，小庙就成了集体宿舍；挪开地铺，这里又成了大饭堂；校长讲话的时候，这里就成了大会堂……小小的破庙里，包容了宁波高工同学们所有的生活，承载了他们的努力与梦想。

在宁波高工，我也遇到了几位令人印象深刻的优秀老师。教英文的梁希彦先生，虽然他从来没有出国留学，但他的英文水平很高。他在新中国成立后担任了山东大学英语系教授兼系主任。让我印象最深的一件事，是梁先生让我翻译《桃花源记》，先生仔细为我修改。此外，梁先生还教我们读《英文典大全》（*A Complete English Grammar*）。这本书用的是图解法（diagram），用图表来说明英语句子中词与词之间的语法关系。在图解法下，主谓宾结构泾渭分明，句子的结构清晰明了。这本书，与梁先生的教学，再加上我自己勤奋的学习和做练习，这三点的加和，让我打好了英文文法的基础。对一个修习理科的学生来说，不论是读文献，还是写文章，都受益无穷。

另外一名老师，是教"房屋结构学"的施裘章先生。他是宁波市有名的工程师。在房屋设计时，他常用两厚本的 *Handbook of Building Construction* 查阅他设计需要的数据。而他在教宁波高工的学生时，就用这两本艰深的厚书作为教材。于是，当他上课时，大多数人都听不懂他的讲课。而当施先生发现大部分学生都紧皱眉头、眼神迷茫时，就知道大多数同学都没有听懂。这个时候，他便把我叫起来回答问题。只要我能够回答，他就非常高兴；而如果我不能回答，他就会认为自己没有讲好，便从头细细地再讲一次。

那时候，老师们虽然不和学生们一起"住集体宿舍"，但生活也很艰苦。两位老师挤在一个五六平方米的小屋子里，为学生们备课、改作业，指导登门求教的学生……那些老师们，

图 1-9　1939 年，19 岁的徐光宪

不仅从学问上指导着学生，也从品格上指引着他们。1939 年夏天，徐光宪从宁波高工毕业了。

从宁波高工毕业，意味着要找一份工作，走入社会。在这个时候，昆明铁路局派了人来，要招收 8 名毕业生，去当铁路练习工程员，作为铁路工程师的助手，参与规划中的从宜宾至昆明的叙昆铁路的建设。

> 我的第一次机遇来了，经过考核，我被录取了。和我一同被录取的，还有另外七个人。八个人满怀希望，跟着昆明铁路局来的领班，来到上海。那时候，由上海到云南的陆路已经不通，想要到昆明，只能先乘船到越南海防，取道越南老街，隔河走过一座桥，到达中国云南省的河口，最后从河口通过铁路到达昆明。领班把我们留在一个小客店中，说声"去买船票"，便离开了。

　　然而，我们八个人在旅店里等了整整一天一夜，经历了最初的兴奋，到接下来的焦急等待，及至最后的沮丧和失望，也一直没有等到带着船票回来的铁路局领班。后来我们才知道，在战事峻急的兵荒马乱中，那个领班，带着我们的路费潜逃，不知所踪了。

接下来怎么办呢？一群刚毕业的学生，没有钱，没有工作，没有经验……

于是八个人只好在上海作别，各自投奔亲友而去。

徐光宪找到了在上海教书的大哥徐光宇。在清华初中那一场变故、辛苦创办的学校易手之后，大哥徐光宇来到了上海，在一个中学教英语。

徐光宪找到大哥徐光宇，希望大哥能够借给他去昆明的路费。他相信那个工作依然在那里等着他，只要他能够到达昆明，他就能够得到那份工作，赚取工资，来补贴捉襟见肘的家用。

然而徐光宇却心有余而力不足：这一笔路费，相当于作为教师的他半年多的工资。还要养家的大哥，一时无论如何也拿不出那么多钱来。他何尝不想帮助弟弟，然而事情却不遂人愿。

无法前往昆明的徐光宪，等于说失去了昆明铁路局的那份工作。他又不想回到绍兴去。他毕业了本来就该找一份工作，减轻家庭的负担。彼时只有母亲在绍兴的家中，还需要大哥寄钱回去，徐光宪当然不想回家去增加家中负担。

　　幸亏大哥给我介绍了一份家庭教师的工作：到大哥的大学同学罗怀开先生家当家庭教师，每天晚上辅导罗先生还在上初中的孩子们做作业。罗怀开是上海南洋煤球厂的老板，也是大哥在大夏大学的同学。虽然这份工作没有什么工资，只有一点零用钱，然而它并不很费神，而且煤球厂还能够供我的吃与住，总的说来，我是幸运的。这样一来，我也不会成为大哥的负担。于是我接受了这份工作，留在了上海。

不过，家庭教师的工作，只是每天晚上辅导孩子们做初中的作业。白天那么多的空闲时间，做什么呢？

我想到的第一件事，就是学习。由于家庭境况而忘记的大学梦，又重新在我的心中燃起小小的火苗，大好的时光，怎么能够浪费？现在我白天有空，能不能去大学旁听，或者做插班生？

徐光宪如愿以偿。大哥给了他学费，1939 年 11 月，他插入大同大学化学系一年级。大同大学是一所私立大学，时任校长的是胡敦复先生。学费大约 60 元一个学期。他的同学中，有后来任水利部、水利电力部部长的钱正英，和任教育部副部长、北大副校长的黄辛白等。这两位是土木系的学生，但在大同大学，一年级新生的物理、数学和化学都是在一个班，一起上课的，他因此认识了这两位好友。

徐光宪选择了化学作为他的专业。当年徐光宪选择高工读土木科，大部分是因为家中境况窘迫，而他想为家中减轻负担。其实，土木并不是他所喜爱的专业。也许是从小就开始的对世界的好奇心，他所喜爱的，是那些基础学科：数学、物理以及化学。在这之中，他更喜欢数学。

然而，又是那一个不得不考虑的老问题——就业。在当时，学数学毕业的学生少有就业机会，除了做老师，难有别的

出路；而化学毕业的学生，除了可以去做老师以外，还有更多
的选择，比如到化工厂、制药厂去工作。出于这两方面的考
虑，徐光宪最终选择了化学。

徐光宪考虑到大同大学的学费还是有些过高，再加上大
同大学位于英租界，距离徐光宪所居住的法租界有一个小时的
电车车程，每天来来回回，实属麻烦……借用位于法租界的震
旦大学教室上课的国立上海交通大学，每学期学费仅有 10 元，
并且成绩好的学生还可以得到奖学金。1940 年 9 月，徐光宪
考取了上海交通大学化学系，并获得了奖学金。徐光宪认为：

> 人生的一些重要转折点上，常有一些偶然的机遇。若
> 不是昆明铁路局的人携款潜逃，我就不会羁留上海，也不
> 会有上大学的机会，或许现在，我就是一个普通的铁路工
> 程师。这是我一生中因祸得福的第二个机遇。

第二章 上海交大培根基

因祸得福进入上
海交通大学，交大的
严格训练，使徐光宪
受益无穷。

1 因祸得福上交大

　　因去不成昆明而来到上海的徐光宪，在大哥的帮助下进了大同大学，大同大学每学期的学费要 60 元，远远高于国立大学，为了节省学费，徐光宪报考了当时上海最好的工科大学——国立上海交通大学。上海交大每学期学费只要 10 元钱，成绩优秀还可得到奖学金。那时，在大家心目中，文理科最好的学校是西南联大，工科最好的是上海交大，都是国立一流大学，所以成绩好的学生都报考这些学校。1940 年 9 月徐光宪被交大录取，在上海交通大学理学院化学系，他遇到了后来成为终身伴侣的小同乡高小霞女士。

　　上海交通大学的前身是创办于 1896 年的南洋公学，南洋公学是在"废科举"、"兴学校"、"救亡图存"、"强国强种"，求变、求新、以求富国强兵，使国家跟上时代的，维新变法思潮高涨的情况下创办的。所以"求实学，务实业"，以能见诸实用为要旨，就成了南洋公学的办学方针。正如其校歌中唱的："实心实力求实学，实心实力务实业。"还要为校争光，为国争光"光辉吾国徽，便是光辉吾校旗"。一百多年来，许多具有革新思想的志士仁人曾担任学校的领导，如盛宣怀、张元济、唐文治、叶公绰、蔡元培、吴有训、彭康等。他们虽各有主张，但希望培养出救国救民的有用之才，确是共同的。不管是"勤、俭、敬、信"，还是"精勤求学、敦笃励志、果毅力行、忠恕任事"都是为了这个目标制订的校训。学校先后邀请梁启超、严复、张元济、孙中山、章太炎、蔡元培、陈独秀、郭沫若、恽代英等领袖、泰斗人物到校演讲，或任教。南洋公学形成的"爱国救民"精神在以后的交通大学更得到发扬光大。

上海交通大学位于徐家汇，虽地处闹市，但交大校园优美、肃雅，不仅工程馆（恭绰馆）、体育馆、容闳堂等教学办公场所庄整，而且执信西斋等学生宿舍也是那样的肃静、整洁、宜人。位于执信西斋前面的"饮水思源"喷水池不仅赏心悦目，给人振奋，同时也时时提醒着师生们"饮水思源、爱国荣校"。然而，这优美的校园却被日本侵略者侵占了八年。

1937 年 7 月 7 日，日本军队攻打宛平城，发动卢沟桥事变。8 月 13 日又在上海制造淞沪事变，10 月 11 日，交大师生在隆隆的炮声中开始新的学年，不久上海大部分地区失守。交大师生鉴于上海形势日益紧张，于是动议内迁，但是，时任教育部部长王世杰以"上海短期内不致沦陷，内地条件不如上海"不予批准。1937 年 11 月 12 日，日军占领上海，交大已失去内迁机会。于是交大开始向法租界转移图书、仪器等设备。1937 年 11 月 30 日，日本宪兵队侵占了徐家汇交通大学校舍，在此设立"宪兵队徐家汇分驻所"。交大徐家汇校舍及未迁出的图书、仪器、家具、设备等，悉数落入敌手。交大不得不多方设法暂借位于法租界内的震旦大学、中华学艺社、中华化学工业会、文华油墨厂、永固油漆厂、永利制革厂等处，在设备、图书、仪器等条件极其困难的情况下维持教学。

当时，日本还没有与法国、英国宣战，所以上海的英、法租界之内变成了一个孤岛。在法租界内的中国学校，受到种种限制。如 1938 年 9 月 3 日，法国驻沪总领事专门就租界内的学校发布命令，要求讲授课程一律事先申报、审查；学生、教职员不得在校内集会；联校集会更不允许；否则学校将被封闭。1941 年 12 月 7 日，日军偷袭珍珠港后不久，驻上海日军开进租界，相对于孤岛时期环境更加残酷，绝大多数中国人过上了黑暗悲惨的亡国奴生活。在这样恶劣的环境里，交大师生克服设备简陋、经费短缺、生活困苦等种种不利因素，顽强地教与学，为国家培养了一批工程技术和管理人才，在抗战和以后的建设中发挥了重要作用。

1940 年 9 月，徐光宪无缘进入徐家汇交通大学的美丽校园，而是来到了中国人在中国土地上做二等公民的法租界里。在震旦大学上课，中华学艺社做物理实验，文华油墨厂做化学实验。因校舍不足，学生们都只能走读。徐光宪记得：

> 当时交大共有理学院、工学院、管理学院三个学院，而以工科为主。那时，理学院设有数学、物理、化学三个系；工学院有电机系、机械系、土木系；管理学院有工商管理系、铁道管理系等。理学院的三个系合起来的学生不超过 40 人；而工学院的三个系，每个系的学生约 30 人，交大的工科最强。理学院、工学院的六个系的大约 130 名学生，在一年级是一起上数学、物理、化学、国文、英文大课的。管理学院单独上课，它的数学、物理、化学要求低一些。它的工商管理系是很厉害的，现在的工商银行董事长、铁道部和船舶制造公司很多高管都是交大毕业的。

2 高门槛汇聚英才

"起点高、基础厚、要求严、重实践"（《上海交通大学志·总述》，14 页）是交大在教学上的一贯特色。为保证生源质量，有一个高的教学起点，交大历来重视招生，给人们的印象是"百里挑一"。百里挑一当然是形象的说法，不过一般录取率都在百分之十几，例如 1941 年 1556 名考生，录取了 213 名，录取率不到 14%。上海交大的学生主要来自南洋模范中学、南洋中学、上海中学、扬州中学、苏州中学等江浙一带的著名中学。其他中学的学生大多不敢报考上海交大，因为交大的入学考试，要求高，考题难，令人望而却步。物理、化学等题目之多考生往往记不清楚，大题下面若干小题，内容涉及面很广，即使滚瓜烂熟、胸有成竹者，也只有奋笔疾书的时间，没有思考的余地，否则就答不完。那么肃静的考场，只有笔在纸上飞动的沙沙声……连考三天，个个精疲力竭。几十年后，交大老校友谈及此情此景，仍是神情庄重，似乎又回到了那令人生畏的考场。徐光宪对自己充满信心，报考并被录取了。那是1940年8月，交大化学系新生正取20名，备取4名，计24名（见图2-1）。（《上海交通大学纪事·上卷》，303页）

　　交大招生不仅注重学业成绩，同样注重学生品德，即使在抗战的非常时期也不例外。据交大《三十年度第一次教务会议》记载："本校招生素主严格，除学历外对于学生行为品性同样予以重视。故以前规定投考须由毕业学校校长出具证明书，以供查考，现虽时值非常，办理难以周密，仍就事实所许，设法调查，以免与本校办学宗旨不合者幸进。"（《交通大学校史》，335页）

　　上海交大招生历来坚持"宁缺毋滥，取其才而

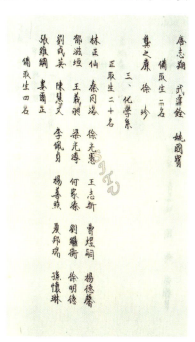

图2-1　上海交通大学1940年化学系正取生名册

不取其势"的原则，成绩优良者，虽家徒四壁的贫家子亦大加欢迎，且给予清寒学生奖学金。成绩不佳者，虽豪富巨绅子女，亦拒之门外，更不用说那些私人介绍、说情者之类。这一原则即使在困苦异常的八年抗战期间，也不曾动摇。校长吴保丰就亲自对不到录取分数线的、国民政府达官贵人的子女均予拒绝。对于转学生，同样经过甄别考试，"经甄别试验不及格之科目，必须补读"。补读后再补考，仍不及格者，则令其退学。（《上海交通大学志·总述》，14 页）

在上海交大，教师以"爱国救民"的精神教，学生以"爱国救民"的精神学，所以交大人才辈出。据不完全统计，上海交大的著名校友数以千计，如丁西林、丁舜年、江泽民、吴学周、何祚庥、汪道涵、庄逢甘、邵力子、陆定一、张光斗、茅以升、胡敦复、夏培肃、顾廷龙、钱其琛、钱学森、钱崇树、徐光宪、谈镐生、高小霞、黄炎培、黄宏嘉、章鸿钊、蔡锷、邹韬奋等。（《上海交通大学志·人物》，1130 ~ 1132 页）

3 严要求培固根基

其实，考上交大只是过了第一关，以后的考试会接二连三。由于高门槛招进来的学生都是各中学的尖子，为了杀杀其傲气，使之知道继续努力学习，新生入学先给个"下马威"，新生入学后的第一次考试，多数成绩不佳，能得 60 几分就不错了，高分者极少。开课后不久即考试接连不断，使学生身经百战，养成常备不懈的习惯。如 1943 年通过的《国立交通大学考试规则》中规定："本校考试分学期考、临时考、补考、甄别考、会考五种。"临时考根据学时、学分多少由任课老师自行来安排。理工学院 6 个系共同必修的普通物理课，是理学院院长裘维裕先生亲自授课，每学期要考三次，每次分闭卷考（Close Book），不许带书；开卷考（Open Book），可以带书、笔记本、计算尺等。分两次在两个连续的星期日上午举行。开卷考试的题目都是计算题，且四年之内不会重复，低年级的学生要想借鉴高年级考过的试卷来做准备，也是会落空的，必须自己学有所得，独立思考，才能通过。

《规则》规定："学生学期成绩不及格科目成绩在四十分以上者，得予补考。但以一次为限，不能以任何理由请求作第二次补考。补考仍不及格，应令重读。其不及格科目不满四十分者，不得补考，应令重读。"交大考试多，考场纪律也严："一、在考题发出后，每次只准一人出场，且第一人未返场时第二人不得出场。一有交卷者离场，未交卷者即不准出场。二、每场大小考，学生均须随带注册证放置桌上，以便随时查对。三、小考时学生之书本笔记等均应缴收，其经教员准予参考者不在此限。"（《交通大学校史》，393 ~ 394 页）

进了交大的学生，就像来到一座高山下，爬不到山顶而被淘汰的几率是很高的。交大规定，考试科目有 30% 以上不及格者，不准补考，令其留级；50% 以上不及格者，令其退学。交大的淘汰率很高，一二年级的留级率一般在 10% ~ 15%。有的班级到二年级时已有 1/3 学生被淘汰，而到毕业时，全班学生只有入学时的一半了。

抗战期间交大并不放松要求，甚至更严。据《交通大学校史》载："本校在战时仍坚持从严训练，考试频繁进行，如物理课一学期大小考达 28 次。"（《交通大学校史》，332 页）

上海交大治学之严，闻名全国。中国历来崇尚严师出高徒，所以交大聘任教师极为审慎，所聘教师多能严格律己，为人师表。如先后教数学的胡明复和胡敦复，教物理的周明和裘维裕，教化学的徐名材等。(《交通大学校史》，167、332 页）建校初期，要求教师全部住校，专心教学，不许兼职。学生管理，则近乎军事化。

交大培养学生要求比较严，实行选科学分制，规定大学本科四年内，以习满 160～180 学分为合格，而且体育在外。我们看一下徐光宪入学的 1940 年化学系的课程安排，即可大致了解那时学生的学习紧张程度：

第一、二学期（一年级）课程及学分

国文 –6　英文 –8　物理 –6　物理实验 –2　化学 –6　化学实验 –2　微积分 –6　中国通史 –4　共计 40 学分

第三、四学期（二年级）课程及学分

物理 –6　物理实验 –2　德文 –8　经济学 –4　计量分析 –4　计量分析实验 –5　有机化学 –6　有机化学实验 –4　以上为必修共计 39 学分

微分方程 –2　画法几何 –1　机械画 –1　以上为选修共计 4 学分

第五、六学期（三年级）课程及学分

技术分析 –1　技术分析实验 –2　物理化学 –6　物理化学实验 –2　工程化学 –6　工程化学计算 –2　科技德文 –4　以上为必修共计 25 学分

有机分析 –2　有机分析实验 –2　高等无机化学 –2　热工 –3　高等有机化学 –2　应用力学 –3　材料强度 –3　化学工程 –7　以上为选修共计 24 学分

第七、八学期（四年级）课程及学分

油漆与清漆 –2　皮革 –2　染料与染色工艺 –2　油和油脂或燃料 –2　工业化学实验 –2　研究论文 –4　以上为必修共计 14 学分

高等定性分析 –2　高等定性实验 –4　生物化学 –2　胶体

化学 –2　　工程化学实验 –2　　电机工程 –6　　电机工程实验 –2
热工实验 –1　　化工厂管理 –2　　以上为选修共计 23 学分

　　四年共计 167 学分（《交通大学校史》，345 ～ 347 页）

　　虽然课程表中列有必修课和选修课，但是由于必修课已够重，大多数学生没有精力选修，在实际执行中也有变化，选修变成必修的也有，以至在徐光宪的记忆中：

　　　　我在四年中所修 161 个学分，都是必修，没有选修课，没有北京大学的自由，是个缺点。如化工、油漆、颜料、酿造等化工课程都是必修，所以，实际上交大的化学系是化学、化工系。我现在还保留有交大的成绩单。不过事物都有两面性，说是缺点，从另一个角度看，可能就是优点，我后来搞萃取理论实际上是化工的理论，是在交大打下的基础。在交大我当过化工教授的助教，《化工原理》的实验、习题我全部做过，所以我的化工基础蛮好的。油漆、颜料、酿造等我都学过，但以后没有用处。

　　　　那时交大流传着这样的说法，一年级配眼镜，二年级买痰盂。因为功课太紧，营养又不好，一年级得了近视眼就要配眼镜，到二年级积劳成疾，得了肺结核病，就需要买痰盂了。不过我的近视眼是在宁波高工的一个诚应庙中，因晚上设计制图时灯光很暗造成的，是在入交大之前。到四年级时我也有轻度肺结核，后来到美国大量喝牛奶，就加速钙化了，因为在美国牛奶很便宜。现在我的胸透片上还有陈旧性病灶，就是在年轻时留下的。我感到交大也是念书太死了。不过交大的就业率是100%。毕业生都有工作，这在毕业即失业的旧社会，是很大的诱惑力，所以许多中学生不惜以健康换前程，大家还是都想考交大。

交大教学的另一个特点是，国文以外的课程全部用英文讲，考题、习题、报告、实验报告等都用英文。实际上是模仿美国 MIT 的教学模式，所以徐光宪到美国去读研究生，能完全适应，而且名列前茅。

这样严格的教学管理，目的只有一个，就是严师出高徒。尤其在抗战期间，师生们都以上前线的劲头教和学，都能自觉严格要求。

世界著名科学家钱学森是交大工学院机械系的高才生，1933 年的"水力学"考试答卷可以说全都答对，只因一个物理量符号未加足注，被金悫老师扣掉 4 分，与满分失之交臂。1979 年，钱学森有机会回到母校，在看望金悫老师时，还愉快地提及四十多年前的这件事，此事对他从事科学研究仔细谨慎，一丝不苟，成果累累，影响深远，至今传为美谈。

徐光宪当时有一门定性分析化学实验课。袁积成老师给一个未知元素样品，让学生做半微量定性分析，要求学生给出样品中含有哪几种元素（一般是四五种元素），并估计各种元素的含量等级：large，medium，small（大、中等、小）。一次徐光宪把报告交给老师，袁先生拿出他的笔记本对照，就说了一个字：repeat（重做）。徐光宪做实验一向认真，很少出错，拿到这个重做，只好再重复一次实验。

重做实验的时间是要见缝插针的，因为正常的课程已安排满了，所以，重做实验往往需占用星期天的时间。因此我这一次更加仔细，结果出来还是那五种元素，我想没有错啊，怎么回事？因为老师已经叫我重做了，我就不敢交上去，就再重复一遍，结果还是这五种元素，于是我再仔细检查一遍，结果发现有一个元素的量级应该是大，而写成中等，含量等级估计有错，于是我把原来的中等改为现在的大交了上去。老师接受了。一个半微量定性分析实验的估计量级也马虎不得。否则，就给你一个重做。这个教训我记了一辈子，所以说做实验要非常当心，不能有一点错，量级的估计也不能有错，这个教训很深刻，至今不忘。

本来是个定性实验，量级只是要求粗略估计一下各种元素的含量多少，似乎不必较真。但是这是培养严谨的科学作风所需要的。再说，粗略估计也是一种科学本领，科学研究不仅需要精确，精确测量、精确计算；同时科学研究也需要粗略，会粗略估计，会看大致的趋势，这也是科学研究中常常用到的方法。如在动手做实验之前，粗略估计一下可行性，看看大致的趋势对不对，往往能省去许多麻烦，提高工作效率，甚至避免失败。而且粗略估计可以锻炼人的科学思维，培养敏捷分析能力。

普通物理课，一般大学只学一年，上海交大的普通物理却要上两年。普通物理很难，学生们戏称物理课是"霸王课"，理学院院长裘维裕先生亲自教授。每次考过卷子会发回来，有一次考完徐光宪没拿到卷子，他想为什么卷子不发还给我，于是就去问为裘维裕先生做辅导的老师，我的卷子是不是丢掉了？辅导老师告诉他说"你这次考卷得到100分，裘先生用来做标准答案了。"徐光宪的卷子作为标准答案公布之后，同学们都来对一对，这样很多人就知道了徐光宪，影响比较大，高年级的同学也认得他了，徐光宪是物理课的开卷考唯一一位考到100分的学生，很是引人注意和羡慕。因为物理比较难，交大的物理考试被一些学生看作"上屠宰场"，可见其难非同一般。那一学期年徐光宪物理总成绩拿到93.5分，是多年来极其少有的高分。徐光宪印象很深的裘维裕先生是著名物理学家、教育家。

4 裴维裕先生

裴维裕简介

裴维裕（1891—1950），江苏无锡人。物理学家、教育家。早年留学美国麻省理工学院，获硕士学位。回国后曾任南洋大学教授，上海交通大学理学院院长、物理系系主任、化学系系主任，教育部高等教育司学术审议委员会委员等职。

他治学严谨，教授有方，要求严格，学生往往终身难忘。裴维裕先生具有强烈的正义感、爱国心和民族气节，他主张"训练人才与阐扬学理并重"，认为"大学的使命，并不是教授学生一种吃饭的本领，或者解决学生的出路问题。大学的使命，是要养成学生一种健全的人格，训练一种相当的科学思想"，他特别强调培养学生的独立进行研究的能力，所以理学院各系都设有研究论文相关科目，如数学系的"数学问题"、物理系的"实验研究"、化学系的"特殊试验方法"及"研究技能"等。为了开阔学生的眼界、活跃思想、增长知识、掌握方法、探求科技发展规律，培养学生的创造精神、献身精神，理学院各系还开设了"科学思想史"、"近代物理引论"等有关科技发展史的课程。这对学生的全面发展都起了相当的作用。

裴维裕先生是"反伪六教授"之一，为抗议汪伪南京政府教育部接管交大，他毅然离开耕耘了近二十年的交大校园，闭门谢客。日本投降后，他第一个赶到校园参与组织对校舍、图书、仪器、设备等的保护。上海解放前夕，裴维裕先生与吴有训、侯德榜、茅以升、吴学周等科技界名人筹组上海科学团体联合会，新中国成立后积极参加筹备全国科学工作者代表大会的工作。

裴维裕编、译著有 *An Outline of College Physics*（《大学物

理纲要》)《电学与磁学》《交流电学》等，并主持创办了《科学通讯》。

交大有一大批像裴维裕先生一样的爱国敬业的教师，他们信仰教育救国论，全身心地投入教学工作之中，期望通过自己的努力，培养出一代新人，能够发展实业，强国富民。所以他们大多以教学为乐事，以育才为天职。不少教员上午讲课、下午指导学生做实验、晚上备课或批改学生作业，孜孜矻矻，不知疲倦。教师的榜样无形中影响着学生专心向学、为国求学。

5 498 道习题

徐光宪说：

我在中学养成了多做习题的习惯，在交大时我系统地做过 Noyes and Sherril 的 *Chemical Principles*（《化学原理》）全部 498 道习题。

Noyes and Sherril 的《化学原理》这本书很奇特，它的习题不是在每章的后面，而是穿插在正文之间，是正文的主要部分，占全书 500 多页的一半以上篇幅，难度和深度都比一般物理化学的教科书高。后来我在《鲍林传记》（复旦大学出版社，1999 年）看到，他也做过 Noyes 书的 498 道习题。他说：Noyes 通过这些习题，引导学生自己去发现定律的技巧和严密的逻辑思维，这对他的影响很大，使他终身受益。现在大学里的物理化学只做 250～300 道题，几乎没有人再做 Noyes 的习题。

高小霞也有这么一本。交大 110 周年校庆时，我把这保存了半个多世纪的 498 道习题作业复印了一本送给交大，我也希望对后来者有所启发。因为我在交大做这么多习题是受益的，我自己体会，这498道习题全做了，我物理化学就通了。

交大110周年校庆时，钱学森、吴文俊、张光斗、徐光宪四个人荣获上海交通大学"杰出校友终身成就奖"（见图2-2）。徐光宪在哥伦比亚大学选的化学热力学、化学动力学是物理化学的内容。因为他的化学热力学的基础比较扎实，在哥伦比亚大学暑期班试读时，两次考试分别得了99分、100分。这解决了他进入哥大研究生院并获得校聘助教奖学金的问题。

重视实践是交大的另一个特色。除实验课外，还安排学生到工厂实习，徐光宪入学的第二年，1941年暑期学校即开始组织学生参加工厂的实地实习活动。1942年出台了学生暑期实习办法，规定"凡二三年级学生，必须于暑期内分赴各厂实习。实习期满，每人须作五千字以上之总报告，以作加读学分。"徐光宪后来在实验研究中的动手能力强，与交大的培养也是分不开的。

图2-2　2009年4月徐光宪等四人被上海交通大学授予杰出校友终身成就奖

6 Repeat 伴随一生

科学实验必须能够重复，能够重复是科学实验的特点之一，一项科学成果报告出来，只有实验结果重复出现，才能证实实验结果的真实性，只有重复验证了才能被社会承认。

不仅如此，重复实验还有可能得到新的发现。1930 年，德国物理学家博特（Walther Wilhelm Georg Franz Bothe），发表的研究报告中提到在研究宇宙射线过程中，他发现从受 α 粒子轰击的铍中会放射出奇怪的辐射，但未予解释。1932 年，法国物理学家约里奥 – 居里（Joliot–Curie）夫妇重复了这个实验，他们用 α 粒子轰击铍、锂等时也发现了一种穿透性很强的不带电的射线，但遗憾的是与博特一样，没能对其做出解释，没有进一步深究，他们以为是 γ 射线，而与发现中子失之交臂，放过了发现中子的机会。也在 1932 年，比约里奥 – 居里夫妇稍晚，英国物理学家查德威克（James Chadwick）重复了他们的实验，得到了同样的结果，但他却敏感地意识到，这种不带电的粒子，就是他的老师，1908 年度诺贝尔化学奖获得者卢瑟福（Ernest Rutherford）早就预言提到过的中性粒子——中子。查德威克发表了他的研究报告，查德威克成了中子的发现者，因而获得 1935 年诺贝尔物理学奖。

北京大学教授、化学位移的主要发现者虞福春先生，从他的亲身感受中认识到，许多重要科学发现常常是在重复实验中发现的。他的博士后是做核磁共振研究，天天在做，重复又重复，一天，在结束实验关闭电源时，示波器上突然闪过一个平时没有的波峰，他感到奇怪，于是重新做一遍，再做一遍……化学位移就这样被发现。虞福春先生还列举了获得诺贝尔奖的美国物理学家汤斯（Charles Hard Townes）发现"梅塞"（Maser）、美国物理学家拉姆（Willis Eugene Lamb）发现氢原子光谱的精细结构等，都是不断地重复、不断地改进实验的结果。

重要的科学实验一定要重复若干次，才能得出可靠、肯定的结论，一般的学生实验要求重复的不多。

我这个习惯一直坚持，我招收研究生后，一直要求我的研究生实验要重复一下，没有问题了才拿去发表，这样就比较严谨了。交大的那位袁先生的 repeat 影响我几十年，影响非常深刻。

7 爱情之舟从这里起航

高小霞在 75 岁生日写的回忆录（参见《中国科学院院士自述》，266～267 页，上海教育出版社，1996 年）中提到：

1919 年炎热的 7 月，我出生在浙江萧山农村一个私塾的家庭里，上有三兄三姐，都是妈妈亲自抚养，备受辛苦，因此想把我送人。慈祥的祖母站在母亲房门口，说抱来让她看看，并要求我妈说，"这女孩长得可爱，就看在我面上，给她喂奶吧。"

农村女孩一般不上学，父亲那时还设私塾，我听上几句古文、唐诗便能背诵。

11 岁她跟随父亲到上海读书。父亲善书法，任中华书局编辑，收入微薄。高小霞在十里洋场的上海滩，正如诗圣杜甫的名句所写："朱门酒肉臭，路有冻死骨"，她看到这一边灯红酒绿，纸醉金迷，而另一边却是食不果腹、衣不蔽体，甚至雪地饿殍，幼年的心常常被不平和同情痛苦地折磨着。那年一位小堂姐因家中无米做饭，被卖去江北作童养媳，自己陪着婶妈大哭一

图 2-3　1937 年高小霞在上海工部女子中学读高三，18 岁

阵，母亲含泪说："你若不乖也把你卖了"的情景也常常会出现在高小霞的记忆里。因此，她自小暗下决心，将来一定要学点本领，独立自强，才好不被欺侮。

1938 年，高小霞在上海工部局女子中学毕业，并考取了国立西南联合大学生物学系，但是由于放不下孤独的父亲，她留在了上海。

徐光宪回忆说：

她 1938 年毕业，本来考取西南联大，从上海要走越南绕道去云南，路费比较贵，工部局女中杨校长同老师们为她捐了路费、还有一两年的生活费，让她去西南联大上学。她考取的是联大生物系，董申保同她一起考取了联大，不过是地质系。当时她的哥哥姐姐都去了内地，她若再去了，父亲就孤单了。高小霞哭了一夜，第二天她把老

师们捐的钱都退还了，西南联大就不去了，校长就让她在中学当小教员，帮助老师改改作文本。当了两年小教员，还是想考大学，就在上海考了交通大学。所以我和小霞也是很有缘分的，如果她去了西南联大，我们就见不到了。我本来要去昆明的，但路费被拐跑了，1940年也考了交大，所以我们相识、后来又成为一家人，是非常偶然的机遇，是缘分。

1940年，高小霞考取了上海交通大学化学系，不幸的是，就在这年的夏天，她的父亲去世了。于是她开始了半工半读求学，所以在上海她长年穿着一件兰士林布衣服，中午买块烤白薯充饥，顽强地奔走在学校和家之间。晚上给家庭富裕人家子女补习功课时，才能在学生家里好好吃上一顿晚餐。后来留学美国，也是靠半工半读完成的。

在上海交通大学化学系，上课时女生被优待安排在第一排，男生从第二排开始，按照考入交大时的名次依次往后，徐光宪在第二排就座，他的物理考卷被当作答案公布后，自然也引起了坐在他前面的高小霞的注意。那时交大的同学都是走读，平时同学之间没有社交活动。当时和徐光宪同班的梁光甫与高一班的女同学汪华芳，因为家住在同一个弄堂里，常常见面，已是好友。他俩为男女同学创造一个社交场所，建议成立一个"南洋化工社"，租用了一间空置的厂房，运用所学化学知识试制酱油、墨水、雪花膏等，销售给同学们，作为经费的来源。

化工社成立后，有男女同学二三十人参加，梁光甫任第一任社长。制作酱油等要安排社员在周末值班，他们把男女同学安排在同一班上，这就为同学间提供交谈机会，并出刊手抄本《社刊》。高小霞也是南洋化工社成员，她语文水平高，曾为《社刊》写过一篇《在大学中》的文章，徐光宪印象深刻。因此在南洋化工社中，后来有好几对男女同学成为终身伴侣，人们戏称他们为"酱油夫妻"。这是在抗战困难期间，交大同学们创造的特殊社交形式，今天的大学同学们是很难想象的。徐光宪看到今天的同学们能在北大图书馆看书，餐厅用餐，周末有许多文艺活动，十分羡慕，真想年轻70岁，重新做大学生。

绍兴的徐光宪和萧山的高小霞在南洋化工社建立了初步友谊，他们的故乡本相隔不远，算是小同乡。真是天缘机巧，现在他们的住处又相隔不远，来往方便。因此，徐光宪在晚上常到高小霞家谈天。高小霞的文学才华和英语水平高，徐光宪的数理成绩优异，他们互相请教、切磋，互相帮助，交往日多。尤其是高小霞讲的莎士比亚（Shakespear）剧本和狄更斯（Dickens）的故事传神有趣，并能熟练地用英语背出其中的大段对白名句，徐光宪很喜欢听，静心屏气地听而且听了还想听。常常告别时已是很晚，以致有一次徐光宪要回家时，高小霞送他到门口发现放在门口的自行车不翼而飞了，不知被哪位梁上君子顺手牵了羊。徐光宪只好步行回家。徐光宪认为小霞的英语水平比自己高一个量级，十分钦佩。他在一篇回忆文章中说：

> 有一次，她在一张照片的后面写下：Thou art fair as the apple tree among the trees of wood。我就不会用 trees of wood 这样的短语，只会说 wood of trees，后来查了字典，原来 wood 可做 forest（森林）解。我才知道 trees of wood 就是森林中的树。所以高小霞的英语水平比我高一个量级。高小霞因为看莎士比亚的悲剧故事多，说：我们将来也许也会是一个故事。徐光宪说：我们如果结婚，将永远相伴终身，不会成为故事。

图 2-4　1946 年 4 月 18 日，徐光宪与高小霞在上海国际饭店结为伉俪

1946 年 4 月 18 日，徐光宪与高小霞在上海结婚，交通大学理学院院长裘维裕教授为得意门生证婚。爱情之舟从此经历风雨、穿越波涛一路前航。在以后的岁月里，徐光宪从量子化学研究很快转向溶液络合物化学的实验研究等几次转换研究方向，也都得益于高小霞的熟悉的电化学研究方法。他们在 1980 年双双被选为中国科学院学部委员（院士），院士伉俪比翼齐飞，这是后话。

8 顾翼东先生指导毕业论文培养独立工作能力

1943 年下半年，交通大学在财力万分困难的情况下，仍想方设法、煞费苦心筹措资金添置仪器、药品等，努力维持学生的毕业论文，培养学生的研究创新能力。

徐光宪在大学四年级时做毕业论文，导师是顾翼东先生，给他的毕业论文题目是 *Preparation of Phthalic Anhydride by Vapor-Phase Catalytical Oxidation of Naphthalene*（《用萘为原料以气相催化氧化法合成制备邻苯二甲酸酐》）。萘的俗称是樟脑丸，它可被氧化成邻苯二甲酸酐，但要用一个催化剂，文献上用五氧化二钒。顾先生要求徐光宪试验改变不同的催化剂，使产量增高，反应温度降低。还把一本在 20 世纪 40 年代最新出版的 *Vapor-Phase Catalytical Oxidation* 借给徐光宪阅读。

我没有做过毕业论文，不知道如何做？就去图书馆把高年级的毕业论文借来，看他们怎么写论文的？有哪几部分？一看有引言，做论文的目的；文献综述，介绍前人已经做过的工作；实验方法、实验设备、实验结果；讨论；参考文献等部分。

这样，徐光宪就知道了做论文的大致步骤：①从导师那里接受论文的题目、主要参考文献和论文的要求。这一步非常重要，因为大学生没有做过研究，不知道如何去选题。这一步非导师指导不可。但徐光宪也懂得，以后的步骤应该自己尽量去做，不要老是去问导师，只有这样才能培养自己的独立研究能力，也能尽量减轻导师负担。②去查阅文献，把论文的引言和文献综述部分的初稿写出来。③设计实验方案和实验设备。他从文献中知道反应温度要在 260℃左右，与水银的沸点相近，因此不能用通常的水浴或油浴。如果用水银浴，水银的蒸气剧毒，扩散到空气中怎么办？他在有机化学实验中常用玻璃冷凝管，因此想到是否可以到铁匠铺去加工一个铁制冷凝管，让水银蒸气在冷凝管中闭路循环，冷凝管的中心管中装催化剂，把萘的蒸气通过中心管，引起反应。为此徐光宪画一个图纸找铁匠加工，自己掏的钱。水银自己买不起，要向化学系借用。徐光宪把上述思路和实验方案与图纸写成报告，向顾先生请示，得到顾先生的赞赏，并批准到系里借来水银 15 千克。这是徐光宪第二次请求见导师。④开始做实验。徐光宪从铁匠铺拿到加工好的铁冷凝管，从化学系借到水银后就开始做实验。先用五氧化二钒重复前人的工作，得到相同的结果。然后添加不同的过渡金属氧化物，发现添加氧化锡的收率最高。五氧化二钒加氧化锡，按照一定的分子比例就是钒酸锡。⑤按照高班同学的毕业论文格式，用英文写出毕业论文的报告，交给顾先生。徐光宪说：

> 我在做实验和论文的过程中，我不是老去问先生，而是有困难自己解决，最后我的毕业论文得 94 分，导师顾先生告诉我说，他带过的学生毕业论文最多得过 90 分。

图 2-5　徐光宪在上海交大的毕业论文

图 2-6　化学系 1943 ～ 1944 届部分同学毕业留影
（前排左起：王义昶、许铎、梁光溥、薛骥良、徐光宪；二排左起：汪敏熙、赵钟美、汪华芳、钱明珠、闵淑芬、董清庆）

因赞赏我的独立工作能力强，所以加了 4 分，成为当时毕业论文最高的成绩。

徐光宪后来在哥伦比亚大学做毕业论文，基本上也是这样，有困难自己解决。至今徐光宪十分感慨在交大培养的独立工作能力，他说这一点很重要。

顾翼东简介

顾翼东先生（1903—1996），江苏吴县人。化学家、中国科学院学部委员（院士）。1923 年东吴大学毕业，1925 年获美国芝加哥大学硕士学位。回国后任东吴大学教授兼化学系主任。1933 年再度赴美留学，1935 年获芝加哥大学博士学位。回国后历任东吴大学、上海交通大学、复旦大学等校教授。他主要从事有机化学、物理化学、金属元素萃取分离等方面的教学与研究，专著有《有机试剂在金属元素比色分析及沉淀分离中应用的发展》等。

1944 年徐光宪在交大毕业，毕业后在制药化工厂当工程

图 2-7　化学系 1944 届毕业同学留影
后排：徐光宪（左一）、方兆祥（左四）、高小霞（左五）、薛骥良（右四）、黄鸿声（右三）、武达铨（右一）；前排中间：蒋楚生、梁光溥、董清庆（右一）

师，制一种叫磺胺噻唑（Sulfathiazol）的抗生素，现在有青霉素不用它了。到了 1945 年，上海电力紧张，这家药厂就停止生产了。当时徐光宪同高小霞还没有结婚，但关系确定了。为了生活，高小霞先和徐光宪的大兄大嫂一家到内地去探探路，如果路上交通顺利，徐光先也准备到内地去。高小霞到了安徽的屯溪，抗战胜利了，就在安徽农业高中教了半年书。

日本宣布投降后，理学院院长裴维裕教授，第一个奔赴徐家汇，保护交大校舍并协助接受残存的仪器设备。在裴维裕教授的带动下，交大师生纷纷回校，积极投入到恢复重建工作之中，对仪器设备进行清理、修复、搬运、归位。交大的重庆分校也搬回了上海。

徐光宪因为毕业时成绩第一名（见图 2-8），经老师推荐就回交大做了助教，他才第一次来到了位于徐家汇的上海交通大学雅静、美丽的校园。这是 1946 年。高小霞也从安徽回到上海，通过老师张怀义先生的介绍，进入国民政府的中央研究院化学研

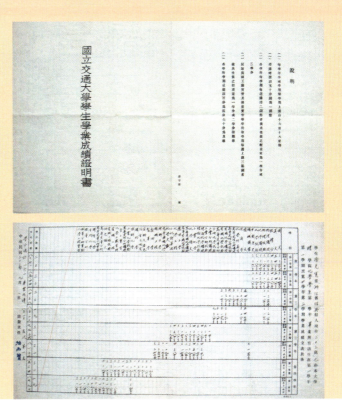

图2-8　毕业成绩证明书

究所担任研究助理员，师从梁树权先生，做分析化学的研究工作。

1947年，徐光宪和高小霞参加了一次留美考试，考生大约有四五千人，公费生只有三四十个名额，徐光宪他们没有被录取。因为考题是西南联大黄子卿等先生出的，同上海交大学的不太一致。另外录取了大约1000名自费公派生，徐光宪和高小霞都被录取了。自费公派生，要自己出1/10的费用，即用市场价格180美元，购买1800美元的公费外汇。可180美元当时他们也出不起。徐光宪向他的三姐借了10两黄金，价值350美元。180美元买外汇，剩下170美元，买一张从上海到美国的三等船票，大约要140美元，也是很贵的，只够一个人出去的费用。于是他们商定由徐光宪一个人出去，高小霞先不出去。

徐光宪只身赴美留学，怀着对小霞的惦念，一个人去了大洋彼岸那个陌生的国家。在那里，上海交大"饮水思源，宁静致远"、"勤学习，勇创新"的精神激励他战胜困难，闯出了一片新天地，终于把小霞接到美国，一起遨游在知识的海洋里。

第二章　负笈海外　心系祖国

一　清　如　水　　徐　光　宪　传

为国求学，负笈海外，贵人相助，一生感怀，慈母召唤，游子归来。

1 离开上海

抗日战争胜利后，国民党反动派为了实行独裁统治，大肆镇压国统区的爱国民主运动，国民党特务猖狂逮捕杀害民主人士，如 1945 年昆明的"一二·一"惨案、1946 年重庆的"二·一〇"惨案以及杀害民主运动的斗士李公朴、闻一多的"李闻惨案"等。1947 年 10 月 29 日，浙江大学学生自治会主席于子三，又被国民党特务秘密杀害于杭州监狱中，10 月 30 日浙大师生两千余人集会致哀、抗议，要求调查惨案真相。随后浙大教授宣布罢教。北平、天津、上海、南京、昆明、西安、厦门等地学生相继罢课游行，抗议国民党当局的暴行。

1947 年 11 月 7 日，上海交通大学学生代表大会议决：为悼念被国民党杀害的浙大学生自治会主席于子三等死难同学，8 日罢课一天，并发表告师长及各界人士书；电告浙大同学表示支援；建议节食一天，所省下的费用作为慰问浙大同学的捐款。于子三血案在交大引起波澜。

由于连年战争，中国经济已经破产，物资奇缺，物价飞涨，到 1947 年下半年，米价每石（1 石 =70.8 千克）竟达一百万元左右，《米价继续上升》《苏省严防米潮》《无锡米价破百万》……的报道屡见报端。物质缺乏，天气又冷。1947 年的冬天，上海气候异常寒冷，据天文台报告，如此严寒，除民国十四年以外，为七十年来所未有。12 月 20 日，最低气温达创纪录的 –5.7℃。入冬以来，上海街头几乎天天都有饿殍冻尸。于是上海各界发起了寒衣募捐，上海交大于 12 月 21 日成立了《救急救寒委员会》进行募捐活动。

12 月 22 日，冬至的前一天，天气阴沉而寒冷，徐光宪在高小霞与表兄贾雨琴陪伴下来到上海码头，码头上一派冷清。送别亲人本该有许多说不完的祝福、嘱托，但此时大家的心境并不愉悦。在这政治环境混乱、物资奇缺、天气严寒之中，大家不知说什么好，静静地等着。虽然就在前一天，飞虎将军陈纳德与中央通讯社记者陈香梅结成连理，成就了一段中美联姻的佳话。但那与大多数中国人无关。

登船的时间终于到了，徐光宪依依不舍地走上扶梯，登上了美国总统轮船公司的"戈登将军"号，在一声汽笛长鸣中"戈登将军"号缓缓驶离了上海港。在船上，徐光宪眼前常常出现上海那令人窒息的凄凉景象，心情沉重，他暗下决心，此次留学一定要奋发努力，学得真本事回来，为改变这苦难的国家，尽自己的一份力量……

1948年1月7日，"戈登将军"号抵达旧金山，岸上等船的人不少，但并无迎接中国学生的人影，徐光宪独自坐上巴士到圣路易斯华盛顿大学研究院化学化工系报到，开始了他的留学生涯。

2 初到华盛顿大学

圣路易斯华盛顿大学（Washington University in St. Louis）（以下简称"华大"）创办于1853年，是美国历史悠久的大学之一。其校园坐落在圣路易斯市西郊，距离市中心约7英里，环境整洁、优雅、清净，为美国中部出名的漂亮校园之一，是安心学术的好地方，同时还有着大都市的种种便利。校园东面是著名的森林公园，那里树木葱茏、空气清新、广有隙地、幽静宜人，是华大的后花园，是师生们常常光顾的理想之地。

圣路易斯华盛顿大学的学生来自世界各地，其中有不少亚裔，包括中国学生。华盛顿大学是一所研究型大学，有着较强的师资队伍，徐光宪来到华盛顿大学时，正是诺贝尔物理奖获得者亚瑟·H·康普顿（Compton, Arthur Holly）担任校长、名誉校长的时候。

徐光宪来到华盛顿大学，他是在经历了日本侵略者占领中国国土八年的难忘岁月，从亡国奴中走出来的中国人，他是怀着科学救国之梦负笈海外的，因此他勤奋努力，学习成绩总是名列第一，考试前三名的交椅常常是他与另外两个中国学生稳坐，成为同学们羡慕的对象。然而，事有不巧，指导他们的是一位华人助理教授（在美国助理教授的职位低于副教授而高于讲师，可以指导博士研究生），虽然十分欣赏他们的才华，但是不能给他们奖学金，因为助理教授的经费有限。一个学期下来，徐光宪所带的钱花去大半，没有奖学金以后怎么办？正在他着急上火的时候，徐光宪遇到了王瑞駪。

3 在美的第一个机遇——遇到王瑞駪

王瑞駪，原国立西南联合大学化学系学生。

1946年春，国民政府决定派西南联大的曾昭抡、吴大猷、华罗庚三位教授，各带一至两名助手前去美国考察原子能技术。华罗庚选中了孙本旺（数学），吴大猷带着朱光亚、李政道（物理学），曾昭抡带的是唐敖庆和王瑞駪（化学）。这五位都是西南联大的佼佼者、青年才俊，其中李政道当时是物理系三年级的学生。到美后他们分别被推荐就读于各个大学，王瑞駪就来到了圣路易斯华盛顿大学化学化工系。两年后徐光宪也来到了这所美丽的大学，就读于同一个系。这里中国学生本来就不多，他们自然一见便很亲切。王瑞駪告诉徐光宪，哥伦比亚大学（以下简称哥大）有个制度，就是每年举办暑期班。
这个班上开设一些研究生的课程，如果考试成绩名列前若干
名，一般是全班的百分之十，就可被留下。其实这是哥大的一
种招收研究生的办法，而且是比较高明的办法，因为通过暑期
班的学习，老师可以对学生有具体的了解和观察，能保证录取
到真正优秀的学生。徐光宪一听，真有"山重水复疑无路，柳
暗花明又一村"的感觉，他决定背水一战，前去哥大暑期班试
一试。另外两位中国同学看徐光宪都得不到奖学金，他们自然
也无望，于是三人一同离开华盛顿大学，各自到别的大学去了。

4 转折——哥伦比亚大学暑期班

在哥伦比亚大学暑期班上，徐光宪选修了两门课：高等
数学、化学热力学，都是研究生的必修课。结果高等数学成绩
是 A，化学热力学考试两次，分别得 99 分、100 分，名列全
班第一。徐光宪能考到这样的成绩，得益于他在上海交通大学
打下的坚实基础。

在暑期班教化学热力学的贝克曼（C. O. Beckmann）教授
爱才，强力推荐留下徐光宪在哥大攻读研究生："He is at the
top of the class"（他是班里第一）。根据美国的制度，研究生
入学需要原在单位的推荐信，徐光宪当年进入圣路易斯华盛顿
大学时，所持的是上海交通大学刘承霖教授的推荐信，现在入
哥伦比亚大学，则需要圣路易斯华盛顿大学的推荐信。但是，
那位华人助理教授觉得这样的优秀学生走掉了有失面子，很不
高兴，不想放他们走，于是写了很不好的推荐信。一般说来，
哥伦比亚大学接到这样的推荐信就会放弃不取了，但是贝克曼
教授实在不想放弃全班第一的徐光宪，于是通过他在圣路易斯

华盛顿大学的教授朋友，私下了解徐光宪的情况，结果得到的回复与推荐信恰恰相反，说徐光宪等三名华裔学生品学兼优，可能是他们华人之间有什么意见，所以导致他们离校。根据这样的回复，哥伦比亚大学研究生院就录取了徐光宪，并给予校聘助教奖学金（见图3-1）。

世界著名的哥伦比亚大学（Columbia University）是美国最古老的大学之一，是1754年根据《国王宪章》成立的国王学院，1896年改为哥伦比亚大学。哥伦比亚大学位于美国纽约市中心的曼哈顿岛的晨边高地，它的南面是中央公园，滨临哈德逊河，校园雅致、漂亮，是曼哈顿岛上的一个景点。

哥伦比亚大学属私立常春藤盟校之一，被誉为领袖人物的摇篮，校友中有数位美国总统、数十位诺贝尔奖获得者。徐光宪在1948年入学时的校长是艾森豪威尔，后来被选为美国总统。其实这是美国的政治花样，因为艾森豪威尔在第二次世界大战时被授予元帅军衔，按照美国宪法，军人不能作为总统候选人。那时正好哥大前任校长退休，所以让他先到哥大来担任校长，大学校长在美国的政治地位很高，可以作为总统候选人。

中国学子慕名到哥大来的不乏其人，例如大家熟悉的教育家陶行知、蒋梦麟、马寅初，社会学家潘光旦、吴文藻，哲学家冯友兰、胡

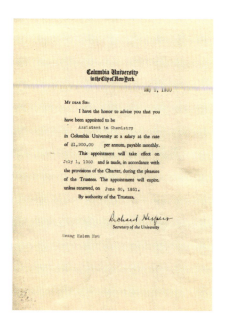

图3-1　徐光宪获得哥伦比亚大学助教职位的证书

适，文学家闻一多、梁实秋，经济学家陈岱孙，科学家侯德榜、李汝祺、戴安邦、李政道、吴健雄、唐敖庆等知名人士，都曾就读于哥大。如今，徐光宪也成了哥大校友。

哥大注重通才教育，强调基础，强调实践，是典型的研究型大学。哥大的毕业生理论基础扎实，又能联系实际，所以适应能力强，求职机会更多。

徐光宪因成绩优异，被授予校聘助教（University Assistantship），年奖助金 1800 美元。哥大的助教分两类，还有一类是系聘助教（Department Assistantship），年奖助金是 1200 美元。徐光宪获校聘助教后，就有能力考虑接高小霞到美留学了。

5 小霞留美

正在中央研究院化学研究所做吴征铠先生的助理研究员的高小霞，接到徐光宪要她赴美留学的信，心情复杂，一方面留学的梦想就要实现了，而且又能夫妻团聚，自然高兴；另一方面，她先后在梁树权、吴征铠先生身边工作了两年四个月，得到两位专家的指导、关爱，收获多多，长进很快，骤然要离开还真有点舍不得。当吴征铠先生得知高小霞终于有了留学美国的机会时，为她高兴，虽然知道再找到高小霞这样的得力助手并不容易，还是非常支持她出国深造。因为吴先生预料得到，学成归来的高小霞一定更加出色，对国家有更大的用处，决非今日可比。化学家、所长吴学周先生亲笔为高小霞写了推荐信，并嘱咐她学成早日回国。

1949 年 1 月，天气晴好，是冬日里少有的风和日丽的好天气，好像在欢迎高小霞的到来，又好像为这对久别的伴侣祝福。徐光宪早早来到 Penn Station 地铁车站等候小霞的出现。

图 3-2 在纽约河边大道草地上

图 3-3　在哥伦比亚大学 Alma Mater 铜像前

图 3-4　在哥伦比亚大学 Alma Mater 铜像前　　图 3-5　哥伦比亚大学化学系门前

他在站台上不停地走动、张望……终于一个熟悉的身影进入视线，那是他日夜思念的小霞。

　　能有这一刻，并不容易，徐光宪虽然获得哥伦比亚大学校聘助教的职位并获得奖助金，不用去打工，但也远远不轻松，并且那时像他出国时买官家外汇的办法已经取消，而美国签证需要有 1800 美元的担保的规定并没有改变。所以徐光宪向唐敖庆和杨绯学长借了 1800 美元，以高小霞的名义存入银行，由银行开具证明，才得以办好出国签证。之后，再把存款取出来还给杨绯、唐敖庆。高小霞进入纽约大学研究生院学习分析化学，得到导师本尼迪地·匹克乐尔（Benneditti Pickler）教授的赏识，介绍她到康奈尔大学医学院做分析技术员，月薪有 200 多美元，比在衣馆做熨衣工强多了，并且在中央研究院化学所练就的化学分析技能得以施展，所以小霞干得很起劲。她白天在医学院做分析员，晚上去纽约大学读书，延续着上海交大的半工半读生活。每天徐光宪等小霞回到住处，总在半夜12 点左右，天天如此。他们辛苦而幸福地奋斗着，为了学成报效祖国，用自己的知识使国家强大起来，不再受列强欺侮。

6 两把金钥匙

徐光宪就读哥伦比亚大学一年后被选为 Phi Lamda Upsilon 荣誉化学会会员，颁发会员证书和一枚象征开启科学大门的金钥匙。1949 年 9 月，他获得哥伦比亚大学理学硕士（M.S）学位，师从贝克曼教授读博士学位研究量子化学。1950 年 10 月，徐光宪又当选为美国 Sigma Xi 荣誉科学会会员，得到第二枚金钥匙。贝克曼教授给他的博士论文题目是"旋光理论的邻近作用"。

旋光是指有些物体能使平面偏振光的偏振面旋转的现象。1860 年巴斯德（Pasteur）发现分子的不对称性是它具有旋光活性的必要条件。我们吃的药物对光有左旋、右旋之分，对应于一个分子的两个同分异构体，分子式是相同的，但构造不同，好像一个是右手，一个是左手。通常用钠元素的 D 线测定旋光度。更精细地测量要用不同的波长的光，把旋光度对波长绘成旋光色散曲线。旋光理论就是要把旋光色散曲线从理论上计算出来。这个理论是罗圣费尔德（Rosenfeld）首先提出来的，但理论计算的结果是否与实验符合还没有验证过。

"旋光理论的邻近作用"，就是试图用 Rosenfeld 方程来计算旋光色散曲线，研究不同的化学键：碳－碳键、碳－氢键、碳－氧键等对发光中心的微扰，使分子具有旋光活性的作用，并与实验值比较。

这个研究题目前面有个研究生做过，她花了两年时间，用不同化学键的偶极距来计算，结果比实验值小两个数量级，一百倍，这个结果自然不能算成功。老师对她讲，除偶极矩外，还有 4 极矩，如 CO_2 的偶极矩为零，4 极矩不为零。另外还有 8 极矩，一个分子 4 极矩等于零了，它的 8 极矩不一定为零，等等。这样按照偶极矩、4 极矩、8 极矩计算起来非常复杂。那位研究生觉得难以完成，自己退学去找工作了。因此有同学告诉徐光宪不要接这个烫手的山芋。可是徐光宪想我应该有自信，外国人做不出来的，我们中国人不一定就做不出来，接了下来。徐光宪的说法是：

> 做研究工作的自信心很重要。我觉得外国人没有做到的，我们中国人也可超越他们。我自己有这么一个信心。国外读研究生没有一定的学制，选课也比较自由，前后不同年入学的都可在一起听课，只要他的要求都满足了，就可以毕业了。我去的时候，导师给我一个题目，旁边一个比我早来的研究生告诉我不要接受这个题目，他说前面有一个同学做了两年，做不出来自己退学了，不念研究生直接去工作了。他说你不要去抓这个烫山芋，这是一个人家做不下来的题目。当时我觉得别人做不出，不见得我也做不出，我想老师给了我这个题目，我还是做。自信心是在交大培养的。

题目接下来后，徐光宪设想了这样一个模型，碳－碳键，中间是电子云，两个碳原子带正电荷，中间的电子云带两个负电荷，这就构成一个化学键的"三中心模型"。这个三中心模型不但能表达化学键的偶极矩，还能表达 4 极矩，8 极矩等，而计算旋光度的邻近作用则比用 4 极矩，8 极矩等计算的方法简便得多。用徐光宪的"三中心模型"，计算出来的旋光色散曲线与实验曲线比较只有 20% ~ 30% 的误差，数量级一样了，这样首次验证了 Rosenfeld 关于旋光的量子化学理论。1951 年 3 月 25 日，徐光宪的博士论文《旋光理论中的邻近作用》通过了答辩，论文特别优秀，获得了物理化学博士学位。徐光宪本来还计划用三中心模型来做有机分子的从头计算，因为在 1951 年还只有氢分子有量子化学计算。后来由于回国了，这一计划就放下没能继续做下去了。

二十多年后，受徐光宪的"三中心模型"的启发，山西大学杨频教授提出了一个"双原子键的三中心静电模型"获得成功。杨频说此模型的最初构思，是基于徐先生的那篇论文的启发。由此可见一个原创性的理论的作用是何等重要。

美国的希腊字母命名的 Phi Lamda Upsilon 荣誉化学会、Sigma Xi 荣誉科学会等都有一二百年的历史了。它在每个大学、研究机构里有分会。如在哥大毕业了，到另一个大学或一个国家实验室工作。它的哥大分会就给会员写个介绍信，像组织关系一样，给你转过去，你就是那个单位的会员了，而这些会员往往就是那个单位的精英分子。有这个金钥匙找工作就非常容易，因为你有金钥匙人家就知道你学问扎实。

象征荣耀的金钥匙，也可能带来大不幸。"文化大革命"中，大名鼎鼎的周培源先生的金钥匙被红卫兵抄家抄出来了，就说周先生是美国特务，金钥匙就是美国特务的记号。徐光宪听到这个消息后害怕了，怕自己的家被抄时，也被怀疑为美国特务，所以在夜静人稀之时，悄悄把它们扔进了未名湖里。天可做证，有朝一日未名湖水干涸，细细筛过湖底的泥土，也许两枚金钥匙仍能重新闪光。也很可能还有别的教授把金钥匙扔在了迷人的未名湖里。

7 在美的第二个机遇——遇到唐敖庆

　　唐敖庆是前面提到的，当年跟随曾昭抡等赴美考察人员之一。在曾昭抡教授的推荐下，唐敖庆来到哥伦比亚大学研究院化学系跟随哈尔福特（Halford）教授读研究生，比徐光宪早了两年。唐敖庆与王瑞駪在西南联大是同学，由于王瑞駪的指点和自己扎实的基础，徐光宪得以进入哥伦比亚大学就读，王瑞駪很高兴，就把已在哥大的自己的好友唐敖庆介绍给了徐光宪，以便初到哥大的徐光宪有事可以得到帮助。

　　唐敖庆被公认为数学奇才和记忆天才，由于少年时期灯下苦读造成了 2000 度的高度近视，上课从未看见他记笔记，但是那些复杂的数学推导，唐敖庆都能记在脑子里，随时可以写出来。考试总是得满分或第一名，到哥大半年后唐敖庆即以优异的成绩获得大学奖学金。这是哥伦比亚大学最高的奖学金，比校聘助教奖学金还高。哥大全校有几千名研究生，而大学奖学金只有 8 个名额，化学系的 200 多名研究生中只有唐敖庆一人获此殊荣，不能不令美国学生刮目相看。1949 年 11 月，唐敖庆以优异成绩获得博士学位，他辞谢了导师的再三挽留，克服重重困难，于 1950 年 1 月回到祖国，任教于北京大学，这是后话。

　　徐光宪经常提起唐敖庆对自己一生的影响，不论在学术思想上、在政治方向上，都影响至深。当年唐敖庆、徐光宪等四个人住在同一个叫"日落"（Sun Set）的公寓里，共用一个餐厅、厨房。他们四个人轮流做饭吃，互相帮助很方便，所以徐光宪跟唐敖庆很熟悉。

认识唐敖庆是我一生中很大的机遇。

徐光宪常常这样说，是因为不仅在哥大唐敖庆给予他很多帮助，而且回国任教于北大也是唐敖庆向北大化学系系主任曾昭抡推荐的。

唐敖庆简介

唐敖庆（1915—2008），江苏宜兴人。化学家。中国科学院院士。1940年毕业于西南联大化学系。1946年赴美，1949年获哥伦比亚大学博士学位。1950年1月回国任教于北京大学化学系。1952年全国高校院系调整，唐敖庆与燕京大学化学系主任蔡镏生先生等离开北京到吉林长春，开创了东北人民大学（现吉林大学前身）化学系。他在此先后主讲过普通化学、物理化学、物质结构、量子化学、统计力学等十多门课程，经常两门甚至三门课程同时讲授。他先后主持举办过十多次全国性的学术讨论班、研究生班和进修班，培养了大批理论化学、高分子化学、超分子化学、无机化学、药物化学等方面的高层次专业人才，其中有十几位后来成为中科院院士。他是中国现代理论化学的开拓者和奠基人。1986年，国家自然科学基金委员会成立，唐敖庆被任命为基金委员会首任主任，为创建具有中国特色的科学基金制度做出了重要贡献。

唐敖庆曾任吉林大学校长、国家自然科学奖励委员会主任、国务院学位委员会委员、中国科协副主席、国家自然科学基金委员会主任、中国科学院主席团成员、中国化学会理事长、《国际量子化学杂志》编委、《高等学校化学学报》主编，全国人大代表，全国政协委员、常委等职务；共发表学术论文三百余篇和专著八部。五次获得国家自然科学奖，及陈嘉庚化学奖、何梁何利科学与技术成就奖等。

唐敖庆对徐光宪一生影响很大，说起唐敖庆不能不提他的老师曾昭抡先生。因为唐敖庆说："无论在做人、处世、做学问方面都给我影响最大的，当首推曾昭抡先生。"（唐敖庆：《深切怀念我的北大老师曾昭抡教授》）

8 曾昭抡先生

曾昭抡简介

曾昭抡（1899—1967），字隽奇，号叔伟，湖南湘乡人。化学家。中央研究院院士、中国科学院学部委员（院士）。1920年留学美国，1926年获麻省理工学院科学博士学位。曾任中央大学、北京大学、西南联合大学、武汉大学教授、化学系主任，中国化学会理事长，《中国化学会会志》主编，中国科学院化学研究所所长，全国科联副主席，教育部、高教部副部长，全国招生委员会副主任，全国人大代表，全国政协委员，民盟中央常委等职。主要论、译著有《原子与原子能》《元素有机化学》（第一分册）、《炸药制备实验法》《东行日记》《绥行日记》等二十余部，学术论文一百六十余篇，时局及军事评论文章近百篇。

1951年曾昭抡调到教育部、高教部、中国科学院任职以后，仍兼任北京大学化学系主任。他从全国经济建设发展的需要出发，他认为东北地区要建成工业基地离不开相应的教育、人才的支持，于是他建议在东北地区不仅要办好工科院校，还要办综合性大学。作为教育家、科学家，曾昭抡十分清楚数学、物理、化学等基础学科的重要性。在他的建议下，在东北人民大学增加理科办成综合性的大学。为此，曾先生建议把北京大学化学系的唐敖庆教授调到吉林，因为曾先生了解唐敖庆的人品学识，足以膺此重任。唐敖庆也是从国家利益出发，相信曾先生的安排是对的，愉快地离开条件优越的首都，去到相对艰苦的东北创业。同时调去的还有北京大学的朱光亚、王湘浩，清华大学的余瑞璜，燕京大学的蔡镏生等教授。唐敖庆不负众望，经几十年与蔡镏生等先生共同的努力，使吉林大学的化学系得到长足发展，如今已有理论化学计算国家重点实验室、理论化学研究所、无机合成与制备化学国家重点实验室、超分子结构与材料国家重点实验室、高分子研究所等教学科研单位，并取得了许多学科前沿的成果。此是后话不提。

1936 年夏，唐敖庆慕曾先生之名，"怀着对曾先生的崇敬，"投考北京大学化学系，"去曾先生门下求学"。曾昭抡讲课很精彩，内容丰富，逻辑性强，深受同学欢迎，唐敖庆印象深刻，从此开始了唐敖庆与曾昭抡几十年的师生关系。1938 年春，唐敖庆随长沙临时大学步行团奔赴昆明西南联大时，曾昭抡先生是步行团的五位指导教师之一。唐敖庆记得："每天早晨，当我们披着星光走了二三十里路时，天才放亮。这时，远远看见曾昭抡教授，已经坐在路边的公路标记石碑上写日记了。等我们赶上来后，他又和我们一起赶路。曾先生每天如此。看来，他至少比我们早起一两个小时。"

曾先生言传身教的敬业精神令唐敖庆肃然起敬。在西南联大，曾昭抡先生除上课、带学生实习、研究之外，还写了大量的时评文章，如《抗战中我们所需要的读物》《现代战争中的武器》《科学研究与建国》《人民的力量》《青年与未来中国政治》《八年来的世界民主浪潮》等等近百篇。曾先生不仅是学生们学术上的老师，而且是青年们精神上的导师，深受同学们欢迎和爱戴。唐敖庆说："曾先生主张启发学生自己努力学习，钻研问题。我从曾先生那里学到许多东西。曾先生还关心和支持进步学生运动，是一位很进步的教授。"

1946 年，唐敖庆被曾先生推荐到哥伦比亚大学读书期间，每个学期都给曾先生写一封信，汇报学习情况。"曾先生在回信中给了我很多鼓励，勉励我努力读书，准备报效祖国。"曾昭抡先生于 1948 年回国，回国之前曾与唐敖庆长谈一次，告诉唐敖庆国内解放战争形势发展很快，并针对唐敖庆的担心说明一些原属解放区的城市，又被国民党军队占领了，"这表面看，好像于我们不利，其实不然。这些城市就好像一个一个包袱，早晚会把它压垮。总有一天，这些城市都会回来的。"曾先生的话使唐敖庆在迷茫中看到光明。1949 年，唐敖庆以优异成绩获得哥伦比亚大学化学博士学位，他谢绝了导师哈尔福特的再三挽留，按照曾先生的安排回国到北京大学化学系任教。

那时由于北大住房紧张，唐敖庆有一段时间吃住在曾先生家里，朝夕相处。作为北大化学系主任的曾昭抡先生，对初次走上北大讲坛的唐敖庆要求严格，要唐敖庆自己写讲义，曾先生并亲自为之审阅修改。唐敖庆对所受曾昭抡先生的教益终身不忘。

曾昭抡先生十分重视人才，为北大化学系广招贤能，他通过唐敖庆的介绍，1951 年把徐光宪、高小霞夫妇请到了北大，徐、高二位为北大服务半个多世纪，培养了一批优秀人才。关于曾昭抡先生，徐光宪的回忆是这样的：

我们到北大化学系后，因教员宿舍紧张，暂住沙滩红楼的一间大教室里。曾昭抡先生和夫人俞大絪先生得知后，把他们在中老胡同 51 号的一座精美小院的大部分让给我们住，他们自己只留一间居住。那时曾先生任教育部副部长，教育部给他一套住房，但他仍兼北大化学系主任，俞先生任北大西语系教授，住中老胡同比较近便。所以让给我们住，实在是对我们这样的青年教师的爱护和关怀。

在与曾先生同住一院的日子里，我们从来没有看到他的屋子在晚上十二时前熄灯。原来他在白天处理繁忙的公务之余，晚上还要为一年级学生编写普通化学讲义。我读过曾先生的讲义，内容新颖而简要，文字流畅而富有启发性。他让我为三年级学生讲授物理化学课，当时没有中文教材，常用的几本英文教科书也不尽如人意，于是我也学习曾先生，夜以继日地编写物理化学讲义。……在曾先生任系主任期间，北大同学们对无机、有机、分析和物理化学课的反映都较满意。这也是曾先生忠诚教育事业给我们后辈作出的榜样。

我们从曾昭抡、唐敖庆、徐光宪这个链条，似乎可以看出中国传统知识分子的基本精神面貌的某个侧面。

9 唐氏茶馆

唐敖庆很好客，在日落公寓他的房间里常有朋友来来往往，很是热闹，因此他的房间被朋友们戏称为"唐氏茶馆"。徐光宪住在这"唐氏茶馆"隔壁，自然受益良多。

曾昭抡先生同闻一多先生、李公朴先生都是民盟的发起会员。他们反对蒋介石搞内战，不抗日，唐敖庆是曾昭抡先生的得意门生，所以这个影响是很深远的。那时哥大有一个中国学生俱乐部（Chinese Student Club），是国民党分子掌握的，其领导人姓李。实际上当时学生分为两派，一派倾向于国民党，一派则站在共产党一边。唐敖庆、徐光宪等几个政治倾向相同的学生组织了一个新文化学会，就是按照毛主席的新民主主义文化的意思，新文化学会成员大部分是哥大的学生，人数不多，大约不到二十个人。新文化学会成员常常去买《华侨日报》，这是一个中文报纸。它常登载新华社的通讯，反映国内解放战争的情况，是比较进步的报纸，它的主编是唐明照，唐明照是美籍华侨，是美国共产党党员，同时又是中共的地下党员（当时徐光宪他们并不知道）。

麦卡锡主义之前美国还比较自由，中国留学生到哥大校门旁边的小报亭去买报，报亭主人总是把《华侨日报》放在美国英文报纸下面的，所以要买时就从下面去找。看到《华侨日报》上淮海战役胜利了，大家都很高兴。有时看到一个好消息，就写在一个纸片上，插在其他同学的门缝里，互相传递信息，也不打扰他。

后来唐敖庆组织了一个哥伦比亚大学中国同学会（Chinese Student Association），唐任会长，徐光宪任常务理事。另外还有一个侯祥麟等发起组织的留美科学工作者协会（Association of Chinese Scientific Workers），会长是侯祥麟。Scientific Workers 就是做科学的工人，有点像蔡元培先生题

图 3-6 徐光宪、高小霞在哥伦比亚大学时期与同学们的合影（右起：杨善济、唐敖庆、徐光宪、杨绯、高小霞、沈仁权、盛祖嘉）

词 "劳工神圣" 那样的意味，体力劳动者、脑力劳动者，都是
Workers。侯祥麟回国后曾做石油化工部副部长，当时留学生
们并不知道他是三十年代就入党了的中共地下党员，是受周恩
来指派赴美留学，并做留学生工作的。他是留美科学工作者协
会全美总会的会长。这个协会在纽约有个分会。另外，还有一
个留美基督教青年会是倾向于新中国的，会长是陈鹤琴的儿子
陈一鸣。陈一鸣的妹妹陈秀霞也是积极分子。

陈鹤琴简介

陈鹤琴（1892—1982），浙江上虞人，早年留美获哥伦
比亚大学硕士学位。1919年回国后曾任东南大学教授、中华
教育社理事长、中国教育学会名誉会长等职。

哥伦比亚大学中国同学会、新文化学会、留美科学工作者协
会纽约分会、留美基督教青年会这四个组织经常组织一些活动，
如在新中国成立时，他们租借纽约河边教堂（Riverside Church）
附近的国际学生公寓（International House）的地下健身房，召开
了一个庆祝中华人民共和国成立的大会。开会要有国旗，他们就
根据新华社报道的国旗图样，买来红布、黄布，剪出五角星，自
己缝制一面国旗，这项任务主要是高小霞、陈秀霞她们几个女生
完成的。她们女红虽不熟练，但是做起来也有模有样。飞针走线
之间，唐孟郊的《游子吟》不由得涌上心头："慈母手中线，游
子身上衣。临行密密缝，意恐迟迟归。谁言寸草心，报得三春
晖。" 游子报国之时是否到了？手中线匆匆，急急归意浓之波在
每个人的心头翻滚……五星红旗虽然说不上精致，但是海外游子
看着它却十分兴奋。大会邀请了《华侨日报》主编唐明照做国内
形势报告，年轻的炎黄子孙们遐想着此时此刻的家乡父老正在做
什么，又该是什么样子……庆祝会开的庄重、热烈、鼓舞人心。

大会发出签名通电，要求联合国驱逐国民党政府的代表，邀

图 3-7　1949 年，徐光宪等在美国纽约中央公园野餐，庆祝中华人民共和国成立（左二为高小霞，左四为唐敖庆，左五为何兹全，左六为杨绛，左七为萧嘉魁，左八为刘静和，左九为汪明禹；徐光宪拍摄）

请新中国派遣代表。唐明照于 1950 年带女儿唐闻生回国，他后来曾被选为联合国副秘书长，唐闻生则曾任毛主席的英文翻译。

留美科学工作者协会创办出版《留美科协通讯》，它是同学们手刻蜡纸油印的，全美发行，介绍国内情况，因为有人对国内实际情况不了解，或者认为国内生活艰苦，或留恋美国的环境。《留美科协通讯》对他们后来回国起了很大作用。

1950 年，海南岛解放时，留美科学工作者协会、哥大中国同学会、新文化学会又发起"一人一元"劳军运动。一元钱虽然很少，但是个表明态度的问题，所以捐不捐这一元钱每个人都是非常慎重的。参加的有一千多人，这一千多元钱，由留美科学工作者协会寄给香港大学的曹日昌教授，由曹日昌转交给解放军。这些活动对留美学生回到新中国起了很大作用。

曹日昌简介

曹日昌（1911—1969），河北束鹿人。心理学家。1945 年留学英国，1947 年在英国加入中国共产党，1948 年获博士学位后回国，在香港大学任教。后来回到大陆任中国科学院心理研究所副所长，兼任中国心理学会副理事长、《心理学报》主编等职。

10 归心似箭

1950 年底的一天，徐光宪收到唐敖庆的一封信，信中转达了曾昭抡先生邀请徐光宪夫妇到北大任教的意愿，说明祖国建设急需人才。徐光宪立即回信告知近况，并征求唐敖庆的意见："我正在做博士论文，还要不要做下去，拿不拿博士学位？"徐光宪之所以这样问，一则是因为当时中国已开展抗美援朝运动，中美关系开始紧张，徐光宪他们怕由于做论文耽误时间长了，美国政策有变，被卡在美国回不来。二则是徐光宪对唐敖庆和曾先生绝对信任，因为他常听唐敖庆说起曾先生的为人为学，对曾先生久存敬意。这位不曾谋面的曾先生的言传身教，不仅使西南联大的青年学生埋下了出国学习深造，"是为了抗日救国的坚定信念。这些信念也使我和高小霞受到了深刻的教育和感染。"（徐光宪：《缅怀一代宗师 高风亮节永存》）所以徐光宪以前途攸关之事求教。唐敖庆及时把徐光宪的情况告诉曾昭抡先生，请曾先生决断。曾先生根据他所掌握的情况请唐敖庆转告："如果能在两三个月内拿到学位，那就抓紧写论文；如果来不及，就不要等了。"徐光宪得到这个信息，一方面抓紧论文的写作，一方面开始了回国的筹划。

1951 年 3 月 15 日，徐光宪的论文《旋光理论的邻近作用》得到答辩委员会的一致好评，顺利通过，徐光宪获得了物理化学博士学位（Ph.D）（见图 3-8）。徐光宪的博士学位得到了，导师贝克曼（C. O. Beckmann）非常器重，再三希望他留下来在哥大做讲师，或推荐他到芝加哥大学马立根（R. S. Mulliken）教授处做博士后，且待遇优厚。此时高小霞已获得硕士学位，她就可以辞去分析员的工作，结束半工半读生活，全力准备博士论文。留下来是两全其美的事。可

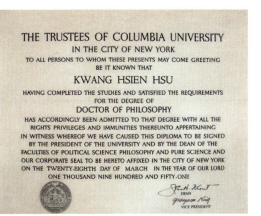

图 3-8　徐光宪的哥伦比亚大学博士学位证书

是，当时中国已开始抗美援朝，中美成了交战国，在美国机要部门的中国学者已被注意，并且美国国会即将通过法案阻止中国留学生回国，钱学森回国已受阻。他们对这些情况考虑再三，还是心直口快的高小霞一句话定了局——"科学没有国界，但科学家有祖国。"她决定放弃学位。他们决心放弃一切，不能再待在与祖国作战的国度里。当高小霞做出回国决定后，向导师康乃尔医学院 V.De Vigneand 教授辞职时，De Vigneand 提出工资加倍的条件来挽留她。因为 De Vigneand 教授发现这位中国女生做微量元素分析和同位素分析不仅又快又准，而且经其抽检核查从来没有发现出过差错。然而高薪和优越的生活条件、科研条件，还有即将到手的博士学位都不能动摇她回国效力的决心。因为他们那一辈人亲身经历过落后困苦的滋味，深深懂得祖国富强的重要，在他们心中"祖国再穷也是自己的"（钱三强语），而"我是一个中国人，当然要回中国去"（汤佩松语），"我的事业在自己的祖国"（唐敖庆语）。赶快回国，是那时海外赤子的共同心声。于是他们借回国探亲之名，于1951 年 4 月 15 日离开了旧金山，登上"戈登将军"号轮船，踏上了回归新生的祖国的旅途。

第四章　初到北大化学系

直线进京避尴尬，
任教名校压力大，幸
有前辈手把手，自身
奋力大步跨。

1 唐敖庆设计进京路线

图 4-1　1951 年 4 月 15 日高小霞与徐光宪乘轮船回国，高小霞在轮船甲板上留影

1951 年 5 月 1 日，"戈登将军"号经十几天的海上航行，经香港到达广州外面的海面停泊（因中美未建交，而且正在抗美援朝之中，美国轮船不能停靠广州码头）。

广州海关派小船插着五星红旗来接我们。看到五星红旗，我们非常激动，终于回到祖国了。

这是徐光宪的回忆。

教育部派代表来欢迎从美国回来的几十位留学生，住进广州的宾馆，并安排他们参观了中山大学。中山大学化学系主任就热烈希望把徐、高二人留下来。因那时国家新建，人才奇缺，海外归来的理工科留学生是非常受欢迎的。徐光宪、高小霞因已经答应去北大，就婉转辞谢了。他们本想取道上海，顺路回家探望亲人，但按照唐敖庆的来信的嘱咐，请他们务必要由广州经武汉到北京，不要取道其他路线。徐、高二人相信唐敖庆的安排一定有原因，就照办了。5 月 5 日到了北京，住进北京的教育部招待所。唐敖庆亲自到教育部招待所迎接二位好友，前往位于汉花园的北京大学红楼。红楼里已经为他们腾出一间教室做临时住处，徐光宪夫妇在红楼住了几个月，即被化学系系主任曾昭抡先生邀请住进了中老胡同 51 号曾家。

1951 年 10 月的一天，原中央研究院化学研究所所长、时任中国科学院上海物理化学研究所所长的吴学周先生突然造访中老胡同 51 号，希望徐光宪、高小霞夫妇能去上海物理化学研究所工作。这让徐、高夫妇颇为为难，一方面高小霞曾在吴学周领导下的中研院化学所工作两年多，曾得到过吴先生的赏识和关照，自己赴美留学的推荐信还是吴先生写的，自当知恩图报，而且老领导面子难驳；同时徐光宪当年曾因旁听吴所长在中研院化学所每周讲的量子化学课，决定了他以后的科学方向和学术道路，在美国研究的是物理化学，正与上海物理化学研究所方向相同，似乎去上海的理由很有说服力。另一方面，自己是经好友唐敖庆的介绍、曾昭抡先生的聘请关照来到北大的，而且已经开始上课，怎么好开口说走呢？徐光宪讲明情况后，吴学周先生很不情愿地做罢论。至此，徐光宪夫妇才明白当年唐敖庆叮嘱他们要取道武汉上北京，而不要经过上海的原因。试想当年徐、高夫妇从广州取道上海，到了上海如何能辞谢吴学周先生的盛情相邀，吴先生又岂肯放行？如留在上海又将如何面对好友唐敖庆和尊敬的曾昭抡先生？

不久，吴学周先生的上海物理化学所大部分人员调到吉林创建中国科学院长春应用化学研究所，留下有机化学方面的研究人员，成立上海有机化学研究所。想一想大家不管在哪里，都在为国家服务。以后的几十年，他们依然相互支持，保持着友谊。"我们以后虽然没有能一直在吴所长领导下工作，但他始终是我们尊敬的老师。"（高小霞《吴所长风范永存》）

吴学周简介

吴学周（1902—1983），江西萍乡人。化学家。中央研究院院士、中国科学院学部委员（院士）。1928年赴美留学，1931年获加州理工学院化学博士学位。回国后曾任中央研究院化学研究所研究员、所长，兼任上海交通大学、上海医学院教授。1949年以后，历任中国科学院学部委员、上海物理化学研究所所长、长春应用化学研究所所长、环境科学委员会副主席、环境化学研究所所长，全国人大代表，全国政协委员，九三学社中央常委等职。1983年加入中国共产党。

2 一清如水开讲物理化学

北京大学化学系始建于1910年，是中国大学最早的化学系之一。化学家俞同奎、王星拱、丁绪贤、刘树杞为北京大学化学系的创建作出了巨大贡献。其后化学家曾昭抡、李麟玉、胡壮猷、赵学海、刘云浦、钱思亮、孙承谔、邢其毅、唐敖庆等教授云集北大化学系。建系以来，北大化学系一直是人才济济，名流荟萃，闻名遐迩，刚刚毕业的徐光宪夫妇能任教于此，当然很是高兴。

1951年，新中国正处在国民经济恢复时期，解放了的中国人民心气很高，处处是积极向上的奋斗景象。徐光宪、高小霞在办好应聘北大的手续后，一同回到家乡绍兴拜见久别的母亲。母亲那时已经年过七十，卧病在床，由徐光宪的大姐照顾。他们在家中住了半个月，做了些安排后，只好依依惜别，返回北京。

徐光宪返回北京后，系主任曾昭抡以商量的口气，征询请他给三年级学生讲授"物理化学"课是否可以。徐光宪在哥伦比亚大学主修的正是这个方向，于是不用多虑就爽快地答应下来，立即开始准备暑假后的课程。

物理化学在化学系中，一直被认为是最重要的基础理论课。物理化学学好与否往往决定化学系毕业生今后的独立工作能力。由于下列四个原因，1951年北大化学系三年级的物理化学课，尤其具有突出的重要性：①因为国家急需人才，全国三年级的学生都将提前毕业，参加工作。物理化学是一门毕业前最重要的功课，对今后的独立工作能力至关重要。②由于1950年底开始抗美援朝的伟大爱国运动，上海交通大学化学系的二年级学生参军报效祖国，编入防化兵部队。部队首长很有远见，看到他们大学没有毕业，影响他们今后开展化学武器防卫研究的能力，因此和北大化学系主任曾昭抡商量，让他们一班十余人，来北大化学系三年级学习一年，主要学习物理化学。③朝鲜金日成大学化学系主任也带领一班青年学生和教师来进修物理化学和实验。④国内兄弟院校和河南师范大学等派骨干教师前来北大进修物理化学。

鉴于以上情况，因此当时曾昭抡先生请徐光宪讲授物理化学课是很慎重的。按理徐光宪是一位新聘的副教授，若论资排辈，这物理化学课是轮不到他来讲的。背景情况是这样，当时北京大学化学系有曾昭抡、邢其毅、孙承谔、唐敖庆等教授，个个身怀绝技，学问渊博深厚。原来教物理化学课的是孙承谔先生。孙承谔先生是唐敖庆的老师，而且孙承谔先生在国外是艾林（E. Eyring）教授的博士生，艾林教授提出绝对化学反应速度理论（又称过渡态理论），是世界著名化学家。孙承谔先生师从艾林教授，参加了这个理论的创建，这个理论至今仍是化学的经典理论。所以孙承谔先生研究工作非常有成就，是很有声望的物理化学教授。他回国后在北大化学系教物理化学，不知是他对基础课教学不够重视还是不适应，总之效果不

图 4-2　徐光宪《物理化学讲义》手稿

理想，正想放弃，专门从事化学反应理论研究。恰在这时徐光宪来到，俗话说来得早不如来得巧，徐光宪的到来恰逢其时，正好把物理化学课交给他来讲。

1951 年，新中国成立刚两年，北大校址也还在原来的红楼，老北大的许多"传统"得以保留，如学生对老师讲课不满意，可提意见要求换老师的做法就是其中之一。关于这一层，流传很广的要算当年傅斯年曾发动同学把讲课不满意的朱宗莱教授赶下北大讲台的故事；后来胡适初登北大讲坛，以新思路开设"中国哲学史"课，有学生认为这是思想造反，胡适不配登堂讲授，要赶走胡适，又因傅斯年听过胡适课后说"这个人书虽读得不多，但他走的这一条路是对的，你们不能闹"而平息了一场风波。所以，能在当时的情况下获得学生们的认可，并不是容易的。

化学系对物理化学这门课非常重视，派了三位最强的青年教师作为徐光宪的助教。一位是副系主任卢锡昆，一位是后来任系主任的孙亦樑，另一位是在黄子卿先生以后主讲物理化学的韩德刚。

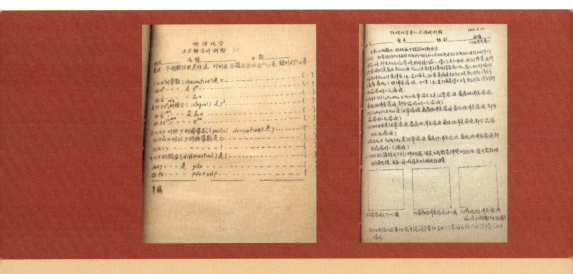

　　徐光宪接受任务后，用不到两个多月的时间备课写讲义，靠的就是自己扎实的功底，其中也有在交大全做完那498道习题的基础，以及后来在哥伦比亚大学选修的多门高级物理化学课程的功力。他至今还保存着1951年9月刻蜡纸油印的《物理化学讲义》（见图4-2）。它包括"基本概念及工具、热力学第零定律和温度的定义"、"功、内能和热力学第一定律"、"熵、自由能和热力学第二定律"、"溶液"、"化学平衡"、"多相平衡与相规"、"电化学"、"胶体与界面现象"、"原子结构、量子力学初步、分子结构和化学键"等九章。

　　徐光宪当过哥伦比亚大学物理化学的助教，帮教授批改物理化学习题，熟知他写的讲义内容比哥大的深，他汇集了当时他手头有的几本新版英文物理化学教科书的优点和难点，所以学生很满意。徐光宪不仅讲课思路清楚，逻辑性强，深入浅出，易学易懂。而且治学严谨，要求严格，常常在课堂最后5分钟进行小测验来了解同学学习情况。他保留至今的一本装订整齐的《物理化学讲义》，是半个世纪以前的零散油印讲义的集成本，它附有"物理化学临时测验"22个，其中明确标明日期和次第的如"物理化学五分钟临时测验（8）–1951，12，5"、"第十次临时测验 –1951，12，27"、"第十一次临时测验 –1952，1，3"等等，可以看出基本上是一周一次临时测验，而这些临时测验也并不简单，有填空题、有问答题、有计算题等等，此外还有"平时考试"。徐光宪教学的严格认真于此可见一斑。从交大参军到北大来进修的防化兵学员说，徐老师有明显的交大"严要求"的作风。当年在北大化工系教授物理化学的傅鹰先生也非常欣赏徐光宪的 5 分钟试题，并向徐光宪要去一套 5 分钟试题。

事情过去了五十多年，当年的学生，北大技术物理系赵深教授对此仍然记忆犹新："1951 年秋，先生的物理化学课程讲授是采用最新教材，讲义在课前发下，实行不定时的 5 分钟小测验。先生讲课深入浅出，层次清楚，易学易懂。"

徐光宪深有感触地说：

开好物理化学课是我在北大克服的第一道难关。

《化学通报》1955 年第三期刊登了徐光宪的《相规的严格推导法和组分数的确定》一文，这是徐光宪在物理化学教学中，关于"多相平衡与相规"讲授的经验总结。文章首先列出大家常见的相规的表述、相规的通常推导法，然后指出通常推导法的缺点。徐光宪用实例证明了通常推导法中的"任一组分在体系的各相中都存在"的假设，实际上只适用于单组分及单相体系，而极大部分的两个或两个以上的多组分多相体系都不满足"任一组分在体系的各相中都存在"的假设，因此在计算体系的状态变数在平衡时必须满足的条件数目时将出现错误。然后徐光宪给出了"一个比较好的推导方法"。这个推导法除了不使用"体系的任一组分在体系的各相中都存在"的假设以外，还有一个优点，就是在推导过程中很自然地得到了独立组分数的定义。并且解决了学生如何正确计算独立组分数的困难。徐光宪在文中总结道：

> 在对学生讲授相规的时候，可以先引入极易接受的物种数和相数的概念［（7）式］，然后讨论为了描写体系所需的状态变数的数目［（8）式］，以及这些状态变数必须满足的相平衡、化学平衡和浓度限制条件的数目［（9）及（10）式］，然后引入自由度的概念并得到（11）式，然后证明（12）式，引入独立组分数的概念，最后得到（14）式。

（7）式、（8）式等所代表的意义这里不做解释，如有兴趣可查阅原文。但这段文字告诉读者，先怎么样、然后怎么样、最后怎么样，逻辑十分清晰。难怪原四川大学校长鄢国森教授在事隔四十多年后谈起来仍然感慨不已："50年代之初，国内高校经过院系调整之后，接着成立了教研室，严格执行教学计划、教学大纲，当时教研室对教学工作抓得很紧，特别重视教材和教法，经常开会研究课程的重点和难点……记得那时《化学通报》等刊物差不多每期都有教材专论或教学讨论的文章，对青年教师很有帮助。大约是1955年的一天，主讲物理化学课的刘为涛教授对我们几个助教谈到，他才看过徐光宪先生在《化学通报》上写的一篇关于热力学定律公式推导的论文，很是精彩，把问题讲得透彻，真乃一清如水。"而这位刘为涛教授是黄子卿一辈的老先生，与徐光宪素不相识，他给予的这个评价应该是客观的、真确的。

我们知道，对一个问题如果能行文叙述清楚，一般口述讲解就一定更清楚。所以，凡听过徐光宪课程的人都会有同样的"一清如水"之感。

3 到燕京大学兼课

燕京大学化学系系主任蔡镏生先生，曾于 1948 年到华盛顿大学访问考察，其间结识了在此就读的徐光宪。1951 年秋，蔡镏生先生得知徐光宪已回国在北大任教，于是邀请徐光宪夫妇参观燕京大学，陪同一起绕未名湖散步、谈天。这是徐光宪第一次来到风光旖旎的燕园，湖光塔影，垂柳婆娑，湖面上几只鸭子游玩戏水。走在湖边的林荫小径上，如在画中游，颇有水乡绍兴的境界。乡情很深的徐光宪感到格外亲切。谈话间蔡镏生得知徐光宪夫妇暂住在红楼的一间教室里，于是不失时机委婉地提出，如果徐先生能到燕大来，可以在燕东园或燕南园有一套房子。徐光宪的心动了一下，燕园确实吸引人，不过既然已经在北大上了课，总不能为了房子就离开，何况有唐敖庆先生、曾昭抡先生的信任。为了报答蔡镏生先生的盛情相邀，徐光宪答应可以来燕大兼课，于是燕京大学化学系聘请徐光宪为兼任副教授，讲授量子化学一学年，从 1951 年 9 月至 1952 年 6 月院系调整。

此行与燕园结缘，院系调整后，徐光宪夫妇随新北大来到燕园，在这里教学、科研，一干就是半个多世纪，没有离开过。

总结徐光宪回国第一年的教学和研究工作有：在北大讲授物理化学，编写讲义，招收了第一名量子化学研究生方国光，同时继续量子化学的科学研究；在燕京大学为研究生讲授量子化学，编写量子化学讲义。

图 4-3　北京大学校园（a 图书馆；b 未名雅韵；c 老化学楼；d 化学北楼）

4 院系调整　开设物质结构新课

　　1952 年全国进行大规模的院系调整，北大、清华、燕大三校的理学院合并为新北大的理学院，部分教授参与创建吉林大学的理学院。三校合并后的物理化学当然由黄子卿先生讲授，他把其中原子结构、分子结构和化学键理论部分分出来，让徐光宪开设物质结构新课。

　　当时综合性大学的化学系是按照莫斯科大学的教学计划修订的，其中设有物质结构这门新课（列宁格勒大学也没有这门新课），但是我国的各大学中从来就没有开过这一课程，即使在世界一流大学中开物质结构课的也是屈指可数。以美国为例，它的著名大学中的物理、化学专业的研究生只有量子化学、分子光谱、化学物理、高等物理化学及实验等与物质结构有关的课程。也就是说，国内外都没有可以直接作为物质结构这门课的教材，要开这门课就要自己编写讲义。所以：

　　　　我从 1952 年开始讲授这门新课时，不得不从大量的参考书和原始文献中选择合适的内容，经过消化、整理和创新，化繁为简、化难为易、去粗取精、去伪存真，用通俗易懂的语言，深入浅出的说理来编写讲义。

最初听过这门课的学生之一，云南大学教授戴树珊说："那时徐先生回国不久，为我们开设物质结构，这是过去的老大学从未开过的，理论性很强的课程，一般都认为一定抽象难学。可是在课程开设之后，徐先生那渊博的学识，深入浅出地讲解使大家不仅不觉得难学，反而是兴趣盎然；加之平等的师生关系、热情的辅导答疑提高了大家学习的积极性。这门课程能成为同学们最喜欢的课程之一，还在于他不是照本宣科，而是徐先生把自己的某些研究成果，如无机分子的共轭 π 键也融合了进去，学过后同学能把学到的新理论用以解释以前学过的'无机化学'、'有机化学'中电子结构问题……在授课中他很自然地贯穿着辩证唯物主义的认识论，同时也发扬着北京大学学术自由的精神。记得……组织过一次大讨论，那是在老化学楼的 103 阶梯教室，座无虚席……体会到了自由讨论的好处。那时所使用的教材是油印讲义，后来成为全国通用教材，分上、下册出版。这两本书影响了尔后几辈人的学习、成长。"当年的学生大多有同样的感受。

由于徐光宪的认真努力，物质结构课和讲义都取得了不错的成绩，得到好评。1953 年，教育部根据国家建设和学科发展的需要，邀请唐敖庆教授、吴征铠教授、卢嘉锡教授和徐光宪副教授共同举办"物质结构暑期讲座"，为全国高等院校培养物质结构专业师资，为国家培养了一批骨干力量，后来他们大多成为学科带头人，还有院士，这是后话。徐光宪编写的"1954 年暑期综合大学教学研究座谈会"使用的《物质结构讲义》共 154 页，仍保留在北大图书馆里，书号为 530.11/2893.1。

1957 年暑假，教育部邀请唐敖庆、吴征铠、卢嘉锡、徐光宪四人在青岛集中编写《物质结构》教材。他们在两个月中写了大约一百万字，大约还只完成了初稿的一半左右，因为唐、吴、卢三位教授除教学之外，还兼任教学、科研的行政领导职务，实在太忙，抽不出时间继续完成下一半。而高等学校、科研单位等各方面又期待早日出版一本简明的教材，于是任务就落在了徐光宪的肩上，要他以北大化学系开课六年的物质结构讲义为基础，修改整理完成任务。徐光宪在照常进行教学的同时，为此用了两年之中一切可以利用的时间，《物质结构》一书终于在 1959 年 12 月由高等教育出版社出版了，第一次印刷即印了精装 5000 册、平装 2000 册（见图 4-4）。1961 年，由人民教育出版社分为上、下册，再版两次，从此成为全国各大专院校相关专业的通用教材几十年，先后再版 5 次，总印数超过 20 万册。《物质结构》修订版于1987 年由高等教育出版社出版。

本书出版后受到师生们的广泛欢迎，不但综合性大学的化学系采用，而且师范大学的化学系，工科大学的化工系、冶金系、材料系、染化系，甚至有些学校的物理系、金属物理系也用它做课本。由于《物质结构》影响广泛，得到广大师生的喜欢，所以在 1988 年国家第一次评选优秀教材时，获得全国优秀教材特等奖，是化学学科迄今为止的唯一一个特等奖（见图 4-4）。

中国科学院院士、厦门大学张乾二教授深有感触地说："1959 年徐先生的《物质结构》由人民教育出版社出版之后，师生们为我国自己编著的第一部物质结构教材而自豪、高兴。"文化大革命"前我们就一直使用这部教材。"文化大革命"后虽然陆续有几部相关教材出版，教育部也推出新的教学大纲，

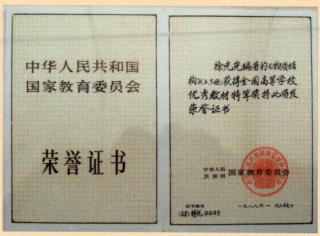

图 4-4 《物质结构》初版书影及获奖证书

但厦门大学化学系仍然以徐先生的书作为主要参考书。我在学习和使用徐先生的《物质结构》这部书时受益良多，作为教师去读，更能体会到徐先生编著时的良苦用心。"

1951 年曾听过徐先生量子化学课的燕京大学化学系毕业生、中国科学院院士、吉林大学孙家钟教授在 2000 年谈起《物质结构》一书时说："徐老师于 20 世纪 50 年代所撰写的《物质结构》是一部传世的经典著作，1988 年获全国优秀教材特等奖，对全国高等院校的老师和学生，在介绍现代原子结构及分子结构知识方面起到了奠基的作用。经历了近 50 年的时间，其深刻的影响仍然依旧。这部专著对我本人讲授物质结构课程起到了指导作用，书中内容贯穿了辩证思想，启发人们正确地认识微观世界。"

没有听过徐光宪的课，也不是徐光宪的学生，而只是把《物质结构》做教材读过的，中国工程院院士陈景教授，却把《物质结构》保存了几十年，并经常翻阅，书中的圈点、勾画随处可见。他说是《物质结构》照亮了自己的科研历程。他认为从在大学戴树珊老师讲授徐光宪的《物质结构》起"我就对物质结构这门课产生了浓厚的兴趣，为我把"物质结构"融入贵金属冶金科研领域创造了有利条件。"

"我在北大读书近六年，同徐光宪先生的接触并不多，对先生的认识和理解，毋宁说是通过他的一部教材——《物质结构》。这部化学系本科生必读的启蒙教科书，使我国一代代的学子，从中窥见了奥秘的物质结构世界。我就是因这部书萌生了探索结构性能关系的浓厚兴趣的一个普通学子。"原山西大学副校长杨频教授如是说。

北京理工大学教授李前树则是在《物质结构》一书的引导下走入这一领域的："我第一次看到徐光宪的名字，是在大连工学院读大学时从学校图书馆的《物质结构》书上。书中那新奇的内容、深刻的思想、深入浅出的阐述和流畅的文笔一下子征服了我，不仅让我看到一个新的学科领地，而且使我决心学习这个专业……"

《物质结构》一书能得到如潮好评，获得特殊荣誉不是偶然的。那是徐光宪先生付出的心血换来的，是他一心为读者着想的结果。他说：

一本好的教材要能经得起时间的考验，做到这一点，秘诀只有一条，就是"千方百计为读者着想"。读者对教材有什么要求呢？我想不外乎两条：

第一，希望读过这本书后有很大收获。收获也是两条：

（1）掌握本课程的基础知识，了解本学科的最新成就和发展趋势；

（2）在读完这本书和做完每章的习题后，不知不觉地在潜移默化中学到了科学的思想方法、学习方法和研究方法，用学到的知识能够分析和解决遇到的问题。

第二，要易学、易懂、易教。

为了使教材达到"三易"的要求，编著者必须有丰富的教学实践。我在"文化大革命"前的 15 年中一直从事物质结构的教学，并在授课的同时，经常亲自答疑，通过答疑了解学生们的难点所在。在修订教材时一定要把学生们感到困难的地方说得特别清楚透彻，不能采取回避态度，用"不难证明"、"显而易见"等词草草应付。细心的读者会发现，往往书上"不难证明"而跳过去的地方恰好是很不容易证明的，去查阅别的常用书，也没有提供证明。而说"显而易见"的地方，往往教师也不见得马上看出来。这些疑难之点，一定要下功夫把它们解释清楚，这样读者读你的书，才感到解渴。

正是由于徐光宪为读者着想，在编写教材时，总是在广泛搜集资料的基础上，尤其注意学科发展史及学科前沿的资料，自己先消化理解之后，经过一番去伪存真、去粗取精、化繁为简、化难为易、整理创新的过程，所以才能得到好的效果。

5 开展实验化学研究　选择配位化学新方向

徐光宪在国外学习时的研究方向是量子化学，回国后招收了一名量子化学研究生方国光。但在新北大还要求徐光宪带本科生的毕业论文，时间只有半年，要做量子化学研究，实在太难了。因此徐光宪必须开展实验研究。那么如何选择方向呢？徐光宪认为：

　　研究工作一定要有创新，第一个必须是国际学科发展的前沿；第二个要结合国内具体情况，因为经费很少，不能买大型仪器设备，所以要求仪器设备比较简单；第三个就是要看到应用前景。方向选好后，就要选择工作的突破口。

　　当时络合物化学（后称配位化学）国际上研究的人很多，是个热门前沿，大家都在做这个工作。重点是溶液络合物化学的研究，就是要大量测定络合物的稳定常数。络合物稳定常数的大小，在分析化学和离子交换、萃取化学等分离方法中有重要应用。国外著名期刊如 *J. Amer.Chem Soc* 等发表大量溶液络合物化学的论文。有关权威正在把大量络合物的稳定常数编制成厚本手册，供化学家查用。溶液络合物化学之所以成为当时的热门，是由于它在无机化学、分析化学、放射化学、核燃料化学等领域有大量应用。

　　徐光宪根据 20 世纪 50 年代北大化学系只能置办得起便宜的小型设备的情况，选择了电化学方法。就是不用大型仪器，用 pH 计、K 式电位计、极谱仪等电化学的仪器就可以了。自己组装也可以，买也不贵。如果需要大型光谱仪等，根本没有钱买。所以要结合条件。这样，徐光宪认为选择溶液络合物化学的方向，能够满足上述三个条件。

　　选好方向后，如何找出研究创新的突破口呢？徐光宪认为提高实验测量的灵敏度是关键，灵敏度提高了，就可以观察、发现到别人没有发现的东西，做出来别人做不出的结果。其实在科学研究中改进实验方法、改进仪器设备，是常用的有效途径。诺贝尔物理奖获得者丁肇中先生，在研究 J－ψ 粒子过程中，就曾花了许多时间和精力，进行实验方法的改进和仪器分辨率的提高。不过徐光宪有一个有利的条件可以发挥作用，就是向夫人高小霞请教。

高小霞是研究电分析化学的，她的实验室里有从捷克进口的照相式极谱仪。用它测定极谱半波电位的灵敏度是 0.01V。这在分析化学中已经足够。徐光宪做过物理化学实验课的助教，熟悉 K 式电位计，知道 K 式电位计可以测到 0.001mV，他和高小霞商量是否可用 K 式电位计和灵敏电流计（Galvanometer）来组装的极谱仪，结果比买来的捷克极谱仪的灵敏度提高 500倍。同样用 K 式电位计加氢电极组装的 pH 计，其灵敏度可达0.001pH 单位，也比买来的 pH 计的灵敏度高 10 倍。

同时，为了使络合物溶液中离子强度稳定，当时通行的是用另外一种不络合的电解质，通常用高氯酸钠（$NaClO_4$）来稳定离子强度。徐光宪认为碱金属也不一定不络合，最不络合的可能是四甲基铵 [$N(CH_3)_4ClO_4$]，氮已经被四个甲基络合了，氮就不容易再去和阴离子络合了。他就用四甲基铵[$N(CH_3)_4ClO_4$] 代替高氯酸钠（$NaClO_4$）使离子强度恒定，从而测定了碱金属的络合常数。徐光宪回忆：

这个工作就是我在 1955 年带吴瑾光、蒋洪祈等做毕业论文时做的。1957 ~ 1960 年间在《化学学报》上发表了几篇文章，这些文章有英文摘要，被美国《化学文摘》登载了，国际上一个络合化学权威塞莱（Sillen）教授看到了，他要编一本《络合物稳定常数手册》，对我们的研究工作非常感兴趣。因为过去一般认为碱金属没有络合作用，现在我们不仅做了碱金属的络合工作，而且还测量了稳定常数，他非常感兴趣。他把他的一百多篇文章寄给我，希望我把我们的文章全文寄给他，因为他只看到一个摘要。我在 1957 年已经调到技术物理系，去请示系的党组织领导，结果领导说因为我们系是保密系，所以不可以把研究论文寄给国外。其实那是在化学系做的研究论文，与保密毫无关系。但我就只好不寄，信也不好回复，所以，这样国际交往就断绝了。所以我觉得经济方面封闭起来会落后，科学方面封闭起来也要落后。因为国际交往没有了，假如寄给他发表了，国际上就会大量引用你的文章，你同国际交往就紧密了。现在文章评价不是很讲引用率吗？你的文章不寄出去发表，人家怎么引用呢？说明学术上不改革开放也不能发展。

徐光宪带领的科研集体，发现了通常认为没有络合作用的碱金属和碱土金属也有络合作用，徐光宪指导吴瑾光等测定了多种碱金属羧酸和氨基酸络合物的稳定常数，开创了溶液碱金属配位化学的新方向，对三十年后研究钾和钠离子在生物膜中的通道有深远的影响。徐光宪甚至认为：

> 当初选择用电化学方法研究溶液络合物的科研方向，得益于高小霞做电分析化学研究和我在哥大选修过仪器分析课程，做过物理化学助教，也熟悉电化学方法。如果那时选择分子光谱或别的方向，以后再要转向核燃料化学就非常困难了。这倒不是我有先见之明，知道以后要转到技术物理系，而是我坚持了选择新的科研方向，要坚持上述三个条件。

徐光宪谈起夫妇二人相互帮助、相互启发，经常晚上一起在化学南楼做双指示电极实验，到半夜才双双骑着自行车穿过宁静而美丽的燕园回到中关园 276 号宿舍的美好日子，幸福之感溢于言表。他们的研究成果《双指示电极滴定法I－电

图 4-5　徐光宪与夫人高小霞
左图：1951 年 4 月 18 日木婚（5 年）；右图：1956 年 4 月 18 日锡婚（10 年）

流滴定曲线的理论分析》和《双指示电极滴定法 II - 双指示电极电流滴定理论曲线的验证》发表在《化学学报》第 24 卷第 1 期上（1958 年 2 月），署名高小霞、徐光宪（北京大学化学系）。该项研究解决了当时电分析化学家 Delahay，Kies，Duyckaerts，Gauguin，Charlot，Bradbury 等人未能解决的难题，处于世界领先地位。但是当年这类科研成果只允许在国内学术刊物上发表，不允许寄发国外，如果当年能允许把论文送给 *JACS* 或 *Anal Chem* 去发表，那么徐光宪、高小霞也许会出现在该领域的国际讲坛上，该成果也将会被广泛引用而影响深远。

6 第一个研究生方国光的论文答辩会

1951 年，徐光宪在北京大学招收的第一个研究生方国光，研究方向是量子化学。1954 年 6 月，方国光该毕业了。论文答辩会那天，徐光宪按时来到教室，看到方国光已经坐在后排的边上，还在翻看着手中的论文稿。物理化学教研室主任黄子卿先生、胶体化学教研室主任傅鹰先生等本系教授及学生多人在座，黄子卿先生站起来向徐光宪介绍："这是彭桓武先生。"又向彭桓武介绍："这是方国光的导师徐光宪先生。"两人握手致意。徐光宪久闻彭桓武的大名，未得机会相见，不意今天来到眼前。彭桓武留学英国，泡利、海特勒、海森伯格等量子力学大师们非常看重他，曾推荐他去爱因斯坦研究所。这位受到爱因斯坦器重的理论物理学家，原来是个身材中等，穿着朴素，面容安详，平易近人的人。

那时，教研室组织研究生毕业的论文答辩委员会成员是不告诉导师的，所以徐光宪并不知道黄子卿先生请了彭桓武先生来。时隔五十五年，徐光宪对那次的答辩会记忆犹新：

> 那时候教研室邀请的答辩委员会成员都来了，我们导师是不知道的。答辩的那天，我也不认识彭桓武先生，黄子卿先生介绍说这是彭桓武先生，我以前当然知道彭桓武先生的名字，但没见过，他也不认识我。然后学生作论文报告，论文有两部分：一部分是旋光理论；另一部分是做了一个氢分子新的变分法处理，彭桓武先生对变分法处理，最熟悉了。1927年海特勒和伦敦首先用变分法来研究氢分子成键的本质，这是量子化学的开始。他们用两个氢原子波函数的线性组合作为氢分子的变分函数，后来中国有个物理学家王守竞，改进了把氢原子波函数里面的一个指数也做变分法处理，得到更好的结果。最后James和Coolidge用了13个变分参数，得到与实验值非常接近的结果。大家认为氢分子的问题没有可做的工作了。

我当时有一个思想：这里一个氢原子 A、这里一个氢原子 B，描述它们的波函数 ψ_a、ψ_b。A 中的电子受 B 的吸引，B 中的电子受 A 的吸引，两个波函数的中心是 C、D，用波函数 ψ_c、ψ_d 的组合来描述，电子的重心 C 和 D 就要移动靠近一点距离，这个距离究竟移动多少呢？用变分法来确定。所以我就作了一个移动，搞了个移动中心的方法，这样做过之后比王守竞先生的又有很大的改进，但是没有 13 个参数的好。不过 13 个参数不太容易推广，太麻烦了。彭桓武非常欣赏这个移动中心的方法，赞赏我这样一个物理见解，他说这个想法很不错，你很有创见，而且后面的计算都是正确的。彭桓武先生说："你文章的第二部分虽不是论文的重要部分，但已经很够分量了，作为博士论文已经是优秀的了。"黄子卿先生看彭桓武先生这样评价，当然论文就通过了。

彭桓武简介

彭桓武（1915—2007），湖北麻城人。物理学家、中国科学院院士。1935 年入清华大学研究生院，1938 年入英国爱丁堡大学理论物理系，师从马克思·玻恩（Max Born，著名物理学大师、诺贝尔物理奖获得者、量子力学的奠基人之一），先后获得爱丁堡大学哲学博士学位、科学博士学位，后在爱尔兰都柏林高等研究所做博士后。1945 年，他与玻恩分享了英国爱丁堡皇家学会"麦克杜格尔—布里斯班奖"。1948 年当选皇家爱尔兰科学院院士，时年 33 岁。彭桓武主要从事理论物理的基础和应用研究，他先后任教于云南大学、清华大学、北京大学、中国科技大学等高校，讲授《普通物理》《流体力学》《量子力学》《数理物理方法》等课程；著有《理论物理基础》等。他参加并领导我国原子弹、氢弹的原理突破和战略核武器的理论研究、设计工作。在中子物理、辐射流体力学、凝聚态物理、爆轰物理等多学科领域取得了一系列对实践有重要指导意义的理论成果。他培养了周光召、黄祖洽院士等一大批中国原子能科学研究的中坚力量。是我国核事业及理论物理方面当之无愧的开拓者、奠基者和领导者。周光召院士说："毫无疑问，彭先生是我国核物理理论、中子物理理论以及核爆炸各层理论的奠基人，差不多所有这方面后来的工作者，都是他直接或间接的学生。"彭桓武历任中国科学院近代物理研究所研究员、副所长，高能物理研究所副所长、理论物理研究所所长、二机部第九研究院副院长、全国人大代表、全国政协委员等职。曾获国家自然科学奖一等奖、国家科技进步特等奖、何梁何利基金科学与技术成就奖、"两弹一星功勋奖章"等。

傅鹰简介

傅鹰（1902—1979），福建闽侯人。化学家，中国科学院学部委员（院士）。无党派民主人士。曾就读于燕京大学，后留学美国密执安（Michigan）大学研究院并获科学博士学位。先后任东北大学、北京协和医学院、山东大学、重庆大学教授，厦门大学教务长兼理学院院长。1944年再度赴美，新中国成立后回国，曾任北京大学、清华大学、北京石油学院教授。他认为："化学是实验的科学，只有实验才是最高法庭"。他希望学生"不要好高骛远，要从大处着眼，小处入手"；"不要只强调兴趣，应当将我们的兴趣和祖国的需要结合起来"；他指出"一个人民的科学家与一个资本主义的科学家不同之点只看他愿意为谁服务，至于研究化学的方法是万国同风的"。他教学、科研之外关心国家和科学事业的发展，对学校领导作风、办学条件与学术研究环境，师资队伍建设和年轻人的培养等重要问题的看法和建议集中在他的《高等学校的化学研究——一个三部曲》中，该书得到了毛泽东主席和周恩来总理的肯定。傅鹰一向直言不讳，敢说真话，十分难能可贵。因此陆平校长称他为"光明正大的诤友"，李岚清副总理称赞为"党的真挚诤友。"主要著作有《胶体科学》《化学热力学导论》《大学普通化学》和译著《乳状液理论与实践》等。他是中国胶体科学的主要奠基人，创建了我国第一个胶体化学教研室。曾任北京大学副校长，全国政协常委等职。

7 黄子卿先生很公正

黄子卿简介

黄子卿（1900—1982），广东梅县人，物理化学家、化学教育家。中国科学院学部委员（院士）。早年赴美就读于威斯康星大学、康奈尔大学，1925年获理学硕士。同年9月，入麻省理工学院攻读博士学位，1927年因经济来源困难，被迫中途停学回国。1928年，黄子卿在北平协和医学院生物化学系任研究助理，1929年9月，被清华大学聘为化学系教授。1934年6月，黄子卿再度赴美深造，师从著名热力学家比泰（J. A. Beattie）进行热力学温标的实验研究，精确测定了水的三相点，成为1948年国际实用温标水的三相点的参照数据之一。1935获美国麻省理工学院哲学博士学位。同年回国，先后在清华大学、西南联合大学、北京大学任教。并兼任中国化学会副理事长、全国政协委员、九三学社中央委员会常委等职。黄子卿执教半个世纪，曾讲授过物理化学、化学热力学、统计力学、溶液理论、电化学等多门课程。他编撰的《物理化学》是我国首部中文物理化学教材。专著有《电解质溶液理论导论》《非电解质溶液理论导论》等。其中《电解质溶液理论导论》（修订版）获 1988 年全国高等学校优秀教材奖。黄子卿先生非常重视实验在化学中的作用。他认为物理化学虽是化学中理论性较强的学科，但它和化学其他各分支学科一样，是一门实验科学，实验与理论相比，实验更为重要。他是中国化学会的早期会员之一、中国物理化学的奠基人之一。黄子卿的名字载入美国 1948 年出版的《世界名人录》。

黄子卿先生长徐光宪二十岁，长彭桓武十五岁，是老一辈化学家，学问渊博，德高望重，他很欣赏和尊重彭桓武的人品和才华，相信彭桓武的眼光。方国光博士论文答辩获得彭桓武的好评而顺利通过后，黄子卿高兴地对徐光宪说："中国只有唐敖庆和你两个人能做量子化学研究。"因为黄子卿了解量子化学在国外创立不久，研究者不广，其原理是艰深的，研究是困难的，更何况中国当时的条件远不如国外。唐敖庆在西南联大是他的学生，他很相信唐敖庆的能力、水平，如今徐光宪也得到了他的信任。徐光宪的感受是：

> 我不是北大毕业的，我在北大没有师生关系，没有一位老教授是我的老师。在北大有这个好处，只要你好好工作、研究做出成果，你就能站得住脚。我觉得黄子卿先生非常公正，所以我们以后对学生也是这样，不是我的学生，他工作很好，我也同样支持。我觉得北大有这样的传统。所以我觉得交大精神、北大精神，对我一生做人做事做学问都有深远的影响。

第五章　打造核科学家摇篮的日子

中国的原子能事业在艰难中起步，大批科学家服从国家需要而改行。中国"核科学家的摇篮"在北大建造，徐光宪是建造者之一。

1995 年 6 月，在北京大学技术物理系成立四十周年纪念来临之际，全国政协副主席、中国科协主席、中国工程院院长朱光亚题词"核科学家摇篮"表示祝贺（见图 5-1）。在《核科学家摇篮——北京大学技术物理系成立四十周年》纪念册中，"技术物理系创始人胡济民教授"、"朱光亚教授"、"虞福春教授"、"徐光宪教授"的照片依次排列。当年参与创办物理研究室的元老们也都列名在册。

图 5-1　朱光亚题词"核科学家摇篮"

1 中国不能没有原子弹：原子能事业的起步

科学家是国家民族的眼睛、鼻子、耳朵，他们敏锐地感知各种信息，传递给大脑——中央政府，以便作出符合国家民族发展的决策和部署。20 世纪 50 年代，大批海外学子回国效力，他们了解世界科学、经济等的发展状况，以及科学技术在经济活动中的重大作用，而原子能科学就是其中引人注目的新兴学科。早在 20 世纪 30 年代，彭桓武、王淦昌、钱三强、何泽慧等赴欧美各国从事核物理学的学习与研究，其中彭桓武曾与量子力学的奠基人之一马克斯·波恩（Max Born）在爱丁堡一起工作过；钱三强与夫人何泽慧曾在巴黎的居里研究所跟随约里奥－居里（Joliot-Curie）等研究原子物理学；王淦昌曾在柏林与立泽·迈特纳（Lise Meitner）研究放射性及气泡室等等。1946 年，又有赵忠尧、曾昭抡、吴大猷、华罗庚等著名科学家去美国考察原子能技术，或从事原子能研究，知道原子能的利用前途无量。原子物理学家赵忠尧 1950 年 8 月 29 日离美回国，途经日本时曾遭扣留，几经周折，于 1951 年 1 月 17 日回到北京，曾受到科学院院长郭沫若及著名科学家李四光、竺可桢、吴有训、曾昭抡、钱三强等四十多人的热烈欢迎。赵忠尧在美采购、加工的核物理实验设备和材料，在筹建我国第一台质子静电加速器中起了重要作用，故有我国第一台加速器是"赵忠尧背回来"的说法。

新中国成立初期，面临着严峻的国内、国际形势。国内，由于多年的战争经济已经破产，人民亟需和平的劳动环境，生产生活必需品。国际上，美国依仗着手中的原子弹，到处横行霸道，出兵朝鲜，第七舰队开进我国台湾海峡，到处炫耀武力。几年之内，在台湾附近海域，中国及与中国进行贸易的各国船只遭劫数十次；1952 ～ 1953 年初，美国飞机多次侵入我国东北领空进行侦察、轰炸，造成我国居民多人死伤。为此，我国政务院总理兼外交部部长周恩来于 1953 年 1 月 21 日发表声明，提出强硬抗议。现在看到的一批解密文件显示，1953 年春，美国已经把装有原子弹的导弹运到了冲绳，美国曾打算用核武器攻击中国的援朝部队；美国海军上将阿瑟·W·雷德福在公开场合表示美国的原子武器已达到常规状态，强调对原子武器的依赖；1953 年，白宫曾起草过名为《美国对共产党中国的政策》的文件（NSC166/I，1953 年 11 月 6 日），其中说，一旦与中国发生全面冲突，美国将使用各种武器，包括原子武器，对中共的空军和其他设施实施决定性的打击；1954 年，美、英等国曾考虑用核武器攻击中国；1955 年 6 月 3 日，美国的《纽约时报》（NYT）透露，海军上将阿瑟·W·雷德福曾建议，如果朝鲜再出现敌对行动，美国就应该准备使用核武器……面对美国咄咄逼人的核威胁，中国人民不得不节衣缩食，被迫发展核武器，要知道，当时中国人民最需要的是发展生产，改善生活。但是，为了保卫和平的劳动环境和平静的生活，中国就一定要有强大的国防，要有自己的核武器。不仅中国人民这么认为，世界一切爱好和平，反对美国核讹诈的人们都有这样的看法。如获得1951年斯大林和平奖的、著名的国际和平人士、法国杰出的科学家约里奥－居里就希望中国拥有原子弹，打破美国的核垄断。当他听说中国的放射化学家杨承宗先生准备离法回国时，他约见了杨承宗，并亲自对他说，你回国后，请转告毛泽东主席，你们要反对原子弹，你们必须要有原子弹。约里奥－居里夫人（居里夫人，Curie，Marie 的女儿）还将自己亲手制作的 10 克含微量镭盐的标准源送给杨承宗，作为对中国人民进行核科学研究的支持。（《当代中国的核工业》，4 页）

1953 年春，中国科学院近代物理研究所所长钱三强率领一个考察团，前往苏联学习发展核科学研究的经验，并就进一步扩大两国间的科学合作交换意见。

1955 年 1 月 15 日，毛泽东主席在中南海主持召开的中共中央书记处扩大会议上，听取了著名地质学家李四光、著名核物理学家钱三强等科学家关于原子能问题的汇报后，举杯向大家祝酒说："为我国原子能事业的发展干杯！" 1 月 17 日，苏联政府表示愿意帮助社会主义各国发展和平利用原子能技术，1 月 30 日，周恩来总理主持召开国务院全体会议，会议决议中有这样一段话："由于帝国主义和封建主义的长期压迫，中国的科学和技术的发展是落后的，但是我们深信，在解放了的中国，她的科学家、工程师和工人们，在苏联的真正帮助下，一定能够迅速掌握、使用原子能的技术。"党中央、国务院做出了尽快发展、建立我国核工业的战略决策。中国进入了"这样一个时期，就是我们……所钻研的，是钻社会主义工业化……并且开始要钻原子能这样的历史的新时期。"（毛泽东《在中国共产党全国代表会议上的讲话》1955 年 3 月 31 日）根据科学和国家发展的需要，科学家们建议启动原子能科学事业，而首先要做的就是培养人才。

2 中国第一个培养原子能人才的基地——北京大学物理研究室的组建

1952 年院系调整后，北京大学物理系集中了北大、清华、燕大的物理人才，群英荟萃。著名物理学家、原燕大物理系系主任、理学院院长褚圣麟教授出任系主任。根据科学发展的前景和北大物理系教师的情况，褚圣麟教授于 1954 年 7 月向学校建议，在物理系设立"物质结构"专门化：

我系考虑关于原子核及基本粒子的原理与技术在科学上有重要地位，其应用在我国亦有广阔的发展前途。特建议设置"物质结构"专门化，以培养这方面的人才。兹附上建议书一份。敬请领导上核示。

此上

教务长

褚圣麟（小篆阳文长方章）一九五四，七，廿二

教务长周培源先生接信后，很快向学校报告：

江汤校长

建议学校同意系方成立"物质结构"专门化的计划，

并请学校备文报高教部，文中须提请高教部邀请科学院物理数学化学部主任及物理研究所所长会商物理系和物理研究所的合作办法。

周培源　七，廿九

不久北京大学的报告就送到了高教部，并把"物质结构"专门化改为"原子核物理专门化"：

北京大学关于物理系建立原子核物理专门化向高教部党组的请示报告：

……

初步意见如下：

一、……

……

五、为保密起见可暂不设立专门的教研室，凡进行此项工作的教师仍分属普通物理和理论物理两个教研室，另建立一个领导小组负责筹划。建议钱三强、褚圣麟、虞福春三人组成，以钱三强为主要负责人，具体工作由虞福春负责。

六、……人选如后

虞福春……普通物理教研室主任

褚圣麟……物理系主任

……

1955 年 4 月，著名核物理学家、中国科学院近代物理研究所所长钱三强，再次率领一个考察团前往苏联考察、取经，团员中就有刚刚由浙江大学物理系调到北京大学来的核物理学家胡济民教授。考察团回国后组建了中国第一个专门培养原子能干部的机构——北京大学物理研究室。

与胡济民前后调来物理研究室的还有朱光亚、卢鹤绂等著名物理学家以及孙佶、张至善、陈佳洱等一批青年骨干教师。

1955 年 8 月 1 日，高等教育部通知北京大学：

高等教育部关于在北京大学设立物理研究室的通知
（一九五五年八月一日）

机综（55）字第八五四号

马寅初校长：

江隆基　汤用彤副校长：

一、为了和平利用原子能的研究工作，兹决定在北京大学设立物理研究室，并任命胡济民为物理研究室主任，虞福春为副主任。

二、决定从各校物理系三年级选拔学生一百名，于本年暑假后调入北京大学物理研究室进行培养。

三、物理研究室的工作，责成江隆基副校长直接领导。

四、物理研究室系保密性的研究机构，对外应严守秘密，不准接纳外宾参观；北京大学有关系和教研组的教师需参加物理研究室工作者应经审查批准。

……

1955 年 8 月根据中央部署在北京大学成立物理研究室，从北京大学、浙江大学、吉林大学、南开大学、复旦大学、南京大学、武汉大学、中山大学等高校物理系三年级选拔了 97 名优秀学生进入北大物理研究室学习。1956 年 9 月，我国自行培养的第一届原子核物理专业的学生毕业了。

胡济民简介

胡济民（1919—1998），江苏如皋人。著名核物理学家。中国科学院院士。1942年毕业于浙江大学物理系并留校工作，1945年赴英国留学，在原子核非中心力方面取得重要成果。其间曾与由法到英学习核乳胶技术的钱三强讨论回国后开展核物理研究的打算。1948年获伦敦大学哲学博士学位。1949年回国任浙江大学物理系副教授兼浙大副教务长，1951年加入中国共产党。根据钱三强的建议，1955年春，由周恩来总理批准奉调到北京大学负责筹建并领导我国第一个培养核科技人才的教学基地——物理研究室。胡济民在原子核力、原子核结构、重离子核物理、核裂变物理、等离子体物理等领域取得重大成果。主要著作有《原子核理论》《原子核的宏观模型》《核裂变物理学》等专著，以及《原子核的连续介质模型》等论文近六十篇。胡济民讲授过《普通物理》《理论力学》《量子力学》《原子核物理》《等离子体物理》《原子核理论》等多种基础和专业课程。其著作和教材曾获核工业部优秀教材特等奖、国家教委优秀教材奖、国家科技部科技进步奖、山东省优秀图书奖等奖励。他历任物理研究室、北京大学原子能系、北京大学技术物理系教授兼主任，中国科学院数理学部副主任，中国核物理学会理事长，北京大学重离子物理研究所、兰州重离子加速器国家实验室、北京串列加速器核物理国家实验室学术委员会主任等职。他为创建和发展中国第一个核教育基地——北京大学技术物理系和重离子物理研究所，都作出了特殊的贡献。他是中国核科技教育的主要奠基人之一。

虞福春简介

虞福春（1914—2003），福建福州人。1936年毕业于北京大学物理系，1946年留学美国，1949年获俄亥俄州立大学哲学博士学位，后在斯坦福大学做博士后研究，在核磁共振发现者诺贝尔物理奖得主布洛赫（F.Bloch）教授的实验室从事核磁矩测定研究。在对大量液氨样品［$NH_3+NH_4NO_3+Cr(NO)_3$］测定 ^{14}N 磁矩的过程中，惊奇地发现核磁共振频率与该核在分子中的化学环境有关，随化学环境的不同而稍有改变，也就是谱线位置稍有移动。这就是著名的"化学位移"（Chemical Shift）效应。几乎同时，狄肯逊（W. C. Dickinson）对 ^{19}F 核的不同化合物进行核磁共振谱测量，也发现了类似的现象。因此，虞福春、布洛赫、狄肯逊三人成为国际公认的化学位移现象的发现者。虞福春教授作为核磁共振布洛赫学派的重要成员之一，在核磁共振应用领域作出了重要的开创性的工作，他在世界上首次从实验上确立了核磁共振谱线的"化学位移"现象；还首次观察到 SbF_6^- 负离子的核自旋劈裂谱线结构，成为第一个涉足核磁共振及其应用研究领域并作出奠基性贡献的中国科学家，载入 20 世纪科技发展史册。

虞福春于 1951 年 2 月回国，历任北京大学教授、物理系系主任、技术物理系副主任、重离子物理研究所所长，国家教委理科物理教材编审委员会主任兼物理实验组组长等职。他为创建、发展中国第一个核教育基地——北京大学技术物理系和重离子物理研究所，都作出了不可磨灭的贡献。他是中国核科技教育的主要奠基人之一。主要著作有《核磁共振频率对化合物的依赖关系》《关于稳定同位素的核磁矩》《关于 ^{17}O 的自旋和磁矩》及《以电子激发及离子化锂原子之几率》等。

北京大学物理研究室为了适应国家发展的需要，又增添了放射化学专业。到 1957 年 8 月，短短两年时间内，不但完成了两个专业的全部教学和实验室的准备工作，而且培养了两届核物理专业和一届放射化学专业共 352 名毕业生，为国家输送了第一批急需的核科学人才。

当时放射化学专业（代号三组）是由郭挺章先生领导的，青年骨干教师刘元方、吴季兰、唐孝炎、王文清等在苏联专家涅费道夫副教授指导下，开展了热原子化学和同位素交换的研究，积极准备放射化学的教学和实验工作。孙亦樑和郑淑惠则从事放射分析化学的研究，准备放射性测量和防护的教学实验。郭挺章先生原在美国师从著名量子化学家艾林（H. Eyring）教授，1950年回国后在中国科学院工作，1955年调来北大物理研究室，负责领导三组工作，但不幸于1956年冬英年早逝。

3 钱三强点将

1957年8月，高教部决定撤消物理研究室，核物理专业（代号一组）并入物理系，放射化学专业（代号三组）并入化学系，成立放射化学教研室（对外称物质结构教研室），钱三强先生到北大调阅档案，建议任命徐光宪为教研室主任，于是徐光宪开始从事核燃料萃取化学的研究。1958年9月开始讲授原子核物理导论课。

1958年12月北大党委为了便于保密专业的管理，又把核物理专业和放射化学专业，分别从物理系和化学系调出来，成立原子能系。任命胡济民为系主任，虞福春为副系主任。1959年1月增加任命徐光宪为副系主任，兼核燃料化学教研室主任，开始讲授核燃料化学、萃取化学。1960年，原子能系又改称北京大学技术物理系。

徐光宪回忆：

> 黄子卿先生做物理化学教研室主任，我心情很舒畅。已经开拓了理论化学和络合物化学的实验研究方向，而且

已有一个优秀的科研小团队，做起工作来很方便了。调去技术物理系从事不熟悉的放射化学，又要做一番艰苦的探索，心里是不愿意的。原因是钱三强先生来看档案的，他看我是量子化学的博士学位，他认为学量子化学的数学物理基础都比较好，改行比较容易，所以就点名要我负责放射化学专业工作。吴征恺先生也被钱三强点名，从复旦大学化学系主任调到二机部担任铀235，铀238分离的扩散法总工程师。他是研究分子光谱的专家，改行的幅度比我还大。当时大家都以国家需要为第一，坚决服从组织分配的。

4 钱三强先生

钱三强简介

钱三强（1913—1992），浙江绍兴人。核物理学家。中国科学院院士。早年就读于清华大学物理系，1937年留学法国，先后在巴黎大学镭研究所居里实验室、里昂大学物理研究所、法国国家科学研究中心、法兰西学院原子核化学实验室等单位从事原子核物理的研究工作。1940年获法国国家博士学位，指导博士论文的导师是约里奥－居里夫妇。1946年获法国科学院亨利·德巴微奖。在法期间，钱三强与伊伦·居里合作，研究铀与钍被中子打击后，产生镧的同位素。又与何泽慧、沙士戴勒等合作发现了铀的三分裂和四分裂现象，并对三分裂机制做出合理解释，深化了对裂变反应的认识。1948年回国，历任清华大学教授，北平研究院原子学研究所所长、中国科学院计划局局长、学术秘书处秘书长、院副秘书长、副院长、数理学部主任、近代物理研究所所长、原子能研究所所

图 5-2　1993 年 NSFC（国家自然科学基金）化学科学部在清华大学召开评审会时与吴征铠院士合影

长，中国物理学会理事长，中国核学会名誉理事长，浙江大学校长，中国科协副主席，第二机械工业部副部长，全国政协常委，全国人大代表等职。他是中国原子能事业的开拓者和奠基人之一。为组织领导我国的原子弹、氢弹的研制工作作出了突出贡献。1985 年获法国总统颁发的"法国荣誉军团军官勋章"，1999 年追授"两弹一星功勋奖章"。著有《重原子核三分裂与四分裂的发现》等。

　　钱三强是中国发展核工业的关键人物之一，当年中国放射化学的专家很少，为了落实中央"全民办原子能"的号召，为了调集化学方面的专家，他亲赴各地查阅档案、挑选人员。当年钱三强建议调卢嘉锡到福州大学办原子能系，唐敖庆在吉林大学办原子能系，吴征铠到二机部做铀扩散总工程师（见图 5-2）。他了解到徐光宪和郭挺章都是量子化学的博士，数学、物理基础应该不错，适应能力强，路子宽，是合适人选。在郭挺章先生英年早逝后，建议北大调徐光宪负责放射化学专业工作。

5 原子核物理导论

徐光宪到技术物理系的第一项工作便是在 1958 年 9 月开始讲授原子核物理导论课。因为他是从化学系来的，有人认为徐光宪要开出原子核物理导论课至少要到一年以后。没想到他一来就讲授原子核物理导论，并编写讲义。

技术物理系那时还叫原子能系，学生是由物理和化学两部分学生抽调组织起来的。系主任胡济民、副系主任虞福春都是核物理方面的专家。教师也是物理学方面一支队伍，放射化学方面一支队伍。

物理系的学生自然物理基础要好一些，而化学系的学生对原子核物理不熟悉，如果让教物理的老师来教，他可能对学化学的学生的根底不了解，以为物理的基础课学生们都学过了，他就不会想到补课的问题。有些基础课物理系的学生读过了，但是化学系的学生却没有学过。我来讲原子核物理导论课，就会知道化学系都开过什么课，学生们缺的物理课我都会给他们补起来。

所以我开的课化学系的学生特别满意，他们不会听不懂，他们缺的我给他们补起来了。教物理的老师可能就不知道哪些地方该补，哪些地方不该补。所以，我的第一个困难就是讲授本来不熟悉的原子核物理导论课。

钱三强的眼光是不错的。徐光宪一到马上就开讲这个课，而且学生满意。他争分夺秒写出的《原子核物理导论讲义》，是随写随印的不同墨色的油印片子，最后装订起来约有 20 万字（见图 5-3）。它包括绪论、放射性衰变及其规律、原子核

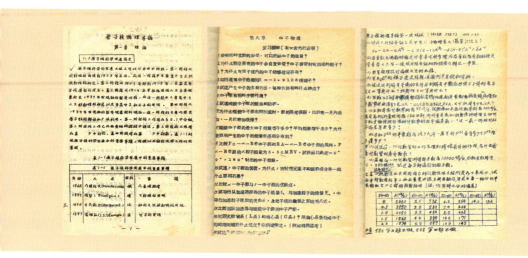

图 5-3 《原子核物理导论讲义》及试题

的组成性质和结构、α 射线与物质的相互作用和 α 蜕变、β
射线与物质的相互作用和 β 蜕变、γ 射线与物质的相互作用
和 γ 蜕变、原子核反应、中子物理基础、反应堆、加速器等
10 章。在当时内容如此丰富、充实、全面的原子核物理教材
还没有过。后面附有每章的复习提纲、习题、参考文献以及原
子核物理导论第一次考试题、第二次考试题等。考题根据专业
不同而不同。技术物理系教授高宏成的感受有一定的代表性，
他说："第一次见到徐先生是在 1959 年秋，他为我们开设原子
核物理导论课。先生深入浅出、条理分明地讲授放射性衰变规
律，钍系、铀系、衰变、裂变……新的术语和概念深深地吸引
着学生，把我们带进了放射化学的大门。"

这本《原子核物理导论讲义》的一个特点，是重视科学
发展史的介绍。不仅在第一章绪论中，系统介绍了原子核科学
发展简史，将原子核科学发展中的重要事件用列表的方式、简
明扼要地列出，从 1868 年门捷列夫发现元素周期律、1895 年
伦琴发现 X 射线、1932 年查德威克发现中子、1934 年约里奥 –
居里夫妇发现人工放射性……到 1956 年李政道、杨振宁提出

弱相互作用中宇称不守恒、1958 年中国建成第一座试验性重水反应堆的 90 年间的数十件重大核科学事迹一目了然。而且，在以后的相应章节还介绍了放射性发现的历史、中子发现的历史等。

学习科学发展史是十分必要的，有益的。我们可以从科学发展史中了解前人的思路、方法，科学发展中成功的经验，失败的教训以及某些争论问题的来龙去脉，还科学发展的本来面貌，作为借鉴，使我们少走弯路，增加成功的机会；又可以扩大视野，了解本学科的发展与其他学科发展的关系，科学与生产、科学与社会等的关系，弥补专业知识过于狭窄的缺陷；同时也可以学习前人不怕挫折、百折不回、坚韧奋斗、敢于批判、勇于创新的精神，克服工作中遇到的困难，向着目标继续前进，直到胜利。这对于学生养成独立思考和创造精神都有良好作用。技术物理系主任、胡济民院士就曾说过："我们在讲课时，常常只注意给学生讲解科学内容，却不注意讲解科学发展史，没有把科学上的每一个发现是经历了多少曲折的道路讲给学生听，使得有些年轻学生以为科学成果来得轻而易举，以致碰到困难就丧失信心。"（钟云霄《胡济民》，201 页）从思想方法的学习来讲，科学发展史也是必须了解的。因为"熟知人的思维的历史发展过程，熟知各个不同的时代所出现的关于外在世界的普遍联系的见解，这对理论自然科学来说是必要的，因为这为理论自然科学本身所建立起来的理论提供了一个准则。"（恩格斯《自然辩证法》，28 页）

6 核燃料化学

技术物理系系主任胡济民、副主任虞福春都是物理学家，他们负责物理方面（一组）。徐光宪到系后负责放射化学方面（三组）。放射化学方面设有放射化学教研室（代号31），刘元方任主任；放射分析化学教研室（代号32），孙亦樑任主任；核燃料化学教研室（代号33），徐光宪兼任主任；1959年底吴季兰从苏联列宁格勒大学和莫斯科大学留学回来，增设了辐射化学教研室（代号34）并任主任。共四个教研室。徐光宪任技术物理系副系主任兼核燃料化学教研室主任，从事核燃料的化学处理的研究与教学。

在研究方面，31教研室在刘元方带领下开展热原子化学、同位素制备与分离；32教研室在孙亦樑带领下开展离子交换法分离裂变元素、仪器分析及中子活化分析研究；33教研室开展了核燃料萃取化学的研究，提出萃取机理的分类法，多元协萃理论和两相滴定法等；34教研室在吴季兰带领下，建造了400居里和2000居里钴源装置，开展辐射化学的研究，特别是核燃料萃取剂和离子交换剂的辐射化学等方面都取得了丰硕的科研成果，培养了大批核化学的人才。关于这一段徐光宪说：

> 1959年初增加任命我为副系主任，负责放射化学专业（三组）工作。这对我是一个十分艰巨的任务，因为我在国外没有学过放射化学，但在1951年5月回国时，抗美援朝已经开始，也曾意识到新中国可能要研制原子弹，所以我尽量多买最新科技书带回国，其中也包括放射化学和核物理的书。1958年凭借这些参考资料，编写讲义，开始为放射化学专业的学生讲授了原子核物理导论。研究方向我决定搞核燃料萃取化学，一方面国家急需研制核燃料，另一方面我在化学系已经开展络合物化学和萃取化学的研究，有一定的基础。

铀是主要的核燃料，它的生产分为前处理和后处理，前处理是从铀矿直接生产铀，后处理是从反应堆中用过的铀棒萃取钚和铀及裂变产物分离。

研究核燃料化学，徐光宪有研究络合物的基础，主要搞核燃料的萃取研究。萃取化学当时国际上还没有成为一门学科，也没有专著，萃取化学的文献多半包含在分析化学里面，徐光宪就收集萃取化学的文献（见图5-4）。在进行了大量实验研究的基础上，从1962～1966年"文化大革命"前，徐光宪单独或合作发表有关萃取化学的论文十多篇，其中研究"核燃料萃取化学"（Ⅰ～Ⅵ）的就有6篇。1961年，徐光宪在《核燃料萃取化学研究的展望和关于萃取体系分类法的建议》一文中指出，当时无机物萃取尤其是核燃料萃取的研究进展迅速，已有数以千计的文献，但缺乏全面系统的理论总结，没有正式形成"核燃料萃取化学"或"无机萃取化学"这一分支学科，而关于"萃取体系的分类"是徐光宪优先注意的，他认为已经到了应该全面总结的阶段。并且认为"萃取机理的恰当而细致的分类是系统整理目前已经积累起来的大量萃取资料的先决条件。"文中建议了若干研究专题，如"配位数饱和原理"、"电中性原理"、"丧失亲水性原理"、"协同萃取原理"、"萃取剂的选择性原理"、"溶解度原理"等等，为进一步研究指出了方向，并对萃取体系的分类提出自己的想法。徐光宪认为合理的萃取体系，既要考虑萃取剂的性质，又要考虑被萃取金属元素的特性和底液的性质。他们主要对酸性络合萃取体系（A）、中性络合萃取体系（B）、离子缔合萃取体系（C）等进行研究，并把（A+B）、（A+B+C）等状态首次使用"协同萃取"一词来描述，其定义为："两种或两种以上萃取剂的混合物同时萃取某一化合物，如其分配比显著大于每一萃取剂在相同的浓度和条件下单独使用时分配比之和，这样的

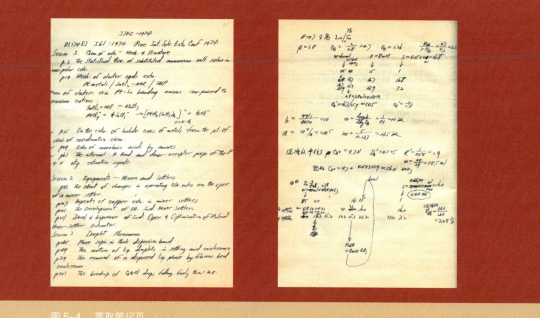

图5-4　萃取笔记页

萃取体系称为协同萃取。"（《原子能科学技术》，1962年第6期，412～424页）1963年，徐光宪又在《核燃料萃取的化学（Ⅰ）》（《原子能科学技术》，1963年第7期，487页）中对"协同萃取体系"进行丁补允，使之完善。徐光宪首先提出的"协同萃取体系"这一概念，现在已被同行普遍采用。

　　由核燃料萃取化学研究进而无机物络合萃取研究，到"文化大革命"前，徐光宪及其教学研究集体，已经积累了大量的数据、卡片万张，准备总结成书。由于"文化大革命"丢失了宝贵的1万张卡片而且耽误了十年时间，在这十年中，国外的研究进展很快，国外已有萃取化学专著。不过徐光宪他们的工作毕竟是有基础的，所以在1984年，上海科学技术出版社出版了徐光宪、王文清、吴瑾光、高宏成、施鼐著《萃取化学原理》一书。这本书规模比原来设计的要小许多，但很精练、简明、实用。

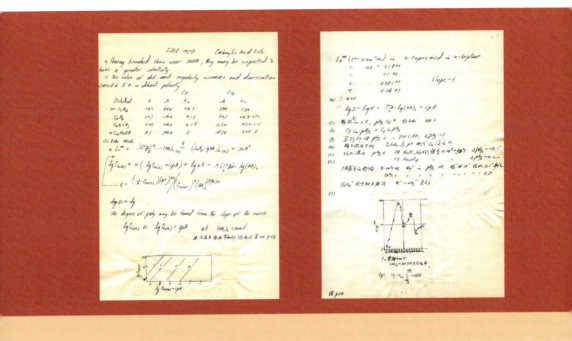

徐光宪的回忆是：

　　那时苏联派来一个热原子化学的专家涅费道夫，苏联留了一手，它不派与原子弹密切相关的核燃料化学的专家，而是派来一个搞热原子化学的人，是搞放射化学基础理论研究的，研究从一个化合物通过放射化学反应变成另一个元素的化合物，与原子弹没有直接关系。我到原子能系，就建立核燃料化学教研室，从事铀、钍萃取分离和络合物的研究，跟造原子弹是直接有关系的。培养的学生就是从事这方面工作的人才，我自己虽然没有直接参加原子弹的制造，但我们的学生后来都是这方面的骨干。如我的研究生罗上庚曾任原子能研究院（代号 401 研究院）的放射化学所所长，他的著作有《放射性废物处理概论》（2003 年，原子能出版社），《放射性废物的处理和处置》（2007 年，中国环境科学出版社），《走近核科学技术》（2005 年，原子能出版社）等。

关于北京大学技术物理系头十年里培养的人才的情况，在《核科学家摇篮——北京大学技术物理系成立四十周年》纪念册中是这样写的："1956～1966 年的十年，是技术物理系蓬勃发展并不断巩固提高的时期。在这十年中，技术物理系为祖国原子能事业培养出一大批高水平的专业人才，如今他们已在科研、教学、行政管理等方面发挥着重要作用，如有中央军委授予'国防科技工作模范'称号的核试验基地司令、中国工程院院士钱绍钧将军，有中国科学院院士冼鼎昌、王乃彦、黎乐民等优秀科学家。"而技术物理系，"建系四十年来，我系为祖国的原子能事业培养了大批优秀人才，为我国核科学技术事业的发展作出了不可磨灭的贡献。可以毫不夸张地说，在祖国大江南北、长城内外，无论在哪一个与核科学技术有关的单位，都有我系的毕业生在各个岗位上发挥着重要作用。他们中间有在学术上不断攀登而蜚声中外的学者；有对国防科学与工业作出突出贡献的将军；有带领科技人员攀登科学高峰的各级领导；还有一大批战斗在我国核工业战线、成绩卓著的无名英雄。"（《核科学家摇篮——北京大学技术物理系成立四十周年》纪念册，2、1 页）北京大学技术物理系是名副其实的"核科学家摇篮"，徐光宪为打造这个摇篮作出了重大的历史性贡献。"今天，我们分配在天南海北，战斗在核工业战线各岗位的同学们有机会聚在一起，都自然会谈起徐先生，回忆徐先生的教诲，……原子能战线的学生们永远铭记和感谢徐先生的功绩……"中国原子能科学研究院研究员、科学技术委员会主任罗上庚的话生动地说明了徐光宪对我国核科学事业的贡献。

7 签字时手发抖了

1958 年全国各行各业都在搞"大跃进"，不仅全民大炼钢铁，也要全民大办原子能。徐光宪在 1959 年 2 月开始领导一个几十人的科研组（代号为 538 项目），做铀的两个同位素，铀 235，铀 238 的分离工作。铀 235 在天然铀里的丰度只有 0.72%。做原子弹要用铀 235，就要将其与铀 238 分开，并需要铀 235 的丰度达到 98% 以上才行。徐光宪做工作的习惯是先调查文献，看这种分离有多少办法。收集资料显示，大概有十几种方法。从中筛选出比较可行的几种方法重点考虑。一种是用气体扩散法，先制成 UF_6 气体，铀 235 较轻，铀 238 重一点，这个方法怎么做呢？

　　就是用膜过滤，膜是固体的，中间有小孔，让 UF_6 气体通过这个膜，较轻的铀 235 跑得快一点，较重的铀 238 跑得慢一点，因此通过膜的铀 235 可能比铀 238 多一点点，通过一次铀 235 由 0.72% 能够提高到 0.722%。0.722% 再通过一个膜可到 0.724%……这样通过三千级才能达到百分之九十几。这个做法，耗电量很大，成本很高。北大技术物理系一个小单位，条件不允许这样搞，于是我们放弃了。原来研究分子光谱，在复旦大学任化学系主任的吴征铠先生，被钱三强指名调到二机部担任扩散总工程师，就是用扩散法分离铀 235。我国的第一颗原子弹的原料就是这样生产出来的。

另一个方法是离心法，UF_6 在离心机里摇，单级分离的效果大于扩散法，铀 235 可以达到 0.726%，但首先要做高速离心机。技术物理系当年调来几位技术高超的八级工，于是绘图请他们试制高速离心机。

再一种方法是电迁移法。$UO_2(NO_3)_2$ 黄色溶液的 UO_2^{++} 是正 2 价，而 $(NO_3)_2$ 是负 2 价，正离子向负电极跑，负离子向正电极跑，中间有一个黄色与无色的界面。这样大家三班倒做了 50 天，得到的样品经 γ 谱仪分析铀 235 达到 0.8% 多一点，大家很高兴，这个方法比较容易，效果又好。用扩散法由 0.72% ~ 0.722%；离心法可由 0.72% ~ 0.726%；迁移法由 0.72% ~ 0.81%。当然很好。按徐光宪的习惯，实验是要重复的，但在"大跃进"期间科研组得到这样的结果就要上报，争着报喜，敲锣打鼓，报到北大党委，又报北京市委。原子能系党组织决定马上要扩大实验，要向北京市政府申请拨实验经费几十万元。这个报告需要徐光宪签字，因为他是 538 项目的负责人，但是他的手发抖了。他希望再给五十天时间，让他再做一次，要重复了心里才有底，他怕仅凭一次实验的结果靠不住，而据此投入几十万元，浪费了怎么办？要知道，那时国家还很穷，几十万元可不是个小数目。于是徐光宪要求重复，但被说成思想右倾保守，后来把他的 538 项目领导撤了。其实徐光宪对实验结果不是相信，也不是不相信，他养成的习惯告诉他，总是觉得要重复过后才可靠。他不做领导，不用签字了，但实验还在做。他建议青年同事傅克坚把样品用化学方法处理一下，硝酸铀重新萃取一下。重新实验之后发现铀 235 还是 0.72%，原来是铀 238 的放射性子体钍 233 被富集了，因为钍 233 与铀 235 的 γ 波谱峰非常接近，富集的是钍 233，而不是铀 235。所以做 γ 谱仪分析的同志也是很认真的。分析样品萃取以后，把钍 233 除去了，再做 γ 谱分析，就发现铀 235 没有富集，因此找到了上次结果虚高的原因。这是徐光宪从交大养成的实验必须重复的好习惯的结果。

这里也有一个教训：就是真正有用的科研成果，美国是不会把它解密公布的。从文献找到的资料，都是失败的实验结果。所以科学研究必须自主创新，文献资料只是研究开始时的参考。

徐光宪被解除538项目负责人职务之后，就另外做铀、钚萃取分离实验，这是做原子弹的第二条路线，不用铀235而用钚239。这种方法的原理是反应堆里天然铀238俘获一个中子，经两次 β 衰变可产生钚，然后把钚提取出来。钚、铀是两个不同的元素，分离比较容易，铀235、铀238是同一元素分离困难。所以我国从第二个原子弹开始，就是用钚做原料的。

8 燕儿岛会议

在中国原子能工业建设的起步阶段，苏联的援助起了一定作用。但是，苏联的援助自始至终都是有限度的。随着中苏两党政治分歧的出现，两国关系也逐渐恶化，苏联对中国的援助由局部限制到全面断绝。在原子能事业方面，1959年6月20日，苏共中央致信中共中央拒绝提供原子弹教学模型和技术资料。1960年8月23日，在二机部工作的苏联专家全部撤走，到9月1日，在华苏联专家全部撤走。这给中国的经济建设和国防建设造成了困难和重大损失。

就核工业而言，我国生产核燃料一开始就是两套方案同时进行，即通过扩散法得到浓缩铀235的生产线，和通过铀反应堆获得钚239的生产线。根据当时的具体情况，二机部决定把通过扩散法得到浓缩铀235的生产线列为"一线"工程，而把通过铀反应堆获得钚239的生产线列为"二线"工程。我国爆炸的第一颗原子弹就是通过扩散法得到浓缩铀235的方法制造的。由于这种方法需要的厂房、设备庞大，耗费至巨，成本高昂，完成第一颗原子弹任务之后，浓缩铀 235 的生产线即行退出一线。从第二颗原子弹开始改用钚 239。当年列为"二线"工程的通过生产堆获得钚 239 的生产线，后来被作为重点建设项目。

钚 239 的生产过程主要包括两大部分：生产堆和放射化工后处理厂。这两个项目本来是苏联援建的项目，苏联提供的后处理厂的初步设计，工艺流程采用沉淀法。我国科学家后来发现，这个方法工艺复杂、流程长、设备多，需耗费大量不锈钢，且废液量巨大，钚收率又低，随之而来的就是投资巨大、建设周期长、运行费用高。其实当时国际上已不再采用沉淀法工艺，而是采用萃取法了。二机部了解情况后，于 1964 年春，在青岛的燕儿岛召开了会议，邀请各方面的专家研究、论证方案。徐光宪是与会专家之一，他根据自己在核燃料萃取化学方面的经验提出建议，放弃原方案，放弃已建的"半拉子"沉淀法生产线，另起炉灶，改用萃取法。这样可能会有一些损失，但长远看是划算的。徐光宪记得：

> 会上有两种意见，一种是继续在建的沉淀法厂，可以避免已开工的土建工程的损失。但沉淀法要反复洗涤，放射废水量非常大，是落后的工艺。另一种意见是完全摒弃沉淀法，另行设计先进的萃取法。我们和清华大学因已从事核燃料萃取化学研究五年，认为用 Purex 流程，效率高，成本低，废水少，技术上没有困难，萃取化工设备上清华大学认为没有问题，所以竭力主张采用萃取法，对二机部领导最后做出采用萃取法新工艺的决策，起了十分重要的作用。

会上对这一看法达成了共识，二机部"对萃取法的工艺可行性和工程经济性做了大量调查研究、论证、实验。结果证明，萃取法确实比沉淀法先进，具有投资少、成本低、钚收率高等优点。""1964 年 5 月 20 日，二机部决定化工后处理厂停止原设计方案采用的沉淀法设计，改用萃取法流程"（《当代中国的核工业》，68、69、569 页）此后，萃取法不断改进，为我国的核工业建设作出了重要贡献。二机部决定用萃取法建立后处理厂（代号 404 厂），把南京永利化工厂厂长姜圣阶调来担任厂长兼总工程师。姜圣阶是徐光宪在哥大时的同学和好友。林彪一号命令要求 404 厂搬家，姜圣阶借口准备工作来不及，延迟搬家达几个月，后得到周总理的支持，才没有搬家，否则搬家等于毁了工厂。以后周总理亲自过问钚生产的进展，每次打电话给姜圣阶，办公室都找不到，他总是在生产车间。北大技术物理系放射化学专业毕业生分配在 404 厂的都非常佩服姜总的领导。404 厂为我国第二颗和以后的原子弹提供原料，作出重大贡献。后来姜圣阶因公出差，遇车祸牺牲，徐光宪很怀念他。

北大化学系78级三十周年同学聚会

第六章　**重回化学系　开展稀土研究**

一 清 如 水　徐 光 宪 传

迎接新的挑战，开
展稀土研究，在实践
中创造理论，在新的
理论指导下升级实践。

1 迎接挑战

    "文化大革命"中，知识分子都要到工农兵中接受再教育，各单位纷纷办起干部学校，这些干校大都设在条件艰苦的地方，北京大学的干校设在了江西鲤鱼洲。1971 年 9 月，徐光宪从鲤鱼洲回到北大，当时的技术物理系已奉命迁到三线——陕西汉中的北大分校。这样，组织上分配徐光宪回到化学系。徐光宪到物理化学教研室一看，他以前的研究生们已经改行了，因为他已经离开十多年了，这时徐光宪又面临着选择方向的问题。考虑到在技术物理系从事核燃料萃取研究，与无机化学更接近，于是就选择了无机化学教研室。教研室主任张青莲先生表示欢迎。当时无机化学教研室的黄春辉和物理化学教研室的马殿坤等几位老师，为迎接招收工农兵学员做准备，已经到上海跃龙化工厂开始了稀土元素的分离研究工作。

    北京大学化学系早在 20 世纪 50 年代后期就有苏勉增、黄竹坡等老师开展了稀有元素钛、锆等的分离研究工作，当时采用的是"离子交换法"，费时费力效率又极低，人们形象地称为"滴眼泪"，无法工业化生产。"文化大革命"后期，化学系的几位老师开始采用萃取分离法的尝试。为恢复招生，当时强调教学、科研、生产相结合，各学校各系都根据情况办起了工厂、车间以便教师学生进行教学实践，不图名利，不计成本。刚毕业不久的陈朝宗、李能等老师就参加了化学系工厂分离稀土生产线的建造工作。这个产、学、研结合的环境是科研成果迅速得到应用的基础条件，如果像以前科研成果长期只存在于实验室那样，以后的推广应用不会那么迅速而广泛。当时逐个分离稀土元素而主要是分离出铕，为发展彩色电视做准备。这分离稀土的工作与徐光宪在技术物理系的核燃料萃取研究性质相近，于是徐光宪加入了分离稀土的行列。

稀土镨（Pr）和钕（Nd）是相邻的元素，在拉丁文中，镨的意思是"绿色的孪生物"，钕的意思是"新的孪生物"。这对孪生物是稀土元素中最难分离的一对元素。镨、钕分离是有名的难题，国外也做过，国内也有单位做过，分离比较困难。徐光宪的性格是喜欢迎接挑战，有迎难而上的自信，越是困难的问题，他就越想试试看，喜欢解决国内外解决不了的难题。另外稀土元素的分离与核燃料的分离接近，所以欣然承担了这分离镨（Pr）、钕（Nd）的困难任务。

徐光宪、黄春辉、陈朝宗、李能等几位老师，再加上以后陆续由各处转来的技术物理系的吴瑾光、黎乐民、金天柱（朝鲜族）等几位老师主动要求和徐光宪一起做研究，他们相信在北大教书研究几十年，成绩有目共睹的徐光宪能带领大家出色完成任务。这样搞萃取分离镨（Pr）、钕（Nd）的一支小团队便形成了。

2 分离镨钕

据资料载，已探明在地壳中稀土元素的总量比常见的金属铅、锡、锌还多，稀土并不稀少。稀土金属元素化学性质活泼，大多以氧化物形态存在，稀土元素是门捷列夫元素周期表第三副族中，原子序数从 57 ~ 71 的 15 个镧系元素，即镧（La）、铈（Ce）、镨（Pr）、钕（Nd）、钷（Pm）、钐（Sm）、铕（Eu）、钆（Gd）、铽（Tb）、镝（Dy）、钬（Ho）、铒（Er）、铥（Tm）、镱（Yb）、镥（Lu），以及在化学性质上与它们相近的钪（Sc）和钇（Y），共 17 个元素。前 15 个元素居于周期表中同一个位置，化学性质相似，分离十分困难。

但是由于稀土元素本身的结构和特性，决定了稀土元素具有许多特殊的用途，不断受到人们的关注、研究，所以分离稀土的研究发展很快。如今可以说稀土的身影无处不在。如在冶金工业中稀土作为添加剂，可以改善金属的性能，延长使用寿命等；在石油工业中稀土作为催化剂，可以提高汽油的产量等；稀土用于玻璃工业，可以制造各种色泽鲜艳的玻璃等；在电子工业中稀土元素可以用作激光材料、阴极发射材料、荧光材料、压电材料、磁性材料等。稀土元素在农业、医学、国防、通讯等领域都有广泛的应用。被当代科技界推崇的六大新科技群的信息、生物、新材料、新能源、空间和海洋科学，都离不开稀土元素的参与。

中国是名副其实的稀土大国，不仅储量居世界之首，而且产量也跃居世界第一位。我国早在 20 世纪 50 年代最早研究稀土萃取的单位有中国科学院长春应用化学研究所、上海有机化学研究所、包头稀土研究所、北京有色金属研究总院、复旦大学等高校和上海跃龙化工厂等。

北京大学开始稀土萃取研究比上述单位晚。上述各单位都曾在稀土萃取研究方面给予北大很多帮助，例如北大化学系在 1970 ~ 1971 年间建立用 P350 分离镧的车间，所用的萃取剂 P350 是上海有机化学所首创研制成功的。从与长春应用化学研究所的学术交流中也获益良多。

中国最大稀土矿是包头白云鄂博主东矿，含稀土 5%。经过选矿后可以得到含稀土 60% 的精矿，其中含 La 25%，Ce 50%，Pr 5%，Nd 19%，还有 1% 是 Sm、Eu、Gd、Tb、Dy、Ho、Er、Y 等重稀土元素。Ce 可以氧化到四价，与其余三价稀土元素分离。用各种胺类萃取剂或磷萃取剂，相邻稀土元素的分离系数都小于 2，在稀土串级萃取理论没有创建以前，很难用萃取法分离三价稀土。但 Ce 用氧化法分离后，La 与 Pr 之间相隔一个元素，分离系数可到 3.5，因此用磷萃取剂 P350

可以分离 La，余下的称为富集物，实际上包含镨钕以后的所有中重稀土。包钢稀土三厂积压了大量镨钕富集物，无法处理，是一个有待解决的生产工艺问题。

1972 年初，徐光宪、黄春辉、金天柱他们接受镨、钕（Pr/Nd）分离研究任务以后，他们对已有的稀土分离方法和理论进行了系统地调研。

徐光宪等人看到美国矿冶局鲍尔（Bauer）用胺类萃取剂，在有机相优先萃取镨，用氨羧络合剂，在水相优先络合钕，形成所谓"推拉体系"，得到较大的分离系数的报告。北京有色金属研究总院也曾有研究 N235 和 N208 氨羧络合剂分离稀土硝酸盐的报告。

徐光宪等认为已有的研究各有长短，他们试用季铵型萃取剂 N263，代替叔胺 N235 和 N208 测得：

β（Pr/Nd）= 5.8（N263– 二甲苯）

β（Pr/Nd）= 4.2–5.5（N263–MIBK– 煤油）

β（Pr/Nd）= 3.5–4.0（N263–TBP– 煤油）

β（La/Pr）= 30（N263–TBP– 煤油）

β（Nd/Sm）= 15（N263–TBP– 煤油）

这样虽然找到了分离系数很大的体系，但串级模拟试验的结果，令人失望。开始他们用 Alders 的液—液萃取理论进行计算，料液用人工配制的 75% $Nd(NO_3)_3$–25% $Pr(NO_3)_3$，假定 β =4，萃取比选用 E_A= E_{Pr}=2.0，E_B=E_{Nd}=0.5。一次萃取后，水中 Nd 的品位由 75% 提高到 86%。

按照上述条件，用 10 级逆流萃取，按 Alders 理论计算，应得 99.9% 的钕，但经过多次 10 级逆流萃取试验，钕的纯度只能提高到 90% 左右。美国鲍尔也报道用 20 级逆流串级萃取，只得到 92% 的钕。因此鲍尔认为"推拉体系"的单级分离系数虽大，但串级效果不好，不能获得纯的产品，没有工业生产价值，因而把他们的报告解密了。实际上，技术先进的国家真正有用的东西是不会解密的，解密的都是没有工业应用价值的，所以我们还是要自主创新。

这一挫折迫使徐光宪去思考失败的原因究竟何在呢？原来 DTPA 的络合能力很强，两三次萃取后水相稀土总浓度和 DTPA 浓度相等时，稀土全部被 DTPA 络合了，就萃取不到有机相。在下一级中有机相没有稀土，无法与水相进行交换，就不能继续提高纯度。徐光宪认为这就是鲍尔虽然发现推拉体系，但串级没有成功的根本原因。

徐光宪认识到有机相中必须含有稀土，才能有效串级。所以从新安排了摇漏斗的串级小试，增加了把水相出口中的稀土经过酸化后萃取到有机相中去的"转相段"，用 10 级萃取，7 级转相，10 级洗涤的分馏萃取体系，以人工配制的 75% $Nd(NO_3)_3$ 和 25% $Pr(NO_3)_3$ 为料液，平衡后两头获得 99.9% 的 Nd 和 99.9% 的 Pr，收率为 99%。

> 1980 年在比利时召开的国际溶剂萃取会议上，我将这一工作进行了报告，与会代表深感兴趣，特别是法国 Rhone Poulenc 厂的科学家提了许多问题。因为当时最先进的 Rhone Poulenc 厂也没有解决镨、钕的萃取分离问题，他们是用离子交换法分离的。

关于串级萃取分离稀土元素，当时国内外常用的理论是阿尔德斯（Alders）液—液萃取理论，常用的工艺是"摇漏斗"。

由于包钢镨、钕富集物的平均组成是含 La_2O_3 26%，Pr_6O_{11} 17%，Nd_2O_3 55%，Sm_2O_3 等 2%，实际上是除铈后的稀土混合物，要比人工配置的镨、钕混合物复杂得多。实际上除了进行镨、钕分离之外，还要进行镧、镨分离和钕与钐等元素的分离。所以包钢的镨、钕分离十分困难，徐光宪、黄春辉、金天柱们经历了艰苦的"摇漏斗"的日子。

3 摇漏斗的日子

当时分离稀土通常采用的工艺流程，一般先凭经验确定流量比、级数、进料位置等工艺参数，然后逐个改变实验条件，对每一个实验条件，需要经过成百上千次的重复"摇漏斗"才能达到平衡。

所谓"摇漏斗"，就是将稀土混合溶液加入萃取剂后装进底部带有开关的漏斗型液槽 A 中，放在振动架上进行机械振动，经过一定时间的振动，液槽中水相和有机相分层，然后经底部开关分别取出，并将它们分别装入另外两个液槽 B 和 C 中再振动……不断地重复上述过程，直到平衡状态。这个操作过程被形象地称为"摇漏斗"。

一个"摇漏斗"流程下来，少则几个月，多则一年还不够，所得结果并不能保证最优。黄春辉院士保存至今的，大家倒班共同书写的实验记录明明白白地显示，不管是摇漏斗还是车间的扩大实验的三班倒，大到制定实验方案，小到测定 pH 值，在这繁琐的劳动中徐光宪始终是其中普通一员。徐光宪既是普通一员，又是领路人，他在思考如何改变这费时费力的繁琐重复操作。

在实践中，徐光宪发现这个阿尔德斯（Alders）理论只能计算萃取级数，不能提供完整优化的萃取工艺参数，并且该理论的一个基本假设是被分离的组分 A 和 B 的萃取比 E_A 和 E_B 分别恒定，但是这个假设与实践相差甚远，不适用。做稀土分离需要工艺参数：原料的组成、浓度、流量、萃取剂的选择、级数等的确定等。而这个 Alders 理论，它可以计算萃取级数，但不能确定萃取量、洗涤量、回萃比等。针对这些缺点，徐光宪在实践中注意观察，他发现萃取段和洗涤段的各级水相和各级有机相的稀土总浓度是分别恒定的，因而萃取段各级的混合萃取比 E_M 也应该是恒定的，从而提出"混合萃取比 E_M"的新概念和"混合萃取比 E_M 恒定"的新假设。根据徐光宪的新假设、新概念，设计出最优化实验方案，在实验室里，徐光宪跟黄春辉、金天柱他们一起"摇漏斗"小试，仔细观察；回到家里，徐光宪就在思考这萃取其中的规律性，并根据实验观察进行假设、计算，自己出题自己解。在那些日子里，徐光宪书房的灯光总是亮至深夜，他夜以继日地总在思考解决的方法，可以说达到了"衣带渐宽终不悔，为伊消得人憔悴"的境界。

天道酬勤，计算最优化工艺参数所需的全部理论公式，终于被他推导出来。由于取消了 E_A 和 E_B 恒定的假设，阿尔德斯的级数公式不再成立，徐光宪借鉴了石油化工分馏工艺设计中计算理论塔级数所用的"纯度作图法"，针对单一稀土产品的高纯度要求（99%～99.999%），提出了"纯度对数求级数的作图法"，大大提高了高纯度稀土分离中萃取级数的计算精度。在此基础上，他又推导出基于混合萃取比 E_M 的级数计算公式，使之可以准确地计算萃取段和洗涤段的级数、料液、萃取剂、洗液的流量和浓度比，以及其他最优化工艺参数。在国际上首次创建了适用于稀土分离的串级萃取理论。

1972 年 12 月和 1973 年 3 月在北大化学系系办工厂稀土车间，用 0.8 升混合澄清槽进行了两次扩大试验，把级数增加到 20 级（考虑级效率），获得与"摇漏斗"小试相同的结果。为了使这一新工艺能用于生产，他们和包钢有色三厂合作，用三厂提供的镨、钕富集物，于 1974 年 1 月 4 日至 14 日，在北大稀土车间进行了第三次扩大试验，连续运转了 216 小时，目的在于检验镨、钕的分离效果，实验中发现镨、钕富集物中镨

（Pr）、钕（Nd）前面的镧（La）和后面的钐（Sm）、铕（Eu）、钆（Gd）等均未除净，影响了产品纯度。

徐光宪认识到有机相中必须含有稀土，才能有效串级。所以重新安排了摇漏斗的串级小试，增加了把水相出口中的稀土经过酸化后萃取到有机相中去的"转相段"，用 10 级萃取，7 级转相，10 级洗涤的分馏萃取体系，以人工配制的 75% $Nd(NO_3)_3$ 和 25% $Pr(NO_3)_3$ 为料液，平衡后两头获得 99.9% 的钕和 99.9% 的镨，收率为 99%。

1974 年 9 ~ 10 月徐光宪又到包头包钢有色三厂进行工业试验。因在第三次扩大试验中，发现试验时间增加，钕转相段中钐的浓度慢慢增加，影响钕的纯度，这一问题必须解决。因为徐光宪有相当的化工基础，他马上想到借用石油工业中多出口工艺，所以在这次工业试验中在钐浓度最大的第 13 级开了第三出口，引出钐富集物。这样既保证了钕的纯度，又多一个钐富集物产品。这就是我国独创的"三出口"工艺的开始。这次试验最后结果达到 99.4% ~ 99.6% 的钕，99.0% ~ 99.5% 的镨，99.4% ~ 99.8% 的镧，和含钐 50% 以上的富集物，共四个产品，达到了预期的效果。此后，分离稀土镨、钕的任务便顺利地完成了。

4 八赴包钢

徐光宪与包钢有色金属三厂（现包钢稀土集团公司的前身）结缘是在 1972 年，那时包钢有色金属三厂的钟鑫昇厂长来到北大，找徐光宪教授请求帮助解决厂里大量积压的镨（Pr）、钕（Nd）、钐（Sm）、铕（Eu）、钆（Gd）等稀土富集物的分离问题。

从此开始，北京大学化学系与包钢有色金属三厂的合作一直延续了30多年，在这长时间的合作中，徐光宪的团队在北大的实验室里进行小试和理论研究，然后到包钢有色金属三厂进行扩大试验，双方人员常来常往，仅徐光宪本人亲赴包钢就有八次之多。在包钢的日子里，徐光宪和包钢参加试验的工人、技术人员一起搬器械、配试剂、接皮带等，吃住在工厂，白天守候在试验现场仔细观察、记录数据、分析结果、参加各种生产操作，夜晚还要倒班，凡是工人们做的活计，徐光宪都做，有了问题也都随时找他：

"徐老师，您看药剂混合后出现这种颜色是否合格？"

"徐老师，这是刚才测得的数据，您看看。"

……

徐光宪吃苦耐劳、勤恳敬业的精神，谦逊平和、认真负责的工作态度，使包钢有色金属三厂的技术人员和工人们深受感动，至今仍津津乐道。

他们记得创造"三出口"工艺的时间是1974年的9～10月。徐光宪他们再次来到包钢有色三厂，用2.2升萃取槽进行工业试验。参加试验的同志北大有徐光宪、金天柱，有色二厂有周慎理、钟鑫昇、李禄祥和稀土车间的工人等，还有东北工学院的一位教师和湖南冶金研究所的一位工程师。试验所用的原料是有色三厂的"镨、钕富集物"，含 La_2O_3 26%，Pr_6O_{11} 17%，Nd_2O_3 55%，Sm_2O_3 等2%，实际上是除铈后的轻稀土混合物，每日处理量为7.2千克"镨、钕富集物"。设备是有色三厂的80级2.2升萃取槽。因为料液中含 La_2O_3 高达26%，所以增加了镧、镨分离段，又因在第三次扩大试验中，发现试验时间增加，钕转相段中钐的浓度慢慢增加，影响钕的纯度，徐光宪借鉴石油工业中的多出口工艺，在钐浓度达到最大的第13级又开了一个出口——第三出口，从第三出口引出钐富集物。这样既保证了钕的纯度，又多一个钐富集物产品。这就是我国独创的稀土分离"三出口"工艺的开始。这次试验最后从 1974 年 10 月 6 ~ 11 日，连续 6 天班样分析的结果是 99.4% ~ 99.6% 的钕，99.0% ~ 99.5% 的镨，99.4% ~ 99.8% 的镧，和含钐 50% 以上的富集物，共稳定得到四个产品。这次试验结果，由徐光宪总结写成《季铵盐络合交换萃取体系分离镨、钕的工业试验报告》，在全国稀土研究院所进行交流，对推动我国稀土分离工作起了很大的作用。

北京大学化学系与包钢有色三厂的合作，充分证明理论基础深厚并拥有现代试验手段的科研院所、大专院校的科研人员，与有着丰富实践经验、工作在生产第一线的工程技术人员和工人相结合，互相交流，取长补短，能达到优势互补的效果。但是要达到好的效果还必须双方有合作的诚意和彼此尊重对方，才能实现共赢。徐光宪团队的一名年轻成员、当年徐光宪的研究生严纯华曾以自己的亲身经历说明这一点。

1982 年包头冶金研究所等完成了一个萃取剂 P507，一种介质（盐酸体系），全萃取连续分离镧（La）、铈（Ce）、镨（Pr）、钕（Nd）、钐（Sm）、铕（Eu）、钆（Gd）轻中稀土元素的扩大试验。徐光宪参加了鉴定会，认为这个工艺可以同时得到 6 个高纯稀土产品，收率高，单耗少，经济效益高，具有国际先进水平。但会上有人提出这一串级扩大试验并未达到平衡，产品的纯度能否稳定是个问题。

为了确保包头冶金研究所的这一新工艺在包钢有色三厂投产成功，徐光宪和李标国、严纯华（严纯华在 1982 年的下半年开始稀土萃取的研究）和包头冶金研究所、包钢有色三厂的同志，自 1983 年 8 月起，应用串级萃取理论，利用计算机代替人工进行静态优化工艺设计，并在计算机上做"摇漏斗"的模拟试验，得到了大量数据，确证了原工艺条件是可行的，但也存在某些有待改进之处，从而使流程更加完善。参加本工作的主要人员有：北大化学系徐光宪、李标国、严纯华；包钢冶金研究所叶祖光、乔书平、郝纪宁、王熏铭、张丽萍；包钢有色三厂钟鑫昇等。

所谓在计算机上模拟"摇漏斗"，其实就是用计算机实验部分的取代实际实验，或作为实际实验的补充。如今这计算机仿真实验已被广泛应用于研究天文学中的超新星爆发、地质学的地壳运动过程、分子生物学中一些大分子的复杂行为、空气动力学中的风洞实验、核爆炸内部的细微过程等。因为计算机仿真实验不仅可以发现规律、检验理论、预测可能发生的新现象，而且可以解决许多目前在实际实验中难以操作的问题，并且可以节省大量费用。因此，它已是现代科学研究中不可或缺的重要方法和手段。

那是在 1983 年底，徐光宪团队的研究又有了新的进展，他们想把最新获得的有关稀土萃取全分离工艺的模拟计算结果介绍给包钢的同行，以便优化已有的工艺流程，使之达到更好的效益。严纯华在徐光宪、李标国的指导下，利用徐光宪提出的串级萃取理论和计算机仿真计算方法，用了三个多月的时间，全面模拟计算了包钢稀土研究所（现包钢稀土研究院）的"P507-HCl 体系对包头稀土矿的全分离工艺"。经过充分的考察，他们发现原工艺的总体流程合理，运行稳定，操作简便，具有很高的经济效益和技术先进性。但也不是尽善尽美，尚有若干需要改进之处，如"进料级位置"对生产效率的影响和"合理降低化工原材料消耗，提高工艺稳定性和效益"等问题。运用了严纯华介绍的新方法后得到了圆满的解决。

严纯华教授如今已是一位优秀的科学家、北京大学稀土材料化学及应用国家重点实验室主任、"973"计划"稀土功能材料基础研究"项目首席科学家，他接过了徐光宪手中的接力棒，并在发扬光大。在串级萃取理论方面，不断改进，提出了"联动萃取"新概念，已超过了徐光宪。徐光宪对此十分满意，称之为自己的心愿。正所谓："善歌者使人继其声，善教者使人继其志。"(《礼记·学记》)

1984 年 5 月 31 日在国家大力支持下，包钢有色三厂为这次工业试验需要的萃取槽和管道流量计等设备竣工交付使用。按照原来扩大试验的启动方式，第一段钕、钐分组需要 23 天才能达到平衡，第二段镧、铈、镨与钕分离需要 4 个半月才能获得第一个高纯钕产品，要全部得到 6 个高纯稀土产品，需要一年以上时间。这期间有许多不合格的出口产品要重新回到萃取槽内，耗费是很大的。为了缩短平衡时间和启动期间尽量避免出不合格产品，从而提高经济效益，徐光宪把他们在 1974 年做推拉体系分离轻稀土混合物时取得的一套"全回流—半回流—半正常操作—正常操作"的新启动方式的流量调节方案，写信告诉包头冶金所和三厂，建议他们采用，他们同意了。徐光宪还在 7 月 10 日专程到包头三厂，发现充槽料液是按正常操作的浓度和相比充的，而新启动方案要求初始充槽条件和正常操作的条件不同。由于三厂钟鑫昇厂长、周慎理高工和包冶所叶祖光高工等同志对徐光宪的信任，答应把已充好槽的料液抽出来，重新调节浓度后再充槽，从而保证了启动的顺利进行。徐光宪对包钢三厂同志们的信任表示感谢，表现了一位科学家谦虚谨慎、尊重他人的一贯风格。徐光宪对当时的情形记忆犹新：

> 1984 年 7 月 15 日正式投料开始工业试验，首先启动钕、钐分组段，开车运转 4 天后，水相出口已达到钕中含钐小于 0.03%，比原计划的 23 天大大缩短。于是开始为下一段镧、铈、镨与钕分离准备合格料液。运转 7 天后槽体达到了平衡。钕一头运转 9 天就拿到了合格的纯钕产

北大化学系78级

图 6-1 北大化学系 78 级三十周年聚会（前排左五徐光宪先生）（摄于 2012 年 8 月 18 日）

品。到 8 月 11 日已达到日产 Nd_2O_3 60kg，钐、铕、钆富集物 8kg 的水平。后来因为 P507 萃取剂只到了 12 吨，尚少 13 吨，耽误了一些时间。P507 到货后，以后各段萃取进行顺利，试验不但完满成功，还获得经济效益。这是包冶所和三厂在稀土分离工艺取得的巨大胜利，也是我国稀土工业发展的一块里程碑。

在此以前，法国 Rhone Poulenc 非常骄傲，与我国几次谈判转让他们的分离技术时，不但要价很高，而且还提出产品必须由他们独家对外经销的苛刻条件，实际上要使中国的稀土分离工业成为 Rhone Poulenc 的一个海外工厂。这样苛刻的条件理所当然地激起我国稀土工作者的义愤。方毅副总理、国务院稀土领导小组袁宝华主任、周传典副主任等领导同志也多次勉励全国稀土科技工作者要立足创新，这些都是促使我们共同努力，协作攻破这一难关的最大动力。所以这次包冶所和三厂轻中稀土全分离工业试验的成功，在我国稀土产业发展史上是一个重大的转折点。

为了把该理论应用于实际生产，徐光宪带领科研组不仅深入到包钢有色三厂，而且远走上海跃龙化工厂和广州珠江冶炼厂等，到我国早期的三个最大的稀土分离厂分别进行了一系列小型实验和工业规模的验证试验，徐光宪亲自住厂实验。经徐光宪科研组不断改进，最终形成了有中国特色的串级萃取理论。徐光宪"所创立并不断改进的稀土串级萃取理论及工艺，令高纯度稀土产品成本下降了四分之三，使中国生产的单一高纯度稀土产品至今占世界产量的九成以上，每年为国家增收数亿元。"而"包钢稀土产业是徐光宪先生稀土串级萃取理论的最大受益者。"（《包钢日报》2009 年 7 月 13 日）2009 年 1 月 9 日，徐光宪获得 2008 年度国家最高科学技术奖的新闻播出之后，包钢稀土（集团）公司送上鲜花向徐光宪表示祝贺，徐光宪也给包钢稀土（集团）公司寄去贺卡，表示"谢谢您们送鲜花祝贺。……我对你们有特殊的感情。借此机会祝贺包钢稀土兴旺发达！"

5 串级萃取理论的诞生

说到串级萃取理论的诞生，这里我们有必要简单介绍一下萃取、萃取分离、串级萃取等概念。

所谓萃取或溶剂萃取，通常是指原先溶于水相的被萃取物（一般指无机物），与有机相接触后，通过物理或化学过程，部分地或全部地转入有机相的过程。

所谓萃取分离或溶剂萃取分离，是指含有被分离物质的水溶液与互不混溶的有机溶剂接触，借助于萃取剂的作用，使一种或几种组分进入有机相，而另一些组分仍留在水相，从而达到分离的目的。

所谓串级萃取，是指把若干个单级萃取器串联起来，使有机相和水相多次接触，从而大大提高分离效果的萃取工艺。

18 世纪俄国伟大的科学家罗蒙诺索夫曾经说过，"真正的化学家必须是理论家兼实践家。"（《科学研究的方法论》，240页）徐光宪就是这样的化学家，他在实践的基础上总结出理论，在理论指导下进行实践。其实，"科学就是整理事实，以便从中得出普遍的规律和结论。"（《科学研究的艺术》，96页）

徐光宪他们在 20 世纪 70 年代从事萃取研究都是用"摇漏斗"的办法来模拟串级试验。一般是先测定待分离的两个元素间的分离系数，用阿尔德斯理论估算级数。但阿尔德斯理论的最大缺点是没有料液、萃取剂和洗涤剂的浓度和流量比的公式，

只强调 E_A 必须大于 1，E_B 必须小于 1。因此只能凭经验假定这些重要的参数，进行耗费人力和时间的"摇漏斗"试验。等待到达平衡后，分析两头产品是否合乎要求。如未达到要求，就改变试验参数，重新"摇漏斗"。如果出口产品的纯度达到了要求，就可进行中试了。但仍不能确定这些流量和浓度参数是不是最佳的。包头冶金研究所、湖南冶金研究所等单位也有人对阿尔德斯理论都做过深入的研究，也发觉它不能根本解决问题。

为了摆脱这一被动局面，徐光宪们在 1972 年开始推拉体系试验的同时，一直在探索能给出料液、萃取剂、洗涤剂的浓度比和流量比的关系式的串级萃取理论。从推拉体系的小试和工业试验中，他们认识到在萃取段除第一级外，其余各级两相的稀土总量是恒定的，因而提出"混合萃取比 E_M 恒定"的新概念；在洗涤段也一样，除最后一级外，混合萃取比 E_M' 也是恒定的，但数值与萃取段的 E_M 不同。因此用混合萃取比恒定的假设来代替阿尔德斯理论中 E_A 和 E_B 恒定的假设。这一新假设有两大好处：①它不但在推拉体系完全符合实验结果，而且在皂化酸性萃取剂体系（例如 P204、P507、环烷酸等），当水相的酸度不大时，也非常符合，只有在中性萃取体系（例如 TBP、P350 等）不大符合。而 E_A 和 E_B 恒定的假设，在上述各体系，都与实际的偏差很大，有时相差 2 ~ 3 倍。②从混合萃取比和物料平衡很容易推导出进料量与萃取量、洗涤量之间的关系式，从而为推导出设计工艺参数必需的公式奠定基础。

徐光宪提出"混合萃取比 E_M 恒定"的新概念，是他后面所有工作顺利进行的关键，因为科学概念能反映事物的本质，德国物理学家、诺贝尔物理奖获得者海森伯（Werner Heisenberg）曾经指出："物理学的历史不仅是一连串实验发现和观测，再继之以它们的数学描述的序列，它也是一部概念的历史。为了理解现象，第一个条件就是引入适当的概念。只有借助于正确的概念，我们才能真正知道观察到了什么。当我们进入一个新的领域时，常常需要有新的概念。"（《科学研究的方法》，19 页）当然，概念也有一个修改完善的过程。

在取消了 E_A 和 E_B 恒定的假设后，如何计算各级平衡后两相的稀土浓度就成了大问题。后来他们通过 E_M 和分离系数 β 恒定两个假设解决了这一难题。级数的计算又成为新的难题，徐光宪提出用纯度对数图解法来求级数，后来又在图解法的基础上推导了级数公式，以及萃取工艺优化设计必需的流量公式等 100 多个公式，写出《串级萃取理论 I ——最优化方程及其应用》和《串级萃取理论 II ——纯度对数图解法》两篇文章，在《北京大学学报》（自然科学版）上刊出，受到广泛重视。从此摆脱了繁琐的"摇漏斗"试验，并成功地应用于环烷酸萃取氧化钇（Y）的工艺设计。

徐光宪不仅提出了新概念，而且导出了一百多个计算公式。其实一门科学只有当它到达了能够成功地运用数学时，才算真正发展了。所以爱因斯坦说："科学家必须在庞杂的经验事实中间，抓住某些可用精密公式表示的普遍特征，由此探索自然界的普遍原理。"而"这种公式一旦胜利完成以后，推理就一个接着一个，它们往往显示出一些预料不到的关系，远远超出这些原理所依据的实在的范围。"（《爱因斯坦文集》第一卷，76 页）

1976 年 10 月，在包头召开的第一次全国稀土萃取会议上，徐光宪报告了串级萃取理论，引起参加会议代表们的很大兴趣。北京有色研究总院的萧祖炽总工对此特别重视，提出在全国办学习讨论班，推广应用的建议，得到代表们的一致赞同，决定由北京大学、包钢冶金研究所和上海跃龙化工厂负责筹办。

1979 年徐光宪和金天柱又解决了稀土多组分在两相分布的平衡计算问题，发表了《稀土串级萃取理论——多组分串级萃取体系质量分布的计算方法》。1979 年李标国开始参加萃取化学研

究组的工作。为了了解串级萃取从启动到稳定状态的动态平衡过程，徐光宪去向北大数学系的徐献瑜教授请教，徐献瑜建议用计算机来模拟"摇漏斗"试验，徐光宪感到这个建议很好，于是开始了在计算机上进行模拟的工作，结果大获成功，从而解决了多组分的动态平衡问题，发表了《串级萃取理论Ⅲ——逆流萃取动态平衡的数学模拟》，使串级萃取理论提高了一大步。随后又发表了《串级萃取理论Ⅳ——串级萃取的极值公式和工艺设计》《串级萃取理论Ⅴ——级数计算公式的验证》。提起当年夜以继日的工作，徐光宪十分深情地谈到一个人：

李标国同志从1979年起，用他的全部智慧和非凡勤奋的工作热情，投入到稀土串级理论的研究和推广应用，并做出了杰出的贡献。他在溧阳稀土厂带领研究生指导工业试验时，因积劳过度而患脑溢血，后来虽然康复，但终于在2007年病故。他是为稀土事业做出重大贡献和牺牲的人。

李标国简介

李标国（1934—2007），浙江宁波人，北京大学教授。1956年加入中国共产党，1957年北京大学化学系毕业，留校从事行政工作。1975年加入徐光宪科研组从事串级萃取研究，好不容易能够做自己喜爱的科研工作，所以他非常珍惜、非常努力。20世纪70年代后期起长期带病坚持带领学生连续数月吃住在工厂，将串级萃取理论与生产实践相结合，几乎走遍了全国所有的稀土工厂，新建、改建生产线，为串级萃取分离稀土元素作出了重要贡献。1990年被评为国家级有突出贡献专家，享受政府津贴。1991年10月在江苏溧阳稀土厂现场突发脑溢血病倒，经治疗缓解。李标国教授一方面十分感激老师的栽培和指导，2000年他已行动不便，但执意抱病亲自到会祝贺徐光宪的八十华诞，于是学生们抱他上车送到会场；另一方面他十分感谢跟他一起的同学，这些同学不仅肯干，而且聪明，许多想法给他以启发，学生们经常到他家聚会，师生同乐。李标国先后被评为北京市优秀教师、全国优秀教师、全国高等学校先进科技工作者等；并获得国家自然科学奖、国家科技进步奖、国家教委科技进步奖、亚洲化学会经济发展突出贡献奖等多项奖励。2007年3月10日病逝。

学者为学术而献身正如战士血洒疆场是一种荣耀，在北大历史上不乏其人。如著名地质学家赵亚曾先生，1929年11月，在云南昭通考察地质遭遇土匪而被害；1934年暑期，刘半农先生在考察西北方言时染疾回归热而逝等。

1983～1986年，徐光宪又带领科研组发展了上述理论和计算方法，使之不仅可以进行多组分稀土串级萃取分离最优化工艺参数的设计，还能利用计算机进行动态仿真计算，从而可以实时、动态、准确地反映多个稀土元素在各级水相和有机相的浓度分布。连续发表了《串级萃取理论Ⅵ——两组分串级萃取体系平衡的研究》《串级萃取理论Ⅶ——三组分体系动态过程的研究》《串级萃取理论Ⅷ——二组分串级萃取体系回流过程的研究》《串级萃取理论Ⅸ——三出口萃取分离工艺的研究》等。在此基础上，建立了稀土串级萃取"一步放大"新工艺设计专家系统，可以根据我国不同的稀土资源、不同的原料组成以及多种产品纯度规格和收率要求等市场需要变化，在一周内设计出优化的分离工艺流程和参数，并可将设计参数不经过传统的小试、中试、扩试和工业试验，直接应用于工业生产，大大缩短了新工艺从研究、开发转化为生产力的周期。还建立了包括"三出口"分离工艺、"轻、中、重稀土元素的全分离"、"高效的新启动方式"、"高纯中重稀土萃取分离"，以及工艺衔接中的"稀土皂化"和"稀土洗涤"等多个稀土分离新工艺流程。上述理论和技术的应用彻底改变了我国稀土分离工业的落后面貌，已成为我国稀土分离工业通用的理论和技术，引导和促进了我国稀土分离工艺的研究和生产水平达到了国际领先水平。在 1987 年 2 月 20 日通过国家教委组织的专家鉴定。鉴定意见中指出：

> ①本工作提出两个"三出口"新工艺，分离出纯度大于 99％的 Nd、Pr、La，85％的 Ce。在技术相当的条件下与原二出口工艺相比，具有流程简单，灵活性大，操作稳定，成本较低，经济效益高的优点。②首次实现了理论设计不经过串级小试和扩试，一步放大到工业规模，在技术上是一次突破，大大缩短了新技术应用的周期。根据近 20 年文献资料的检索结果，国内外未见类似报道，具有国际先进水平。③经济效益明显。按跃龙厂年处理 100 吨规模计算。获经济效益 105 万元。拟扩大到年处理 600 吨的规模，经济效益将更加显著。

1984～1985 年间，北京大学化学系向包钢稀土三厂提出应用三出口工艺的建议，双方共同决定对工厂原二出口生产线进行改造，建立一个以三出口工艺为主体的生产新流程。这个新流程并未经过小试、扩试的阶段，直接用"一步放大"，于 1986 年 11 月进行工业试验。

1988 年 11 月 4 日冶金部召开鉴定会，鉴定意见中说：

> （1）该工作为包头矿稀土分离建立了一个以三出口工艺为主体的新流程。与原流程相比，工序简短，灵活性大，操作稳定，产品品种增多，产量与收益提高，单耗降低，有显著的经济技术效益。
>
> （2）该工作以北京大学的串级萃取理论为指导，在制

定方案设计参数及调整工艺的过程中都应用了串级萃取理论的研究成果，并采用了理论设计直接应用于工业生产的"一步放大"方式，极大地促进和加速了包头矿稀土萃取分离工业的发展，具有重大意义。

（3）对近 20 年（1967 ~ 1987）国内外文献资料的检索，未见类似报道。该工作具有国内外领先水平。同时此项实践的成功也说明了萃取工艺的设计计算已达到了可以"一步放大"的成熟阶段。

以上工作在 1987 年获国家科技进步奖三等奖。串级萃取理论获 1987 年国家自然科学奖三等奖。

我国稀土品种繁多，组成不同，市场需求也常有变化。如按常规进行小试、中试的办法，需要耗费大量人力、物力和时间。现在串级萃取理论的基础上提出"一步放大"的计算机设计技术，使我国稀土分离工业居于世界领先地位，控制了单一高纯稀土的国际市场。被国际上称为"China Impect"（中国冲击），影响深远。这是我国稀土发展的又一个重要里程碑。

上述成果除发表论文外，还获专利多项，并已在全国稀土和金川钴镍生产中全面推广应用，促进了我国从稀土资源大国向稀土生产大国的跨越，为实现我国拥有自主知识产权的单一和高纯稀土的生产技术，并在国际贸易竞争中超过法、美、日等国而领先于世界作出了重大贡献。

6 串级萃取理论讨论班

1976 年 10 月，在包头召开的第一次全国稀土萃取会议上，徐光宪报告了他们取消 E_A 和 E_B 恒定的假设，通过 E_M 和

分离系数 β 恒定两个新的假设并用纯度对数图解法来求级数，后来又在图解法的基础上推导了级数公式，以及萃取工艺优化设计必需的流量公式等 100 多个公式，从此摆脱了繁琐的"摇漏斗"试验，并成功地应用于环烷酸萃取氧化钇的工艺设计这一结果，引起参加会议代表们的很大兴趣。北京有色金属研究总院的萧祖炽总工程师对此特别重视，建议在全国举办学习讨论班，推广应用，这一建议得到代表们的一致赞同，会议决定由北京大学、包钢冶金研究所和上海跃龙化工厂负责筹办。

1977 年 6 月 1 ~ 16 日，在上海跃龙化工厂正式举办全国稀土串级萃取理论讨论班，参加讨论班的有全国 9 所大学、11 个科研院（所）和 7 家工厂共 27 个单位的 57 名代表，以及在跃龙化工厂实习和科研的 40 余位科技人员，共约百人。当年全国搞稀土萃取的科技骨干差不多都参加了。这次讨论会的简报说："与会代表以此理论为指导对自己正在和将要进行的研究对象进行设计计算，认为可以缩短试验周期而得到最优的工艺参数。上海跃龙化工厂以此理论核算了过去认为成熟的氧化钇工艺，发现在产量、单耗成本等方面尚有较大潜力可挖"。该厂总工程师张宝藏等后来都写了有关串级理论应用的文章。

徐光宪在将该理论用于工业生产获得成功的基础上，又分别在上海跃龙化工厂、包头冶金研究所以及广东、江西等主要稀土分离研究和生产基地举行了"串级萃取理论讨论班"，他毫无保留地将研究出的理论和工艺教授给大家，使该理论在国内稀土分离研究、设计院所和生产企业的骨干技术人员中广泛传播并迅速得到推广应用。徐光宪的串级萃取理论和一步放大技术，在上海跃龙厂、甘肃 903 厂、广州珠江冶炼厂、包钢有色三厂、核工业部 202 厂和 713 厂、江西 806 厂、赣州稀土厂、桃江稀土厂及广东阳江稀土厂等处都得到了一定规模和程度的应用。大家学会了运用串级萃取理论来进行实验和生产，大大缩短了工作周期，并能得到工艺参数的最优化，从而产生了巨大的社会效益和经济效益。因此，当年主管这方面工作的方毅副总理曾对徐光宪的稀土串级萃取理论、袁承业的稀土萃取剂研究给予很高的评价。

7 重返量子化学基础研究

1978 年"两弹一星"的任务基本完成后，国际国内形势有很大变化，邓小平同志恢复工作，科学的春天到来。钱三强先生再次到北大来，很负责地对徐光宪说：50 年代因为国家需要，把你从量子化学本行调到原子能战线，你服从组织分配，毅然主持放射化学专业为国家培养了急需的人才，现在你可以回到你热爱的量子化学专业了。于是徐光宪在时隔 20 多年后，在继续稀土研究的同时，重新拾起量子化学的研究，并在 1978 年 9 月招收了 10 名量子化学研究生，和他以前的研究生、现在的同事黎乐民教授为北大、中科院北京化学所及南开大学的 20 名研究生办了一个量子化学研究生班，开设多门课程，写出讲义，并于 1980 年起陆续由科学出版社出版《量子化学—基本原理和从头计算法》上册、中册和下册。

学习量子化学需要比较广泛的数学和物理的基础，例如线性代数、群论、复变函数、数学物理方程、理论力学、电动力学等。这些课程大学化学系毕业的学生都没有学过。如果一一补起来则时间不够。因此这三本教材的写法，力求深入浅出，使大学化学系本科毕业生都能看懂，必要的数学、物理学基础在书中做简明的介绍。这样的教科书，国内外都没有，因此很有特色。

第七章　稀土研究的重镇

　　在徐光宪率领下创建北京大学稀土研究中心、北京大学稀土材料化学及应用国家重点实验室，他们的成果引发了稀土世界的"中国冲击"。这"冲击"又冲击了中国。

中国稀土事业能有今天的发展，不应该忘记曾任国务院副总理、中国科学院院长、国家科委主任的方毅同志。方毅同志当年对全国稀土事业的发展十分重视，自 1978 年 7 月起，他曾先后七次去包头视察矿山、工厂、车间、召开各种会议，尽可能地深入到工人、技术人员中间，听取对包钢发展的意见、建议，甚至批评，用调查研究的方法，掌握第一手资料，形成切实可行的想法，及时向中央汇报包钢的情况。邓小平、江泽民、朱镕基等中央领导都曾指示一定要把稀土的事情办好，要把稀土资源优势转化为经济优势。国家领导人对稀土事业的关注，是中国稀土事业发展的重要因素。

方毅简介

方毅（1916—1998），福建厦门人。政治活动家。1930年加入共青团，1931 年转为中国共产党党员，历任中共湖北省委民运部部长，鄂东特委书记，皖东省委书记，新四军五支队政治部主任，淮南行署主任，苏皖边区政府副主席，山东省人民政府副主席等职。新中国成立后，历任福建省人民政府副主席、省委副书记，上海市副市长，中央财政部副部长，国家计委副主任，对外经济联络委员会主任、党组书记，外经部部长，全国政协副主席，国家科委主任，中国科学院院长，国务院副总理，国务委员，中共中央政治局委员，中央书记处书记等职。方毅工作作风实事求是、深入实际、联系群众。

1 创建北京大学稀土研究中心

20 世纪 80 年代初，徐光宪科研组经过数年的努力，在无机化学、配位化学、萃取化学方面的成就渐渐为人所知，在国际上也有了些名声。国际纯粹与应用化学联合会（IUPAC）

希望北京大学来承办第 25 届国际配位化学会议（25th ICCC）。
国际纯粹与应用化学联合会是一个化学方面的国际权威机构，
让中国承办国际会议是难得的机会，但是当时改革开放不久，
对外交流尚少，没有经验，又因为举办会议开头总要用一些
经费，化学系还没有这个习惯，不太热心，他们不了解实际
上最后是赚钱的，因为是 IUPAC 主办的，国外参会的人很多，
收缴的注册费大大超过会议的开支。北大校长也不热心支持举
办国际会议。但徐光宪觉得能在中国举办这样一个国际化学会
议，可以有更多的中国学者参加交流、了解本学科的世界水
平、开阔眼界、增加沟通的机会，是一件难得的好事，不想放
弃，于是徐光宪跟南京大学商量，结果南京大学愿意承办，大
会主席还是要徐光宪来当。会议办得很成功，南京大学非常感
谢徐光宪。通过这件事，进一步增强了北京大学与南京大学的
合作和友谊。

　　在此前后，针对全国无机化学比较弱的情况，教育部举
办了一次全国化学研讨会，北大化学系派徐光宪参加了会议，
会上教育部决定在基础比较好的北京大学建立无机化学研究
所。这是非常好的事情，将对北大的无机化学研究与教学起到
积极的促进作用，只要北大去申请就可以批准。徐光宪开会回
来向无机化学教研室主任张青莲先生做了汇报，张青莲院士非
常高兴，于是他们就给学校写了一个在北大建立无机化学研究
所的报告。哪知时机不对，那时丁石孙刚刚当校长不久，丁说
他对北大的情况还没有摸清楚，关于机构的建立暂时冻结了，
他不肯上报，张青莲先生也没有办法。结果无机化学研究所没
有建成。

张青莲简介

　　张青莲（1908—2006），江苏常熟人。无机化学家，我国
无机化学的奠基人之一。中国科学院首批学部委员（院士）。

1934年毕业于清华大学研究院，后赴德国柏林大学深造，1936年获博士学位，遂进入瑞典斯德哥尔摩物理化学研究所做访问学者。1937年回国后曾任中央研究院化学研究所副研究员，光华大学、西南联大、清华大学教授，1952年后任北京大学化学系教授、教研室主任、系主任，中国科学院化学部副主任，中国质谱学会理事长，国际纯粹与应用化学联合会原子量与丰度委员会常委，《化学学报》《无机化学丛书》主编等职。他专长无机化学，主要从事同位素化学、重水等研究与教学。1975～2002年张青莲研究组测定的In、Ir、Sb、Eu、Ce、Er、Ge、Dy、Zn、Sm十个元素的原子量新值，精确到6位有效数，已被国际原子量委员会正式确定为原子量的国际新标准值。这项工作曾获1997年国家自然科学奖二等奖。他是中国稳定同位素学科的奠基人和开拓者。1985年加入中国共产党。

北京大学没办成无机化学研究所，南京大学想办一个配位化学研究所，教育部要召开一个全国有关专家的评议会，论证是否适宜在南京大学建立全国第一个配位化学研究所。由于教育部曾经建议在北京大学成立第一个无机化学所，所以请徐光宪做评委是关键的。但那时（1986年10～11月）日本科学振兴会特邀徐光宪做高级访问教授，到东京大学、京都大学、东京工业大学、冈崎国立研究机构的分子科学研究所等访问做学术报告，待遇很好，比日本的教授还高。徐光宪的访问期限未到，南京大学是不是能成立配位化学研究所评议会需要召开了，于是徐光宪就提前四天回来了。他的想法是国内的兄弟大学能办一个无机化学研究所或配位化学研究所，总是对中国的无机化学发展有利的，应该支持。他提前回来参加南京大学是否成立配位化学研究所的评议会，并积极赞成南京大学。徐光宪说：

图 7-1　北京大学稀土研究中心人员合影

　　其实，我想不管在北京大学还是南京大学建立配位化学研究所，对中国的配位化学发展都是有利的。我的想法是，国内大家团结起来，共同对外。

　　南京大学配位化学研究所成立了，北京大学再成立无机化学研究所就困难了。所以，徐光宪后来就抓住稀土做文章，他本来想成立稀土化学研究所，但是当时的形势，只能叫中心（"中心"比"研究所"似乎低一点）。1986 年 10 月，北京大学稀土化学研究中心成立，徐光宪任中心主任，连任十三年，至 1999 年 9 月，由严纯华教授接任。

北京大学稀土化学研究中心成立后，承担了国家自然科学基金的重大项目，在原有基础上研究工作有了很大提高。1989 年，国家计委与国家教委批准利用世界银行贷款筹建北京大学稀土材料化学和应用研究国家重点实验室。

2 创建稀土材料化学及应用国家重点实验室

俗话说万事开头难，现在说说简单，其实建立北京大学稀土化学研究中心、稀土材料化学及应用国家重点实验室，还是经过许多磨难的。徐光宪搞一个方案没有成功，又搞一个方案，反复了不知多少次，正应了那句老话"好事多磨"。

对此体会之深莫过于曾任稀土材料化学及应用国家重点实验室主任的黎乐民院士（见图 7-2），他说："他（指徐光宪）曾力争在北大化学系成立一个无机化学研究所，也得到当时国家教委有关领导的口头支持，但由于学校不够积极，未能如愿。他曾想在北京市政府的支持下，在北京化工五厂建立一个稀土的科研—生产联合基地，亦由于某些原因而未获成功。但他痴心不改，坚持不懈。借 1989 年国家用世界银行贷款支持重点学科发展计划实施的机会，竭力争取，在学校领导的支持下得以在北京大学建立'稀土材料化学及应用'国家重点实验室，但在立项的专家论证会上，还差一点被人为搞垮。徐先生最终能实现建立一个比较稳定的科学研究与人才培养基地，实在有赖于他执著追求、坚持不懈的精神感动了'上帝'。……徐先生

图 7-2　徐光宪与黎乐民讨论问题

一生都在祖国科技教育事业的园地中辛勤耕耘，'焚膏油以继晷，恒兀兀以穷年'……"但是徐光宪对此种种磨难却只简单地说了句：

稀土中心、国家重点实验室的建立，我花了很大的力气。

经过多年的不懈努力，好不容易建成了北京大学稀土材料化学及应用国家重点实验室，大家都认为由徐光宪任主任，理所当然。但是，为了培养年轻人，他推荐黎乐民担当此任："1992 年'稀土材料化学及应用'国家重点实验室成立时，由他（指徐光宪）当重点实验室的学术委员会主任和重点实验室主任是很合适和很自然的事情，但为了培养我，他让我当重点实验室主任。这样的例子还有很多，我的很多师兄弟也同样得到徐先生的扶植和提携。"黎乐民院士如是说。

3 稀土科学基础研究

多年以来，徐光宪带领大家积极承担国家重大研究项目，从申报到总结，徐光宪都亲自来做。例如，1991年3月，约6000字的《国家攀登计划"稀土科学基础研究"项目建议书》，就是建议人徐光宪亲自起草的。《建议书》分意义、国外概况、国内概况、主要研究工作内容、预期取得的成果等5部分。其中简要介绍了稀土元素在新技术革命中的重要作用，一些发达国家如美国、法国、日本等投入大量人力、物力、资金进行研究开发的情况。指出他们列出的战略高技术元素中就有16种稀土元素，称为工业维生素，其价格昂贵。而我国作为稀土矿藏量世界第一的国家，却只能出口廉价的稀土原料及初级产品，创汇率低，实际上成为先进工业国家的原料供应地。而我国不得不花费大量外汇高价购买这些国家用我国的原料生产的高纯产品，让别人赚取丰厚的利润。徐光宪对此十分痛心，为了使我国的稀土资源优势尽快地转化为全面技术经济优势，徐光宪认为必须全面加强我国稀土资源有效利用和稀土材料开发中的基础研究，使某些已经达到领先水平的工作继续前进，对一些薄弱及空白的基础研究领域给予足够的支持，在"八五"期间搞好这项工作，对我国稀土事业和新技术、新材料的发展具有战略意义。因此，徐光宪建议的主要研究内容有：稀土分离化学中的基础研究；新一代稀土永磁材料和稀土固体物理的基础研究；稀土发光材料和其他新型材料与稀土固体化学和物理的基础研究；稀土配位化学、多核配位物和原子簇的基础研究；稀土生物化学及其在农业、医药应用中的基础研究；稀土物理化学和稀土本征性质的基础研究等。

因为本研究项目是基础研究，所以成果形式主要是论文和专著，并有若干应用技术方面的突破，都一一制定了具体目标。特别是在人才培养方面预期可以"培养一批从事稀土基础研究的科学人才，除数百名博士生、硕士生外，还将有若干名国际一流的科学家。"

因为徐光宪的科研团队有实力基础，有可行方案，有切实的目标，该项目得到了资助。到 1996 年 11 月，徐光宪代表他的团队作出了令人满意的《国家攀登计划"稀土科学基础研究"项目"八五"总结报告》（以下简称《报告》）。《报告》简述了项目的进展情况：①稀土分离化学方面。对稀土串级萃取理论进行了深入的基础理论研究，改进了理论模型，重新推导了优化参数设计的全部公式，建立了计算方法和程序，取得重要进展；在新萃取分离体系和萃取动力学研究中，研究了优于 P507 萃取分离稀土及钪的新体系和 HAB 双溶剂萃取分离高纯钇的新工艺，并在萃取动力学及界面张力动力学研究中，纠正了前人某些错误，具有很高的理论和应用价值；在串级萃取理论的应用方面，编写了南方离子吸附型矿混合稀土的萃取全分离一步放大优化设计程序，在南方各大厂应用的结果，仅 1994 年、1995 年两年累计增加产值 8.6 亿元，新增利税 1.3 亿元，经济效益显著。②新型稀土永磁材料与固体物理研究方面。研制成功了高性能的 1∶12 型 Nd-Fe-B 和 Pr-Fe-N 磁粉，国家教委对其鉴定认为：这项成果是首创和发明，具有世界领先水平，并打破了外国专利对我国生产稀土永磁粉的限制，对开发和利用我国丰富的稀土资源具有重要意义，它将是具有我国知识产权的，首次打出"中国牌"的稀土永磁材料。1992～1996年，该课题发表被SCI收录的论文22篇，并得到广泛引用。其中"氮（碳）间隙原子效应与新型磁性材料研究"获国家教委科技进步奖一等奖。③X光存储材料的基础研究方面。研制成功X射线图像存储板，并推向应用。该课题获国家教委科技进步奖甲类二等奖，并申报了中国发明专利。④稀土化合物的合成及其光电磁性质研究方面。⑤低价稀土化合物的合成，结构和性能研究方面。⑥稀土配位化学方面。⑦稀土金属有机化学方面。⑧稀土生物无机化学方面。⑨稀土谱学与稀土理论化学等方面，都取得了很好的成绩。

徐光宪在《报告》中高兴地介绍了科研队伍和人才培养：

> 通过"八五"期间本项目的实施，建立了一支水平高、组织适宜、梯队合理、学科交叉的研究队伍。这支队伍集中了无机化学、物理化学、理论化学、高分子科学、凝聚态物理、计算机专业、材料科学等多门学科的人才。他们发挥各自专长，相互配合，形成了国内一流的稀土科学基础理论研究队伍，这支队伍有坚强的中青年学术带头人，有朝气蓬勃的青年力量。研究队伍中，高级职称占60%，学术带头人均为博士生导师。这些学术带头人长期工作在有关领域的前沿，有敏锐的观察能力，能把握住课题的主攻方向，并能组织好课题的力量，调动一切积极因素，稳定队伍，攻克难点。项目实施期间，课题负责人中个人获奖9人次。
>
> 中青年骨干是本项目的主力军，承担了攻坚项目的关键任务。其中有两位年轻的学术带头人严纯华和林建华获1995年、1996年度国家自然科学基金委"杰出青年基金项目"的资助；有两位青年学术带头人入选国家教委跨世纪人才计划；一人获得"中国青年科技奖"、"金牛奖"

和"杰出青年学者奖"。

本项目的实施培养了大批优秀年轻人才,三年来已毕业和正在培养的博士生98名,硕士生148名,博士后出站工作人员14名。……本项目培养的博士生有的已成为国家重点项目的负责人,如中科院长春应化所的赵大庆,半导体所的陈伟,清华大学化工系的周济,北京大学稀土中心的廖春生等。

我们既培养人才,也注意吸引人才。由于有学术造诣高的带头人,有攀登计划的资助,有稳定的队伍、一流的设备、良好的学术风气和理论研究基础,使我们在这四五年中吸引了如林建华、甘良兵等人才回国参加到本项目的研究工作中,并为他们创造了优良的研究条件,使他们很快取得突出成果并成为优秀的青年学术带头人。

我们还把年轻的学术骨干有计划、有目标地送到国外进行交流,先后多人去国外进行联合研究。如高松博士在赴德工作期间,在分子基磁性材料研究方面有了新的构思,且联合德国的合作导师参加到我们的工作中。最近,他又参加了国际分子基磁性材料(MMM)的协作网,这对于该领域的研究将起重要作用。又如董翊博士在国外发现存储发光材料的新的特征现象,并带回国内继续深入研究。本项目执行以来,参与本项目的年轻学者在派出国外工作后,无一滞留,均能按期回国。

该项目取得的成果可以总括如下:

(1)有264篇文章发表在SCI收录的主要国际刊物上,其中138篇在SCI收录的前100种国际主要刊物上,占52%。

(2)出版专著有徐光宪的《稀土》上、中、下三卷,(175万字);吴瑾光的《近代傅里叶变换红外光谱技术及应用》，获第九届中国图书奖；倪嘉缵的《稀土生物无机化学》；苏锵的《稀土化学》；黄春辉的《稀土配位化学》。

（3）徐光宪等主编稀土会议论文集 2 部。

（4）获奖情况。

集体项目七项：

杨应昌的"氮碳间隙原子效应与新型磁性材料研究"，国家教委科技进步奖一等奖；严纯华、廖春生、李标国、徐光宪等的"南方离子吸附型矿混合稀土的萃取"，国家教委科技进步奖一等奖；苏勉曾的"晶体的 X 射线发光及 X 射线存储发光"，国家教委科技进步奖二等奖；沈琪的"新型轻稀土有机化合物的合成、结构和性能"，中国科学院自然科学奖二等奖；李德谦等"江西定南中钇富铕稀土分离流程"，中国科学院自然科学奖二等奖；邓汝温的"有关稀土药物的配合物研究"，甘肃高等学校科技进步奖二等奖；谭民裕等"稀土等元素与含氧、氮、硫配合物的合成、结构和应用"，甘肃省科技进步奖二等奖。

个人项目六项：

吴瑾光等"Ca–Cu 胆汁酸体系的混沌和周期性沉淀与胆结石形成"，于美国联邦临床研究基金会（AFCR）庆祝生物医学研究五十周年纪念大会中获 Henry Christian 优秀科研奖；徐光宪获何梁何利基金科学与技术进步奖；李标国获亚洲化学联合会颁发的 1993 年 Award for Contribution to Economic Advancement（对经济发展贡献奖）；杨应昌获首届王丹萍科学奖；严纯华获中组部、国家人事部、中国科协联合颁发的中国青年科技奖，首届北京市十大杰出青年称号，北京市优秀青年教师和先进工作者，国家重点实验室"金牛奖"，香港求是科技基金会"杰出青年学者奖"；高松获中国化学会"青年化学奖"。

（5）申请中国专利 14 项。

（6）卫生部批准新药 1 项。金天柱等"钆喷酸葡胺注射液"新药证书。

（7）鉴定成果3项。杨应昌等"新型稀土永磁材料1：12型氮化物磁粉"（国家教委，1996）；吴瑾光、姚瑞刚等"稀土络合物结构关系和稀土光致发光新材料"（国家教委，1994）；严纯华、廖春生、贾江涛、李标国、徐光宪等"年处理中钇富铕矿300吨分组的中重稀土氧化物深加工技术改造项目生产工艺技术与设计"（江西省经委，1995）。

由于北京大学稀土材料化学及应用国家重点实验室成绩突出，科研团队团结协作精神比较强、与兄弟单位协作互助比较好、梯队年龄层次结构合理等等，1999年9月10日，经国家科技部组织评议，以黎乐民为主任、严纯华和陈志达为副主任的北京大学稀土材料化学及应用国家重点实验室被评为A级。徐光宪的愿望得以实现，他十分高兴和欣慰（见图7-3）。并且国家攀登计划"稀土化学中若干重大问题的基础研究"在"九五"期间仍在该实验室继续立项。

图7-3　在北京大学稀土材料化学及应用国家重点实验室评估时，徐光宪非常高兴地与专家交谈

4《稀土》的出版

稀土元素被称为"工业维生素"、"新材料的宝库",是材料专家非常关注的一组元素。美国国防部和日本防卫厅等国政府列出的 35 种战略元素中有 16 种是稀土元素。由于稀土元素的特殊性能、用途,因此其研究开发日益活跃。我国是稀土大国,稀土矿藏量居世界第一位,但是在相当长一段时间里,我国的稀土研究开发利用都处于落后状态,主要产品是稀土和钍的一些粗化合物和混合稀土金属,主要用于制造火石、氟碳电极、汽灯纱罩等等。1958 年,第二个五年计划实施,开始执行"十二年科技发展规划",中国科学院应用化学研究所和冶金部北京有色金属研究院等有关研究机构,先后研究开发成功离子交换和有机溶剂液 – 液萃取等分离工艺;提出了熔盐电解法、金属热还原法制备稀土金属和合金的方法。利用这些方法,中国人才第一次制得了除元素钷以外的所有单一稀土氧化物、金属和合金,中国的稀土工业才迈出了可贵的一步。艰难发展多年,直到"文化大革命"以后才开始了迅速发展,尤其是徐光宪及其团队的参加,更迎来了中国稀土事业的黄金时期。

1972 ~ 1974 年,徐光宪领导的科研组,在分离包头轻稀土方面取得了重大进展。1974 年,徐光宪科研组与包钢有色冶金三厂合作,进行工业试验,在 80 级萃取槽的情况下,得到 99.5% 的氧化钕、氧化镧,99% 的氧化镨和钐、铕、钆富集物四种产品,在此实践的基础上提出具有国际先进水平的稀土串级萃取理论。

1974 年底,冶金工业部为了总结我国稀土科研、生产和应用的众多成果,组织由徐光宪、刘余九等全国稀土各领域的专家、学者、工程技术人员组成的编写组,经三年努力,《稀土》

（上、下册）于 1978 年 10 月，由冶金工业出版社出版（内部发行），署名《稀土》编写组。该书内容包括稀土概述、稀土矿物及矿床、稀土矿选矿、稀土精矿的分解、一般化学法分离稀土元素、离子交换法分离稀土元素、稀土萃取化学、串级萃取理论、稀土萃取生产工艺及设备、稀土氯化物和氟化物的制备、金属热还原法制取稀土金属、熔盐电解法生产稀土金属、高纯稀土金属的制取及二、三元合金相图、稀土中间合金的制取、稀土应用、稀土生产中的卫生防护和"三废"处理等 24 章。该书出版后，由于论理清晰、适用性强，深受读者欢迎，7100 套书，三个月即告售罄，稀土界要求重印或修订再版的呼声很高。

《稀土》（上、下册）的出版对我国稀土事业的发展起到了积极的推动作用。1980 年 12 月，中国稀土学会成立，徐光宪当选为副理事长兼稀土化学和湿法冶金专业委员会主任。1985 年，中国稀土学会在北京举办了首届"稀土发展和应用国际会议和稀土国际博览会"。稀土学会办有《中国稀土学报》（1983 年创刊，季刊，1990 年发行英文版）、《稀土》（1980 年创刊，双月刊）、*China Rare Earth Information*（1986 年创刊，季刊）等三种刊物。稀土学会组织的国际会议、博览会及其所办刊物为繁荣我国稀土事业，为扩大我国稀土界与世界同行的交流和共同发展作出了显著贡献。更促进中国的稀土科研、生产都进入了突飞猛进的发展期，在理论和实践方面都有了许多新的成就可以总结。

1991 年，中国稀土学会和冶金工业出版社根据形势发展的需要，再次组织全国稀土各领域的专家、学者、工程技术人员近百位，组成编辑委员会，徐光宪任主编。编写人员大部分是《稀土》1978 年版的原作者，对《稀土》进行修订再版。说修订再版，其实也可以说重写，因为十多年间中国的稀土事业已经走到了世界的前列，具有了世界领先的理论和技术，

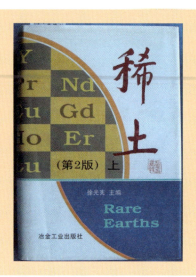

图 7-4 《稀土》书影

与 1978 年不可同日而语。百位专家历时四年，合力编写成功《稀土》（第二版，上、中、下三册），于 1995 年 8～12 月由冶金工业出版社出版，总计 174.4 万字，约为 1978 年版的两倍（见图 7-4）。该书分为概论、稀土元素化学、稀土矿物、稀土矿床、稀土矿选矿、稀土精矿的分解、稀土萃取分离、串级萃取理论、离子交换和萃淋树脂色层法分离稀土元素、其他分离法、稀土冶炼设备、金属热还原法制取稀土金属、熔盐电解法制取稀土金属和合金、稀土金属的加工、热还原法制取稀土中间合金、稀土元素分析方法、稀土毒性和卫生、稀土生产中间放射防护、稀土生产中的职业卫生与环境保护、稀土的生物无机化学、稀土磁性材料、稀土发光及激光材料、其他稀土功能材料、稀土在冶金工业中的应用、稀土在催化中的应用、稀土在农业中的应用、稀土在医药中的应用、稀土在其他方面的应用等 29 章。《稀土》（第二版，上、中、下三册）的出版标志着中国稀土事业的成熟和新水平。

事情总是不断发展的，徐光宪他们的研究也在不断进展，又有许多新东西需要总结。冶金工业出版社希望对《稀土》修订再版，但是鉴于以往的情况，徐光宪说：

> 出版社希望出修订版，因为我们有许多新的国外别人没有的东西。我们没有知识产权保护，稀土分离全国推广，法国的罗地亚公司也来和溧阳稀土分离厂合资，采用我们更为先进的工艺。但在合资过程中，根本未提技术股权问题。反之，如果采用罗地亚的技术，他们一定会提出技术股权的问题。这是由于中国实行知识产权制度不过20余年，大家对于知识产权的意识比较薄弱。
>
> 《稀土》第二版，韩国人已经翻译成韩文在内部出版，也不与我们打招呼。中国的知识产权没有保护，所以我们很吃亏，我跟出版社讲，我们还有许多新发展，不再出版了。以前，毫无保留都写进去了，没有保护已经吃亏了，免费给了外国人，现在我们又有许多新发展，所以不出修订版了。

徐光宪一再提出知识产权保护问题，他说：这个问题如不重视，企业就不愿意对科学研发投资。因为他搞出来了，别人就仿造，他不能回收研发所花费的资金。

知识产权保护问题，既有政策法规等方面的宏观管理有待进一步完善，也有科技人员转变观念的问题。因为长期以来，我们已经习惯于在社会主义制度下的劳动竞赛，谁有了发明创造、先进工作方法等都会乐于推广出去，共同为国家的发展富强做贡献。那时崇尚的是"比学赶帮超"，一方面组织发明者传经送宝上门去主动介绍给兄弟单位；一方面兄弟单位来人求教则热情接待，毫无保留地传授。1965年，当王选研究ALGOL60高级计算机语言时，曾登门向中国科学院计算所董韫美教授请教，董教授给予热情的指导，王选茅塞顿开，很快研究成功磁鼓数组的设计，王选对此一再感谢，念念不忘。当 1976 年夏，上海电工所的同志来到北大了解激光照排相关情况时，王选也是热情接待，毫无保留地介绍了自己的方案。"那时候我的市场和商品意识比较差，长期受的教育都是互相学习，互相帮助，觉得对国内同行实行技术封锁和保密似乎是一种'落后意识'"。（《王选的世界》，117 页）

那时没有保密一说，全国推广，学者得益，掀起社会主义劳动竞赛高潮，至今记忆犹新。所以徐光宪把他的先进理论和方法向全国推广的行为，至今被称赞，"尤其难能可贵的是，为了提高我国稀土产业的竞争力，先生在技术上毫无保留地教授大家掌握稀土萃取计算理论。"（《稀土信息》2009 年第 2 期第 11 页）可是如今世界范围内是市场经济当家，我们要融入世界，要搞社会主义市场经济，"专利"、"竞争"就是规则，但我们尚不熟悉，这要有个过程。我们高兴地看到徐光宪科研团队已经在运用这些规则，并已申请了多项专利。当然，著书、写文章中有关核心技术的适当处理也是需要慢慢斟酌的。

中华民族热爱和平，性近中庸，一直在为建成和谐社会、和谐世界而努力。但是客观世界并不以我们的意志为转移，面对残酷的竞争，我们也不能一厢情愿，致有宋襄公之败。恐怕还是要内外有别，内外有别也是规则。不过，在自己内部，还是让我们记住伟大的思想者屈原的话吧："善不由外来兮，名不可以虚作。孰无施而有报兮，孰不实而有获？"（《九章·抽思》）尊重别人的劳动，尊重知识产权应该成为我们的习惯。

5 "中国冲击" 冲击中国

由于徐光宪的串级萃取稀土分离理论的先进性和工艺的

简单有效性，中国的稀土企业先后普遍采用了它，致使 1990
年以后，中国的单一高纯稀土产量占到全世界的九成以上，被
世界惊呼为 China Impact（中国冲击）。在这个冲击波下，美
国、日本的稀土分离厂停产，法国的 Rhone Poulenc 厂减产。
Rhone Poulenc 厂当时掌握世界最先进的稀土分离技术，非常
骄傲，与我国几次谈判转让他们的分离技术时，不但要价很
高，而且还提出产品必须由他们独家对外经销的苛刻条件，实
际上要使中国的稀土分离工业成为 Rhone Poulenc 的一个海外
工厂。这样苛刻的条件理所当然地激起我国稀土工作者的义
愤，下定决心自己搞，一定要超越他们。1980 年 5 ~ 6 月间，
中国科学院组织稀土考察团访问美国、法国，徐光宪任团长
（见图 7-5）。考察团到法国，他们热情接待，但拒绝考察团

图 7-5　徐光宪 1980 年访问美国，与世界稀土化学的开拓者斯佩丁
（Frank Spedding）教授（左）握手

参观 Rhone Poulenc 厂（后来改名罗地亚厂）的要求，把所有萃取剂和工艺参数定为"绝密"。如今他们主动要求合作、合资了。罗地亚厂与江苏溧阳稀土厂搞合资，采用徐光宪等人的先进萃取分离技术，罗地亚厂的技术已经过时，不再保密。在稀土世界可以说是"换了人间"。但我们的知识产权意识薄弱，不知道保护。

事物都有两重性。徐光宪他们的串级萃取稀土分离理论和技术达到了世界先进水平，长了中国人的志气，本来是大好事，但由于管理使用不善，却带来了负面效果，给国家造成巨大损失，"中国冲击"却成了"冲击中国"，徐光宪心痛不已，不断为此奔走呼号。然而效果不能令人满意，徐光宪深有感触地说：

> 我们的科研经费是国家来的，科研成果能在国营厂里应用我们就很高兴，根本就没有想要知识产权、专利费等。我们就去推广，我到上海跃龙厂、珠江冶炼厂、包头稀土厂等三个国营大厂，住在厂里，办学习班。由于我们这个办法比较好，利润比较高，结果地方厂、私营厂都想搞，他们就用高薪从国营厂挖走总工程师、技术人员，这样稀土厂迅速成立了几十个。年产量达到 12 万～15 万吨，全世界的需求量只有 10 万吨，结果供大于求。恶性竞争，使稀土价格大幅下降到 1985 年世界价格的一半。日本、韩国等大量购买我国廉价的高质量单一稀土，享受我们的技术进步得来的丰厚利润，而我国稀土厂的利润反而很低。1995～2005 年，每年出口稀土我们损失几亿美元。我就拼命呼吁，希望成立像欧佩克（Opec）那样的行业协会，自觉控制产量，提升价格。多次在各种会议上呼吁稀土行业，但没有得到一致意见。我建议限制在 10 万吨

以下，但是办不成功。我就给温家宝总理写信，温家宝总理批给国土资源部，2006 年批准限制为 8 万吨，2007 年执行，消息传出日本人就慌了，拼命收购中国的高质量的稀土，价格就上升 1～3 倍。2008 年金融危机，稀土价格下降，另外日本已储备了 20 年的稀土，他不买了。我们控制世界稀土产量的九成以上，但是我们却没有定价权。我呼吁建立稀土资源储备制度。因为石油、煤炭等能源可以有替代，如太阳能、风力发电、核电等；稀土用完了，没有替代，我们要为子孙后代着想。

这忧心而无奈的话语不禁使我们想起了爱因斯坦（Albert Einstein，1879～1955）与原子弹的故事。今天核能已经是各发达国家大力发展的清洁能源，但是核能的第一次使用却不是造福人类的和平目的，而是用于杀人，就是 1945 年 8 月 6 日、9 日美国投在日本广岛、长崎的两颗原子弹。当 1939 年发现原子核的链式反应后，传闻德国在研制原子弹时，流亡在美国的匈牙利—美国科学家西拉德（Leo Szilard，1898～1964）意识到必须赶在法西斯德国之前制造出原子弹的紧迫性，就说服名望很高、最有影响力的科学家爱因斯坦，并联络其他科学家联名给美国总统罗斯福写了那封历史上著名的信，于是"曼哈顿工程"启动。但是当 1945 年 7 月 16 日，美国的原子弹试爆成功时，第二次世界大战已接近尾声，而且得知法西斯德国并没有制造原子弹，也就是说原来担心法西斯掌握原子弹给人类带来的威胁不存在，于是爱因斯坦、西拉德等 69 位科学家向美国政府写紧急请愿书，要求停止制造原子弹，更反对使用原子弹，但是美国政府不予理睬，杜鲁门总统还是下令向日本投放了原子弹。由此引发了核军备竞争，至今威胁着全世界。

可见科学技术问题由科学家解决，科学技术之外的问题大概需要政治家来解决。

"竞争"，"竞争"，现今几乎时时、人人都在说，而曾经熟为人知的"社会主义劳动竞赛"很少提起了。竞争的社会似乎已成定论，而且大都认为其源头是达尔文的《通过自然选择的物种起源》[（*On the origin of species by means of natural selection*）通常简称《物种起源》] 中的"物竞天择"、"适者生存"。事实上"物竞天择"一说自 1859 年公诸于世后即引起了激烈的争论，不仅遭到宗教界的猛烈抨击，科学界的争论也是热火朝天，争论的焦点之一便是它是否适用于人类本身？与达尔文同时提出进化论的另一位英国博物学家华莱士（Wallace，Alferd Russel；1823 ～ 1913）就怀疑进化论是否适用于人类。英国动物学家奥温（Owen，sir Richard；1804 ～ 1892）、美国博物学家阿加西斯（Agassiz Jean Louis Rodolphe，1807 ～ 1873）、德国病理学家魏尔啸（Virchow，Rudolph Carl，1821 ～ 1902）等都曾极力反对进化论用于人类。达尔文鉴于物竞天择之说可能被人们误解，"以为所谓优者胜者，即强梁武健之谓，以强者可以横行无忌，任意欺凌弱小，致有弱肉强食之卑鄙观念，以生物竞争之剧烈，而不顾道德，人类竟从而效尤也，乃复著《原人》（*Descent of Man*）一书，申言天演之真义，而以仁爱、忠诚、勇敢三者为动物团体所以固结，所以蕃息，所以永久生存之要素。人类乃动物之一，其所以永存于世而不致灭绝者，亦绝不能不需乎此三种美德。达氏用心可谓至仁，世人不察，动以弱肉强食，目为天演之现象，斥达尔文学说为残酷者，失之远矣。"（秉志：《生物学与民族复兴》）

在秉志先生（中央研究院院士、中国科学院院士、中国动物学研究的主要奠基人）看来，《原人》一书是《物种起源》的续篇，合起来才为完整的达尔文思想，可惜的是现今人们大都熟知"物竞天择"、"适者生存"的《物种起源》（由严复译著《天演论》转知），而大都不知道《原人》（笔者在北大图书馆未查到《原人》或 *Descent of Man*）。如果全面了解进化论的含义，是否可以这样说，竞争是动物界的事，而竞赛才是人类的事。人不能只为自己而不顾他人死活，不顾大家、国家的利益。有些人为了过上超人一等的优越生活，而不择手段地为巨大利益而拼争。难道这是我们想要的世界吗？那不是的。近期，我们需要的是徐光宪所鼓励的"近交远攻"（参见本书第十一章）策略；远期，鉴古知今，社会总在前进，人类总在进步，必将达到和谐世界。

伟大的爱因斯坦曾指出："达尔文的生存竞争以及与它有关的选择的理论，被很多人引证来作为鼓励竞争精神的根据。有些人还以这样的办法试图伪科学地证明，个人竞争这种破坏性经济斗争的必然性。但这是错误的，因为人在生存竞争中的力量全在于他是一个过着社会生活的动物。正像在一个蚂蚁窝里的个别蚂蚁之间的交战，说不上什么是为生存所必需的，人类社会中各个成员之间的情况也是这样。"（《爱因斯坦文集》第三卷，145 页）

中华民族的优秀文化传统，总在启迪我们，"日日新，又日新"。"君子不患位之不尊，而患德之不崇；不耻禄之不夥，而耻智之不博。"（《后汉书·张衡传》）总在激发我们的高尚追求；"德，福之基地；无德而福隆，犹无基而厚墉也，其坏无日矣。"（《国语·晋语六》）总在警悟我们不可滑坠下去。如果真要滑落，也还有无情的国法。即使"国法纵未及"，还有"公论安所逃"在告诫我们，想想那不择手段一时得逞的窃喜，怎抵得遭众谴和自谴之后无尽的懊悔和烦恼？更何论子孙后代的唾弃！

第八章 要素具备 随遇而安

一 清 如 水 　徐 光 宪 传

立志为民族争光，
为祖国争光。藏器于
身，随遇而安。

中华民族传统文化十分重视道德修养，选用人才以人品道德为第一标准。就连被封建统治者看不起的推算历法、医药等技巧手艺也主张不教给品德低下之徒，而传授给品德高尚的人。因为品德低下者可能危害社会，而后者会造福众人。如《新唐书》上说："凡推步、卜、相、医、巧，皆技也。……君子能之，则不迁，不泥，不矜，不神；小人能之，则迁而入诸构碍，泥而弗通大方，矜以夸众，神以诬人，故前圣不以为教……"那么什么是君子，什么是小人呢？《汉武帝求茂才异等诏》中将人按照德与才的具备情况分为四等：德才兼备，谓之圣人；德胜才，谓之君子；才胜德，谓之小人；德才具亡，谓之愚人。人的才能在品德统帅下发挥作用，故有"德者才之帅，才者德之用"之说。所以从古至今，人们很看重人的品德。我们的教育工作一向主张德、智、体、美全面发展，并以德为首，遵循"一德立而百善从之"（《河南程氏粹言·论道篇》）的古训。

1 一德立而百善从之

这最大的德可能就是原北大校长蔡元培先生说的尽爱国之心，"实国民最大之义务。"他认为，"爱国之心，实为一国之命脉。"他强调做事"不能不以国之利害为标准。"即使对个人、对家庭有利，"而有害于国，则绝对不可行。"管学大臣张百熙曾为京师大学堂题联："学者当以天下国家为己任；我能拔尔抑塞磊落之奇才。"以天下国家为己任的中国知识分子的优良传统，使他们立志发奋学习，学成报国则是必然的道路。徐光宪正是这样走过来的，他认为：

修身的第一原则是要树立正确的世界观，爱祖国、爱人民、爱父母师长、爱亲友、爱社会主义、爱科学、爱真理、爱自然，懂得如何治学和做人。要树立崇高的理想和远大的志向，立志为民族争光，为祖国争光。

"立事者不离道德，调弦者不失宫商"，徐光宪走过的道路表明，他的成功离不开中华传统文化的陶养。汉扬雄所谓："修身以为弓，矫思以为矢，立义以为的，奠而后发，发必中矣。"（扬雄《扬子法言·修身卷第三》）徐光宪之成为著名化学家，为祖国做出了实实在在的贡献，证明此言不虚。

北京大学另一位国家最高科技奖获得者王选院士认为，选拔人才品德最重要，他在方正集团一直致力于"打造一个以德为主的领导班子"。（《王选的世界》，245 页）真是"英雄所见略同"。

2 天道酬勤

学习科学技术史可以发现，做出重要贡献，或有重大发明、发现的科学家，都是具备扎实的理论基础，又有深厚的实践功底，掌握了丰富的感性材料的人。因为这样的科学家往往有着敏锐的观察力、准确的判断力，不失时机地抓住苗头，选准方向，不失机遇。然而"机遇"只偏爱有准备的头脑，"灵感"则是科研人员长期、持续、集中精力思考后不经意间闪现的新思想、新主意等，是坚持不懈思索的结果。所有科研人员的综合能力都不是凭空而来的，那是勤奋努力的结果。

20 世纪 80 年代，有学者研究自然科学发现经验时，曾亲自走访了大量的专家学者，他们的认识是："在我们已拜访的60多位学部委员（院士）中，请教做出科学发现所需的基本要求是什么时，无例外地都认为科学发现是长期勤奋和长期艰苦治学的结果。根据国内672位知名科学技术专家的科学活动记录，也表明他们在长期的科学生涯中，是依靠艰巨的不懈探索，才做出了自己的发现。这证明勤奋是做出发现的几个基本条件之一。华罗庚教授认为：'在科学领域里，成功的科学家几乎没有一个不是辛劳的耕耘者。不少例证说明，科学上的重要发现，是在科学家脑海中反复深思达二三十年之久方始成熟的。因而要想顺手捡来伟大的科学发明是不可想象的。'"（《自然科学发现经验的探索》，122页）

科学家的经验有惊人相似之处，徐光宪也有同样的体会。他在初中二年级时患病休学在家，不能上课就自学，读书、做习题从不间断。所以：

> 半年后回到学校时，我依然能赶上同年级学生的进度。这样一个自学的习惯贯穿着我的一生，不论是初中休学的半年，还是后来由于杭州高工停办而在上虞乡下老家度过的8个月，还是后来任何由于外部条件而无法或难以进行上课和科研的时间，我都是在自学中度过的。

后来徐光宪到上海交通大学读书期间，除老师布置的作业外，他硬是把一本 Noyes and Sherril 的物理化学习题，共498道，全部做完了，保存到现在。今天大学里大概只做到一半，250道左右。后来徐光宪把这保存了半个多世纪的498道习题作业复印了一本送给交大，勉励后学。他说：

> 我在交大多做习题使我终身受益。我自己体会，这

498 道习题全做了，我自信我把物理化学读通了。

我感到一个音乐家、艺术家非常需要天才，没有天才做不成音乐家、艺术家。假如你有一半的天才，非常的勤奋、非常的努力，还是能够成为一个出色的科学家。但科学家没有只工作 8 小时的，8 小时以外你去玩牌、打扑克、玩电脑（游戏）什么的，你永远做不成科学家。我在 65 岁以前，每周工作都在 80 小时以上。现在比如严纯华、高松他们，工作时间比我更多，他们压力比较大，任务很重，所以科学家一生是很辛苦的，不过也是很愉快的。因为科学研究的过程本身就使人很开心，科学家对他研究的问题是作为一种兴趣嗜好在不停地做，不停地思考。居里夫人的丈夫居里先生就是走在马路上还在想他的科学问题，结果被马车撞死了。

徐光宪工作以来，实际是一个实验室、两个办公室，其中一个办公室就是他的家。这一点与他的夫人高小霞相同，他们的女儿们从小看到的是，放学回家父母各自趴在桌子上，各干各的，父母把吃饭、睡觉等必要的时间以外的光阴都花在教学和研究上。很少与她们聊聊天，很少管她们的事，更不用说沟通思想，增加了解。女儿们虽然从小很少能享受与父母一起玩游戏的快乐，但却从父母那里学到了如何勤奋学习和努力工作。如今她们已长大成人，各有自己的事业，徐燕在癌症生物学，徐佳在电化学上都取得卓越成就。1968 年徐燕 16 岁到黑龙江生产建设兵团劳动 8 年，1976 年 24 岁回到北京，没有念过中学，依靠非常的刻苦勤奋，于 1977 年恢复高考时考上北京师范大学，毕业后又考上 CUSBIA 公费留美，现任 Indiana 大学讲座教授。她最欣赏"天道酬勤"的格言。

图8-1　1964年小霞45岁时全家福（徐红12岁、徐燕11岁、徐佳8岁、徐放2岁）

图8-2　1989年徐光宪和徐燕、徐放在纽约徐佳家欢聚（徐光宪抱着两个可爱的外孙女，时年半岁）

　　徐光宪的学生和同事对他的勤奋感触更深，技术物理系教授施萧说："先生的勤奋是出了名的，在我们周围少见有先生这样勤奋的人，这也是先生能够取得重大成就的一个原因。先生也勤于动笔，动笔是先生的习惯，凡工作上的事，有闻必录；问先生问题，必有所答，答必有据。先生还会随时从他的'卡片库'中抽出相关资料以作佐证，令我们叹服。"

　　海南师范学院孙玉坤教授的亲身经历是："有一件事至今仍深深铭记在我的心中，也一直在激励我向徐光宪先生学习，努力搞好教学和科研工作。有一次，我到徐光宪先生家里向他请教，看到他患感冒，发烧，吃完药后，盖着棉被，依在床头，手里拿着一本日文《岩波讲座》细心阅读。对于一般人，感冒发烧就卧床休息了。徐光宪先生年过六旬，在感冒发烧的情况下，仍然坚持学习。"

　　元素周期律的发现者门捷列夫就曾说过，关于元素周期排列的问题他大约思考了二十年，"而您却认为，坐着不动，五个戈比一行，五个戈比一行地写着，突然就成了！事情并不是这样！"（《科学研究的方法论》，300 页）

　　中国科学院院士、声学家马大猷曾讲过建筑声学创建人赛宾（V.C.Sabine）解决大礼堂中声音混响问题的故事。为了使礼堂里讲话听得清楚，赛宾用了三年的时间，白天教书，为了避免干扰每天夜里去进行测量，分析所得数千个数据，他终于发现混响时间与椅子垫的长度成反比，这就是非常著名的赛宾定律。马大猷指出，如果不是经年累月、日日夜夜地集中思考研究，赛宾定律就不会产生。

　　古人类学家贾兰坡院士认为"灵感"的基础是深入思考。他的亲身体会是离开冥思苦想、不舍昼夜，就不会有灵感："我在考虑学术问题的时候，有时苦思冥想，长时间也解决不了，可是，在夜里睡不着，默默地想，会突然开了窍，想出答案来了。这或许就是所谓'灵感'吧！可是，我对要解答的问题实际是长期反复思索，从不在头脑里放松，只是老方案行不通，提出另一个新方案时，突然从另一个角度找到解决问题的答案而已。实际上，顿悟出来的道理，如果说是'灵感'，那么这种'灵感'是在苦思冥想之后获得的，基础是深入思索。不假思索陡然之间贯通的事几乎是没有的。"（《自然科学发现经验的探索》，60页）

徐光宪对学生、对来访者一再说明自己对"灵感"的看法：

> 我自己一天到晚思考的问题，有时早上醒来忽有所悟。主要是已经考虑了很久，夜间虽然睡下了，但大脑某部分还在酝酿、反刍、消化。所以"灵感"是"思维陈化（Aging Process）后的顿悟"。

徐光宪在谈到创新时不止一次强调：

> 知识创新都有前因后果，来龙去脉。所以勤奋学习，积累深厚的基础，加上追根到底，万事必问为什么的好奇心，就是创新的源泉。前者是学，后者是问，学而不问则殆，问而不学则罔。学而问，问而思，思而行，行而果，这就是创新。这是我学习六十年的体会。

"古人学问无遗力，少壮工夫老始成"（陆游《冬夜读书示子聿》），现代人又何尝不是如此。"当代毕昇"王选教授为了激光照排系统，从 1975～1993 年，18 年间一天也没有休息，没有寒暑假，没有春节，也没有星期天，但他感到"换来这样的成果，是值得的。"

徐光宪一生勤奋，硕果累累，他的每一项成果都是和刻苦努力联系在一起的，就是最好的说明。

3 自信自立

任继愈先生曾说："人要相信自己，匍匐在偶像下面，不可能成为真正独立和自由的人。"（《文摘报》2009 年 7 月 16 日第 8 版）著名声学家汪德昭院士认为在科学研究上需要："标新立异，一丝不苟，勤奋拼搏，亲自动手。"

徐光宪经常鼓励青年学生、学者说：

> 有了远大的志向和目标，选择了你喜欢的专业，就要自信你一定会成功，不能说"你想成功"，而是说"你一定要成功"，只有下了"你一定要成功"的决心，才能在遇到困难和挫折的时候，有坚持下去的毅力……

徐光宪这样教导学生是从他自己的亲身经验得来的，当年他病休在家 8 个月，回到学校仍能跟上同年级学生的进度，并参加了浙江省全省初中毕业生的数理化竞赛，结果得了个第二名，获得的奖品是中国科学化运动协会的会刊《科学的中国》，赠刊为期两年，是他自学的功劳。这使他相信自学可以成功。他一生都在刻苦自学。在哥伦比亚大学读研究生时，导师给他一个题目，旁边一个早来的研究生告诉徐光宪不要接受这个题目，因为前面有一个同学做了两年，做不出来自己退学了，劝徐光宪不要去抓这个烫手的山芋，这是一个人家做不下来的题目。但是当时徐光宪却觉得别人做不出，不见得我也做不出，外国人做不出来的，我们中国人不一定就做不出来，接了下来。结果徐光宪不仅做出来了，而且还获得嘉奖。

1972 年，有名的难题——镨钕分离任务，已有几个单位不愿接受，而徐光宪的性格是喜欢迎接挑战，他有迎难而上的自信，越是困难的问题，就越想试试看，喜欢解决国内外解决不了的难题。结果是徐光宪不仅解决了这个难题，而且引发了稀土世界的中国冲击，也把他送上了国家最高科技奖的领奖台。

无数历史事实说明"学者当自树其帜"（郑板桥《与江宾谷江禹九书》），方能有大的建树。

4 基础是根本

在科学研究工作中，基础知识、基本功，对于每个研究人员来说大概无论如何强调都不会过分。这是成功的科学家共同的经验体会，诺贝尔物理奖获得者李政道先生曾经谈到，只有打好基础，才有力量。他认为宇宙是一个宇宙，原理是一个原理，一个重要的科学家对原理应当掌握得很透彻，基础要打得很扎实，各方面都要懂些，这样出人才的可能性就会大。

老一辈化学家、中国科学院院士蒋明谦，经数十年的艰苦探索，成果丰硕，并于 1982 年获国家自然科学奖二等奖，获奖项目为："分子结构与性能间的定量关系"。他的体会是："科学发现谈何容易？像化学科学，实验室工作是为整个研究工作积累自己的数据资料，和验证自己的设想方案，是最花时间最花精力的最艰巨阶段，模仿别人的工作是难得做出好成果的。总之，没有自己的雄厚基础知识和扎实研究，最多只能跟在别人背后走，是难得走出自己的新路子来的。"所以蒋明谦先生对培养年轻一代指出："现在我们科学眼光有时太窄，培养出来的人才不能很好适应科学研究发展的需要，主要是基础知识不够广阔深厚。"（《自然科学发现经验的探索》，396 ~ 397 页）

徐光宪自中学、大学一直注重打牢基础，多做习题。他不仅完成老师布置的作业，而且自己做完了 Hall and Knight 著的大代数和 Smith and Gale 的解析几何学的全部习题，以及 Noyes and Sherril 的《化学原理》全部 498 道习题。徐光宪常常提起自己多做习题、打好基础，终身受益的感受，并一再鼓励青年们也要尽可能多地做习题。他说：

　　我刚到北大就能教物理化学，就是依靠我在交大做过 498 道习题打下的基础，和后来在哥大研究生院学习的化学热力学、量子化学、统计力学（见图 8-3）等课程，所以教得很成功，学生都很满意。后来我知道彭桓武先生、黄昆先生他们在数学物理方程、数学分析等课程，都做过两三千道习题。

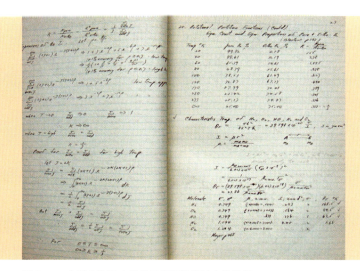

图 8-3　在哥伦比亚大学学习期间的统计力学笔记

其实在读数学、物理、理论化学等方面有成就的科学家，都在终身做习题。例如，我在《院士成才启示录》（下/22页）里看到著名物理学家李政道向中国学生介绍他的治学心得，这时他已经80岁了，说他四十年来每天至少花6个小时在做计算，计算就是做习题，不过他那是高级习题。他四十年来每天至少要花6小时，总计9万小时，都在做高级习题。但是现在的科学史家，提到这一点的很少。后来我做萃取理论，实际上白天跟大家一起做实验"摇漏斗"，晚上我想"摇漏斗"中一定有理论规律，所以提出模型，做各种各样的计算，这实际也是在做习题。后来创建串级萃取理论，就是做习题做出来的。

由于徐光宪在量子化学、配位化学、物质结构、核物理、稀土化学、萃取化学等学科具有广博而深厚的基础，所以他才能产生沟通和联想，碰撞出新的火花，在不同领域不断创新。关于这些，他的学生严纯华教授曾概括了几个方面：

（1）在量子化学和化学键理论方面：徐光宪在国际上首先提出正弦型同系能级线性规律公式，建立起适用于稀土化合物量子化学计算的方法和程序，并对多种类型稀土化合物的电子结构进行研究，深化了对稀土化合物电子结构和成键规律的认识；提出原子共价的新概念及其量子化学定义，通过对一系列化合物中原子价的计算和分析，证实原子共价新定义的普遍适用性，圆满解决了鲍林（Pauling）、梅尔（Mayer）等人的定义中存在的问题；提出根据分子中包含的分子片数 n、成环数 c、键数目 π 和分子的超额电子数 x 划分分子结构类型的（$nxc\pi$）格式和判断其稳定性的结构规则，为全部无机分子和有机分子提供了一个新的分类法，并可用来预测分子的结构类型和稳定性、指导合成实验。该项研究曾获得国家自然科学二等奖（1987）。

（2）在配位化学方面：徐光宪和他的研究生在20世纪50年代，开展溶液络合物化学的研究，发表多篇论文。1959年总结新中国科学十年的发展，其中《络合物化学》就是由徐光宪和刘静宜负责写的。他和吴瑾光在国际上最早发现钠钾等碱金属离子具有络合配位能力，并测定出其与某些阴离子之间的配位平衡常数；提出络合平衡的吸附理论，可以简便地描述溶液中弱配位平衡过程；他和黎乐民推导了用两相滴定法测定络合物的平衡常数的严谨公式，并测定了许多络合物和萃取化学的平衡常数，受到国内外同行的重视和引用。他和合作者还合成了许多新颖的固体配合物并测定其结构、光谱等，特别在稀土元素多核异核配合物方面取得了一系列创新成果。

（3）在萃取化学方面：1980年，吴瑾光和徐光宪在国际上率先提出在某些萃取体系中外观清亮透明的有机相不是真溶液，而是油包水的微乳液的新观点，微乳生成的本质是萃取剂分子极性基团的水化作用，微乳或反胶团中的微量水具有超浓溶液中水的特殊结构和性质。并用多种实验方法证明萃取稀土前后有分子聚集态结构的变化和破乳现象，这一研究开创了微乳萃取研究领域，1980年在比利时召开的国际萃取化学会议上提出报告时，参加会议的国外专家还不相信这一新观点，但七八年后逐渐被国际同行所接受，到20世纪90年代已成为国际萃取界的研究热点，1980年所发表的首篇论文被国内外同行广泛引用。

徐光宪在国际上首次提出并建立了适用于稀土元素分离的串级萃取理论。这一理论可对稀土溶剂萃取分离工艺进行最优化设计，所得工艺参数可"一步放大"到实际工业生产，具有国际领先水平。该理论已在我国稀土工业得到了普遍应用，引导了我国稀土分离技术的全面革新，使我国实现了从稀土"资源大国"到"生产大国"的飞跃。与 1980 年相比，在串级萃取分离理论的指导下，我国单一和高纯稀土的年产量在国际市场上的占有率达到了 80% 以上，大大地提高了我国稀土工业在国际上的竞争能力，迫使世界最大的法国稀土分离厂减产、日本和美国的稀土分离工厂相继停产，被国际稀土界惊呼为"中国冲击"（China Impact），实现了党和政府关于"要把我国稀土资源优势转化为经济优势"国家目标的第一步，影响十分深远。

该项研究曾获得全国科学大会奖（1978）、国家自然科学奖三等奖（1987）、国家科技进步奖二等奖（1999）和三等奖（1991），并作为徐光宪的主要科学贡献获得何梁何利基金科技成就奖（2005）（见图 8-4）。

20 世纪 80 年代初，徐光宪又带领科研组发展了上述理论和计算方法，使之不仅可以进行多组分稀土串级萃取分离最优化工艺参数的设计，还能利用计算机进行动态仿真计算，从而

图 8-4　徐光宪部分获奖证书

可以实时、动态、准确地反映多个稀土元素在各级水相和有机相的浓度分布。在此基础上，他和他的团队建立了稀土串级萃取"一步放大"新工艺设计专家系统，可以根据我国不同的稀土资源、不同的原料组成以及多种产品纯度规格和收率要求等市场需要变化，在一周内设计出优化的分离工艺流程和参数，并可将设计参数不经过传统的小试、中试、扩试和工业试验，直接应用于工业生产，大大缩短了新工艺从研究、开发转化为生产力的周期。还建立了包括"三出口"分离工艺、"轻、中、重稀土元素的全分离"、"高效的新启动方式"、"高纯中重稀土萃取分离"，以及工艺衔接中的"稀土皂化"和"稀土洗涤"等多个稀土分离新工艺流程。上述理论和技术的应用彻底改变了我国稀土分离工业的落后面貌，已成为我国稀土分离工业通用的理论和技术，引导和促进了我国稀土分离工艺的研究和生产水平达到了国际领先水平。

上述成果除发表论文外，还获专利多项，并已在全国稀土和金川钴镍生产中全面推广应用，促进了我国从稀土资源大国向稀土生产大国的跨越，为实现我国拥有自主知识产权的单一和高纯稀土的生产技术、并在国际贸易竞争中超过法、美、日等国而领先于世界作出了重大贡献。

近年来，徐光宪密切关注我国稀土及伴生钍资源的保护性开采和环境效应问题，先后赴四川冕宁和内蒙古包头白云鄂博矿区考察，两次组织相关领域的院士给国务院总理温家宝建言献策，呼吁稀土和伴生钍资源的保护和可持续绿色开采，温总理均及时予以批复，责成有关部门予以落实，为我国稀土和钍资源的资源综合利用和环境保护贡献了重要力量。

（4）在教学和培养人才方面：徐光宪编写的《物质结构》一书，作为高等学校通用教材培养了我国第二、三代的物质结构方面的教学和科研骨干人才，为此获得了全国优秀教材奖化学一级学科方面唯一一个特等奖。他和黎乐民院士等主持编写的《量子化学基本原理和从头计算法》一书共三卷，是国内外这一领域最详尽的研究生教材，自 1980 年发行第一版以来，多次重印。2009 年修订发行第二版，深受大陆和香港读者欢迎。对我国量子化学人才的培养也起到重要作用。他为国家培养了大批放射化学、萃取化学、核燃料化学和稀土化学的人才，培养硕士、博士研究生 60 余人，连同我国学位制度建立以前，从 1951 年开始培养的研究生和进修教师共有百人。他们中很多人后来成为有关学科的学术带头人和技术骨干或学术机构领导，例如北大化学学院黎乐民院士、黄春辉院士、高松院士、严纯华院士、吴瑾光教授、刘文剑教授，现在美国任教的杨伟涛教授等都曾是他的学生……（见图 8-5）

　　吉林大学教授孙家钟院士与徐光宪相识相知，他说："唐敖庆老师与徐光宪老师一起，在为发展我国的理论化学，培养出一支能够攻坚的理论化学队伍，在我国社会主义建设各个时

图 8-5　稀土中心五院士（左起黄春辉、严纯华、徐光宪、高松、黎乐民）

期都作出了重要的贡献。徐老师在这方面作出了重大贡献……他强调在发展基础理论的同时，要结合国家的目标，在材料、环境、能源、农业、人口和健康方面开展科学研究。……几十年来，与徐老师交往，常常感受到，徐老师爱国的热忱，始终如一。他的科研和教学总是围绕着为国家的社会主义建设和发展而服务。"

基础深厚是为国家目标服务的本钱，是能够适应需要、适应环境的本钱。

5 板凳坐得十年冷

"板凳坐得十年冷，文章不写半句空。"是我国历来做学问的一种高尚的追求。科学研究就是做学问，它的过程是寂寞和失败多于热闹和成功的过程，而一旦成功，其愉悦、幸福又是难以言状的。尤其是原创性的工作，更是如此。徐光宪的串级萃取理论研究始自1972年，他有着深厚的理论功底和丰富的萃取化学的实践经验，但是他的《串级萃取理论 I ——最优化方程及其应用》和《串级萃取理论 II ——纯度对数图解法》两篇文章，直到1978年才在《北京大学学报》（自然科学版）上刊出。关于这一点徐光宪有着切身感受：

在科学研究上，凡是完全不同于传统的原始创新，往往需要十年以上，或几十年的时间才能得到同行的认可。这在科学史上可以举出很多例子。我最初的两篇也是最根本的论文，不但不敢投登《中国科学》，也不敢投登《化学学报》或《化工学报》，我是在《北京大学学报》（自然科学版）上发表的。我对同行权威专家开始时

205

的不认可，是理解的，有耐心的。时间久了，同行都会理解认可的。

一个新理论要得到承认，一般都要经过若干年的等待，科学史上此类事情很多，让人印象最为深刻的大概要算"群论"的发展过程。"群论"是今天数学领域的重要分支之一，人们公认"群论"在代数学上具有划时代的意义。它的发现者伽罗华（Evarist Galois，1811～1832）短暂的 21 年人生虽然命运多舛，但却在数学上作出了巨大的贡献，他引进了许多新概念，发现了每个代数方程必有反映其特性的置换群或代换群，而判定一个代数方程是否有代数解，则归结为这个代数方程的"群"的性质，并利用"群"的性质解决了几个世纪数学家们一直未能解决的五次或五次以上的代数方程的根式求解问题。人们为了纪念他，称这类群为伽罗华群。但他在发表论文时却屡遭冷遇，他的《剖析一篇关于方程的代数解法的论文》《关于数值方程解法的注记》《数论》等仅有的几篇论文呈送给法兰西科学院时，先后被法国科学院院士、著名数学家柯西（Augustin Louis Cauchy）遗失了，又被博立叶（Jean Baphiste Joeph Fourier）遗失了。而他的《关于用根式解方程的可行性条件》被巴黎科学院院士、著名数学家泊松（Poisson）视为"难以理解"予以退稿。在伽罗华去世后 14 年，即 1846 年他的朋友舍瓦利按照他的遗愿将他的主要论文《关于用根式解方程的可行性条件》送给《纯粹与应用数学杂志》，主办者巴黎科学院院士、著名数学家刘维尔（Joseph Liouville）慧眼识珠，为之作序推荐。此后他的几篇论文陆续发表出来，但对它们的重要性的完全理解则是在伽罗华去世后 38 年，即 1870 年随着约当（Karol Jordan，数学家，精于概率论）的《置换群》和克莱因（Felix Klein，伦敦皇家学会会员，在自守函数方面做了奠基性工作，曾用变换群的概念把各种几何学统一起来）的相关著作的问世后，人们才逐渐认识到"群论"在代数学上的划时代意义。

诺贝尔物理奖获得者、提出测不准原理的德国物理学家海森伯（Werner Heisenberg）在研究核理论中曾预言氢分子有两种状态：其中两个原子的核依同一方向自旋的正氢和其中两个原子的核沿相反方向自旋的仲氢。这个理论有助于解决减低液体氢的蒸发率，但当时并未引起人们的重视，直到过了一代人的时间，当需要大量液体氢作为火箭推进剂的时候，这个理论才被人们重视起来，变得不可或缺。

中国北宋时期的贾宪，在 1023 ～ 1050 年间，发明了一种开高次方的方法"增乘开方法"，并附有"开方做法本原"图，此法可以开平方、开立方，以及三次以上任意方次。一百多年后，南宋的杨辉将此法进行介绍，特别是"开方做法本原"图，给出了任意方次的二项式展开式的全部系数，历史上曾被称为"杨辉三角"，实际上是"贾宪三角"。贾宪的发明虽然比西方早了七百多年，但是直到 19 世纪初叶由于意大利、英国等西方数学家的类似工作的出现，贾宪的"增乘开方法"才得到人们的称赞。

当年王选提出"字形信息压缩方案"，跨越第二、三代照排机，直接研制第四代激光照排机时，曾有人说他是"在玩数学游戏"、"真是梦想一步登天"、"是畅想曲"、"北大要搞先进系统，看来要先进到修正主义那里去了"等。王选自信、坚持，苦干 20 年，终于引领了世界潮流，美国的 HTS 公司、IPX 公司，英国的蒙纳公司和日本的写研、森择、二毛公司相关产品全部退出了中国市场。

对科学史上的类似情况非常了解的徐光宪当然有耐心等待同行专家的理解和认可。好在这一时间并不算太长。

6 文人互敬

中国自古以来就有"文人相轻"、"同行是冤家"的陋习，其实"文人互敬"的也不乏其人。前者我们引以为戒，后者是我们学习的榜样。他们相互学习、切磋，相互关怀、批评，相互尊敬、论争，相互支持、信任。是前者还是后者，就看当事者的个人修养如何而定。

张乾二先生说的是实例之一，南京大学教授高鸿院士也曾有同样的经历："我国老一辈化学家、南京大学的戴安邦院士和徐光宪院士在学科领域是同行，他们彼此也很熟悉。有一次戴老提到徐先生时，曾竖起拇指，亲口对我说：'a good fellow'这是戴老对他的深情赞许。"

福州大学教授黄金陵1950年代就读于厦门大学，教《物质结构》的田昭武先生参加过教育部举办的培训班，聆听过徐光宪先生的讲授，"他在课前课后，常常提到徐光宪先生严谨的治学精神，和精彩的教学方法。"

以上都是学生听与徐光宪相识、相知的，他们的老师辈的感受和评价。他们一旦有机会与徐光宪共事，便有了自己的亲身体会："能够在徐先生的领导下做点力所能及的工作，更是一大幸事。徐先生的为人处世有许多是值得我学习的。他才高而不自傲，待人至诚，谦虚谨慎，处处为他人着想。他的事业心非常强烈，心里时刻惦念着国家的科技事业。"（黄金陵《于细微处见崇高》）

北京师范大学教授刘若庄院士称赞徐光宪："桃李满天下，名利如浮云。一生为科学，耄耋犹耕耘。"

徐光宪受到许多相识的或不相识而只闻其名的学者的赞扬，徐光宪也经常对人称赞其他学者，尤其是那串"糖葫芦"（唐敖庆、吴征铠、卢嘉锡三位著名物理化学家姓氏的谐音）。

图 8-6　唐敖庆、吴征铠、卢嘉锡、徐光宪、高小霞在第七次院士大会上（摄于 1994 年 6 月 5 日）

（见图 8-6）厦门大学教授张乾二院士说："早在 50 年代初期，我就听卢嘉锡先生赞扬徐先生夫妇避开美国政府阻挠，毅然回到新中国的爱国壮举。卢先生还经常谈到他和唐敖庆、徐光宪、吴征铠先生受高等教育部委托，在全国举办《物质结构》教学讨论班，培养专业师资的一些细节，言谈中，卢先生很赞赏徐先生的才华与高尚品德，令我产生对徐先生的敬佩之情。"云南大学教授戴树珊说："徐先生与唐敖庆先生的友谊很是值得学习，传统的中国知识分子素有'文人相轻'之弊，而在徐－唐之间则恰恰相反，他们一生都是互相尊重、互相帮助、团结奋斗的学术挚友。在我读《物质结构》课程，讲到'杂化轨道'一节时，徐先生说：唐敖庆先生在杂化轨道理论上做出了卓越的贡献。在教材中也引用了唐敖庆、卢嘉锡的文章。后来我到吉林大学读研究生时，有一次说到旋光问题，唐先生说徐光宪先生在美国博士论文就是研究旋光问题，是当时做得最好的。……有一次唐先生对我们说：徐先生为了国家的需要，暂时放下了自己喜爱的量子化学研究，而去搞原子能化学，但他始终关心着量子化学的发展。在查阅配位化学文献时，觉察到配位场理论有许多新的进展，理论问题十分重要，建议关注。"唐敖庆在配位场理论研究方面成就卓著，著有《配位场理论方法》一书，他感谢徐光宪把有关配位场理论的最新信息告诉自己，建议关注，是对自己研究工作的巨大支持。而徐光宪则在许多场合、文章中感谢唐敖庆在业务上、政治思想上给予的热情帮助和深刻影响，并十分称赞唐敖庆在化学键函数和分子内旋理论、配位场理论、分子轨道图形理论、原子簇化学的结构规则、高分子反应统计理论等领域的领先世界的科学成就和领导工作的贡献：

> 唐敖庆担任吉林大学校长近三十年，使一个地方性的东北人民大学发展成为全国著名的重点大学；唐敖庆出任国家自然科学基金委员会首届主任，提出了"依靠专家，发扬民主，择优支持，公平合理"的评审原则，使基金支持项目发挥了很大作用；唐敖庆担任中国化学会理事长期间，为维护化学界的团结、树立优良的学风和会风、提高我国的化学学术水平作出了贡献……

徐光宪称赞 404 厂（生产钚的核燃料后处理厂）厂长、兼总工程师，哥伦比亚大学的校友姜圣阶院士：

> 他有一个很大的功劳，404 厂的地址美国、苏联都知道了，他应 另命令要他们搬过。404 厂的反应器外面的保护墙有一米多厚，是钢筋水泥的，很重怎么搬，一搬迁就毁掉了。姜圣阶就以要做准备工作为由进行拖延，拖了几个月，周总理知道了，非常欣赏姜圣阶没有搬，指示404 厂保留下来，能保留了下来，姜圣阶有大功劳。周总理关心后处理厂，打电话找姜圣阶时，姜圣阶总是不在办公室，而在车间，姜圣阶非常深入实际。有时出了事故，有放射性泄露，他也不顾，亲自到现场处理……

徐光宪多次说，姜圣阶功劳很大。

当面赞扬一个人，常有，未必是真心的；背后赞扬一个人，少，但一定是真心的。

姜圣阶简介

姜圣阶（1915—1992），黑龙江省林甸人。化工、核能专家。中国科学院院士。1936年毕业于河北工业学院，后留学美国哥伦比亚大学，1950年获硕士学位，同年回国。姜圣阶深受侯德榜先生的赏识和推举。历任永利宁厂副厂长兼总工程师、南京化学工业公司副经理兼总工程师、华东化工研究院院长兼总工程师、404厂副厂长兼总工程师、二机部副部长、核工业部科技委主任、国家核安全局局长、国家核安全委员会主任、中国核学会理事长、全国人大代表等职。主要著作有《合成氨工学》、主编有《决策科学基础》《核燃料后处理工艺学》等。1992年因公出差，遇车祸逝世。

7 随遇而安

"胸罗宇宙，思接千古"是一种高境界，大智慧，大气象，只有大家大器才能承当。徐光宪心怀国家、胸有大局、基础扎实、勤奋努力，一生数次根据国家需要改变方向，而能在每一个方向上都作出前沿的成就，巨大的贡献，常常令人佩服、称奇。他的研究从量子化学到配位化学、核燃料化学、萃取化学、稀土化学五次跨越。他教授过物理化学、物质结构、原子核物理导论、统计力学、量子化学、分子光谱学、核燃料化学、萃取化学、高等无机化学等许多门课程，培养了众多的高水平人才。徐光宪说：

> 我先后改变方向达6次之多，所以我的特长是"适应素质强"。我在1936年读中专时是土木科；1940～1944年

读交大时是化学化工系；1948～1951年在哥伦比亚大学读研究生时是量子化学；1951年回国到北大化学系先搞量子化学和物质结构；1953年拓展到实验配位化学；1957年调到技术物理系搞放射化学和核燃料化学；1972年由鲤鱼洲回到化学系搞萃取化学和稀土化学。这些不是我"见异思迁"。第一次选土木科是因为父亲早年故世，家庭希望我就业补助家用不足；第二次读交大是我喜欢数理化，但交大的化学系实质上是化工系；第三次学量子化学是我真正的兴趣。以后三次改变是国家需要要求我去适应。……却有利于在每个方向培养创新人才，他（她）们的成就和学术水平都已超过我，这是我的最大贡献和安慰。我认为一位有成就的教授的标志之一，就是培育出超过他本人的创新型人才。

徐光宪认为能够随机随缘随遇而安，即有强的适应能力：

第一条，是要有强烈的爱国情怀。例如国家决定搞两弹一星，号召全民办原子能时，很少有人研究过两弹一星。所以两弹一星的元勋们90%以上都是外行调去适应国家需求的。比如吴征铠先生长期从事分子光谱的研究，他从复旦大学化学系主任，被调到二机部任扩散法分离铀235的总工程师。第二条，要有坚实的基本理论基础。多做习题，每听一门课，要消化吸收，整理成一本笔记本，达到可以开课的水平。第三条，要有"人无我有，人有我优"（温家宝总理语）的雄心壮志和创新能力。

相识相知半个多世纪的苏勉曾教授，说出了徐光宪一生能随机随缘随遇而安的真髓："'文化大革命'后他不得不改变工作岗位，重新组建研究队伍和实验室。可贵的是他无怨无悔地继续努力工作，在教学、科研和社会活动中作出了更多的贡献。他顺境不骄，逆境不馁。63 岁高龄时他申请加入了共产党。耄耋之年仍自强不息，勤于思考和钻研，不断地提出新的学术见解，实践着自己矢志不渝的爱国热忱。"

一个人心中有国家民族，又有为国效力的基本功，到哪里就能在哪里发挥作用，随机随缘，随遇而安。是金子总会发光。

8 成功的要素

徐光宪的《成功的十大要素》是他在数十年的求学、教学、科研工作中积累的宝贵经验的概括和总结，是他成功的主要因素。原连载于《中国人才》,2000 年第 1、2 期，后收入《徐光宪文集》。其内容主要有：①志向和目标，兴趣和爱好，决心和毅力；②勤奋和效率；③健康；④天赋、灵感和创新；⑤教育；⑥方法；⑦心理健康 = 品德 =（修身）（处世）= 情商（Emotional Intelligence Quotiont，EQ）；⑧大环境；⑨小环境；⑩机遇等。

谈起成功的因素，徐光宪认为个人的成功是指个人一生对国家民族和人类社会作出的有益贡献，当然也包括家庭的幸福和个人的成就。如果对人类社会和国家民族做了坏事，那就是"负成功"，即成功的反面，他和"失败"不同，失败只是没有成功，是"零"成功。一个国家的振兴和富强是她的全体人民的"成功"的代数和……因此我们立志要取得成功，一定要着眼于对国家民族和人类社会作出的有益贡献。……有了远大的志向和目标，选择了你喜欢的专业，就要自信你一定会成功。不能说"你想成功"，而是说"你一定要成功"。只有下了"你一定要成功"的决心，才能在遇到困难和挫折的时候，

图 8-7　1992 年 8 月徐光宪院士在内蒙古草原

有坚持下去的毅力。

徐光宪指出勤奋学习是实现梦想之舟，是成功的要素。他以自己数十年的体会，对爱迪生的"成功 =98% 的汗水 +2% 的灵感"和爱因斯坦的"成功 = 努力 + 方法正确 + 少说废话"感同身受，深表赞同。不过徐光宪进一步提出了勤奋的效率问题：优化时间利用原则、分工协作原则、轻重缓急顺序原则、保持乐观情绪原则、相互学习交流原则，等等。

健康的身体是成功不可缺少的要素，健康是基础。因此勤奋不能靠延长学习和工作的时间，不能以牺牲健康为代价，而是要提高效率。

徐光宪用国学大师王国维的治学三境界说，来阐明天赋、灵感和创新的相互关系，其核心仍然是"勤奋"，是"衣带渐宽终不悔，为伊消得人憔悴"的不懈探求，经过"众里寻他千百度"的追寻，突然灵感降临"蓦然回首，那人却在灯火阑珊处"。不过这个结果的得到，有赖于方向选择的正确，在那"昨夜西风凋碧树"的时刻，能够"独上高楼，望尽天涯路"，冷静地分析判断、看准前沿是需要功底的。

图 8-8　2000 年在美国大都会艺术博物馆旧地重游，倍感亲切

　　关于治学方法问题，徐光宪通过自己身受的实例强调了在学习、吸收的基础上建立起自己的知识框架的重要，和努力学习运用辩证唯物主义的科学方法的重要。

　　徐光宪认为我国目前改革开放的大环境非常好，他希望年轻学者能好好抓住目前的大好时光，并与单位领导、同事、家庭成员等一起构建和谐的小环境，加强修养，推己及人，互相尊重，互相帮助，一定能大展宏图，为中华民族的伟大复兴作出自己的贡献。

　　徐光宪认为：

　　成功的要素 = 60% 勤奋 + 20% 才华 + 20% 机遇

　　但才华要靠90% 的勤奋才能显露出来。一个人的一生总会遇到几次机遇，但机遇只给有准备的人，如果没有准备，就会错过机遇。所谓有准备，就是必须勤奋。所以：

　　成功的要素 = 98% 的勤奋 + 2% 的才华

　　爱因斯坦说：

　　成功 = 汗水 + 方法正确 + 少说废话

第九章 总把金针度予人

学会"点石成金"
才是重要的。

人们认识世界是为了适应、改造和保护世界，这是现代科学活动的重要特征之一。关于认识世界、适应、改造和保护世界的一般方法，则构成了方法论。方法论在近现代科学文化事业的发展中有着举足轻重的作用，有时甚至起着关键的作用，这已是不争的事实。

当年北京大学校长蔡元培先生认为要办好北京大学，不断提高教学水平，就必须加强科学研究，他说："所谓大学者，非仅为多数学生按时授课，造成一毕业生之资格而已也；实以是为共同研究学术之机关。"要搞好科学研究就必须注意科研方法，他在《北京大学月刊》创刊号发刊词中着大量笔墨于方法，他说："研究也者，非徒输入欧化，而必于欧化之中，为更进之发明；非徒保存国粹，而必以科学方法，揭国粹之真相"。这里他不仅明确提出了学习、借鉴进行比较研究与创新的关系和方法，而且更进一步指出了达到目的的有效途径"于专精之余，旁涉种种有关系之学理，庶有以祛其褊狭之意见"，以"有资以比较"，允许各种学派"樊然并峙于其中"，以资辩证思考，达到"相反而实相成"的效果（《北京大学月刊》发刊词）。蔡元培还经常用神话传说"八仙过海"中的"吕洞宾点石成金"的故事，来说明科学的结论是点成的金，量终有限，而科学的方法是点石的指，可以产生无穷的金。所以得了方法才能引起研究的兴趣。他曾说，近日虽然专研究科学者与日俱增，而科学的方法，尚未为多数人所采用，科学研究机关更绝无仅有。盖科学方法非仅仅应用于所研究之学科而已，乃至一切事物，苟非凭借科学，明辨慎思，实地研究，详考博征，即有所得，亦为偶中，其失者无论矣。

在蔡元培的倡导下，北京大学各系普遍开设有方法论的课程，如认识论、文学研究法、史学研究法、数学方法、物理学方法、化学方法、经济学方法论、地质学方法论、统计学方法论、考古学方法论、史学方法论、考证方法论、科学方法论、科学方法与科学效果（有时为科学概论）等等，而且许多教师在开课之余还研究并撰写有关方法论的文章。

其中，影响很大的胡适名言"大胆的假设，小心的求证"，即出自他连载于《北京大学月刊》上的《清代汉学家的科学方法》一文。胡适在列举了清代汉学家的大量研究论证实例之后说："他们的方法，总括起来，只是两点。①大胆的假设；②小心的求证。假设不大胆，不能有新发明。证据不充足，不能使人信仰。"胡适研究方法论，自己也注意运用，因此他的《中国古代哲学史大纲》（上卷）（1919年2月出版）受到蔡元培的高度称赞，蔡先生为本书写的序言中，举出该书的四点长处：第一是证明的方法；第二是扼要的手段；第三是平等的眼光；第四是系统的研究。蔡先生在这里明白指出了证明的方法和系统的方法，其实第二、第三点乃是历史的方法，只不过蔡先生没有点明而已。由于胡适采用了西方近代的科学方法，所以写出了这"一部具有划时代意义的书"，"对当时中国哲学史的研究有扫除障碍，开辟道路的作用"。（冯友兰：《三松堂自序》）倡导科学研究，重视科学方法，是北京大学人才辈出，硕果累累的重要原因。

在充满竞争，教会徒弟，饿死师傅的环境里，为了保住自己的饭碗，一般人都把成功的诀窍保密起来不告外人。人们常说的"绣取鸳鸯从君看，莫把金针度予人"就是方法保密只把成果示人的生动写照。徐光宪却经常把"金针度予人"，把自己行之有效的科学方法屡屡公开，毫无保留地介绍给大家，这对于缺乏研究方法的青年人尤其重要。如他的"与理科同学谈谈怎样做好毕业论文"、"科学研究的创新思维和方法"、"成功的十大要素"、"科研创新十六法"等等便是。法国数学家、天文学家拉普拉斯曾经说过："认识一位天才的研究方法，对于科学的进步……并不比发现本身更少用处"。今天我们可以说，介绍认识一位大师的治学方法，对科学文化事业的进步，定有推动作用。然而要有作用，还必须在学习继承的基础上有所创新，实际去做，正如德国诗人歌德所写："只有遗产用于生活之中，才配得上谈论继承。只会堆积僵死的废物，那不过是一个可怜虫"。(《蔡元培研究集》，307 页)

1 分类归档

分类归档，就是根据事物的特征，找出其共同点和相异点，把它们划分为不同的类型、种类的方法。徐光宪自小由中药铺的无数小抽屉联想起的分类归档法，在他一生治学中起了重要作用，运用自如，获益良多，他甚至认为"科学"(science) 的原意就是"分科之学"、"分科治学"。

恩格斯说："科学分类。每一门科学都是分析某一个别的运动形式，或一系列互相关联和互相转化的运动形式的。因此，科学分类就是这些运动形式本身，依据其内部所固有的次序的分类和排列，而它的重要性也正在这里。"(《自然辩证法》，227 页)

徐光宪认为当某一学科分支的实验材料已经相当丰富的时候，就应当集其大成，对已有的材料进行深入细致的思考和理论分析，总结出有规律性的结论，并返回去在实践中检验、指导实践，推动该学科的发展，进而开发应用于实际当中。这就要善于广泛积累资料，对资料进行分类或类比，形成自己的体系。例如徐光宪提出的萃取体系分类法就是运用分类法研究的典型。

早在 1961 年，徐光宪在《核燃料萃取化学研究的展望和关于萃取体系分类法的建议》一文中指出：

当时无机物萃取尤其是核燃料萃取的研究进展迅速，已有数以千计的文献，但缺乏全面系统的理论总结，没有正式形成"核燃料萃取化学"或"无机萃取化学"这一分支学科，我感觉已经到了应该全面总结的时候。并且认为萃取机理的恰当而细致的分类，是系统整理目前已经积累起来的大量萃取资料的先决条件。

徐光宪从广泛积累和系统整理资料入手，对以往按照萃取剂的种类划分为 P 型、N 型、C 型、O 型萃取体系；或按照被萃取金属离子的外层电子构型划分为 5f 区元素、4f 区元素、d 区元素、p 区元素、s 区元素、惰性气体的萃取等类型；或按照底液的不同划分为硝酸、其他强酸、混合酸、弱酸底液萃取，中性底液萃取及碱性底液萃取等类型。经过深入的分析、归纳，去粗取精，对萃取体系的分类提出自己的想法。

我认为合理的萃取体系，既要考虑萃取剂的性质，又要考虑被萃取金属元素的特性和底液的性质。我把萃取体系分为 6 类：简单分子萃取体系（D）、中性配位萃取体系（B）、络合萃取体系（A）、离子缔合萃取体系（C）、协同萃取体系（A+B，A+B+C，等）和高温萃取体系。

在正确分类的基础上，他对不同类型的萃取体系进行了细致深入的研究，阐明了许多典型体系的萃取机理，并提出了若干关于萃取的一般性规律。而主要对酸性络合萃取体系（A）、中性络合萃取体系（B）、离子缔合萃取体系（C）等进行研究，并把（A+B）、（A+B+C）等状态首次使用"协同萃取"一词来描述，其定义为："两种或两种以上萃取剂的混合物同时萃取某一化合物，如其分配比显著大于每一萃取剂在相同的浓度和条件下单独使用时分配比之和，这样的萃取体系称为协同萃取。"（《原子能科学技术》，1962 年第 6 期，412 ~ 424 页）1963 年，徐光宪又在《核燃料萃取的化学（Ⅰ）》（《原子能科学技术》，1963 年第 7 期，487 页）中对"协同萃取体系"进行了补充，将协萃体系分类为二元协萃体系、二元同类协萃体系、三元同类协萃体系等，并进一步总结出规律性，使之完善，对预测和说明协同萃取有指导意义。徐光宪首先提出的"协同萃取体系"这一概念，现在已被同行普遍采用。

徐光宪晚年的学术思想更富有哲理性，他认为，"科学的本意就是分科治学"。他把宇宙的进化、发展划分为八个层次：物理进化、化学进化、天体演化、地质演变、生物进化、社会进化、人工自然进化、大成智慧进化（后者是钱学森先生建议的）。即把化学进化看作宇宙进化的一个层次，指出化学进化的主要特征是由原子组成分子、高分子、生物大分子、超分子、各种广义分子、分子聚合体、分子导线、分子开关、分子马达、分子计算机等。为了能够按照人类的需要设计合成出新的分子及其聚合体，如新的药物、新的材料等，就有必要对现有的各种各类、数量庞大的广义分子进行分类，加以研究，了解和掌握它们是怎样由分子片构成具有特殊功能的分子的。他在研究分子片理论中提出了以 $nxc\pi$ 四个参数来描述分子的结构类型，其中 n 为分子片数，x 为分子的超额电子数，c 为循环数，π 为 π 键数。并在无机化学中引入"共价"、"分子片共价"等新概念。

2 移花接木

人类在科学研究活动中发现，将一个学科中的成功的原理或方法，借鉴移植到其他学科有时可能成为解决问题的关键。尤其是现代科学不同学科之间相互渗透、联系日益增强，常有某个学科中的一个常用的原理或方法，移植借用到另外一个学科中，竟成为解决其重大问题的理论依据或行之有效的方法。例如，在物理学中很普遍很成功的红外线研究，其原理和方法都很成熟、普通，当把它移植借鉴到遥感、航天、医学等领域时，便对军事、气象、环保、农业、影像诊断等发展产生了重大影响和推动。而在化学领域研究中，借鉴移植物理学中的量子力学的原理和方法后，开辟并形成了量子化学的新学科；量子力学的原理和方法应用于大分子和生命科学研究之中，则出现了量子生物学等。徐光宪把这种简便、有效的方法形象地叫做"移花接木"法，并运用娴熟。

徐光宪经常对学生说，创新是科学研究的灵魂，强调培养创新思维和科研方法。他认为各门学科表面上相差很远，但其内在的规律往往是相通的，即具有某种意义上的类似性。把其他学科已经行之有效的东西借鉴移植到本学科来就是创新。

1974 年 9 ~ 10 月间，我国独创的稀土串级萃取"三出口"工艺，就是徐光宪借用石油工业中多出口工艺的结果。当时徐光宪他们到包头包钢有色三厂进行工业试验，因在第三次扩大试验中，发现试验时间增加，钕转相段中钐的浓度慢慢增加，影响钕的纯度。因徐光宪读大学和研究生时修过《化工原理》等课程，做过化工课程的助教，化工课的习题、实验都做过，有相当的化工基础，他马上想到石油工业中多出口工艺，所以，在这次工业试验中在钐浓度最大的第 13 级开了第三出口，引出钐富集物。这样既保证了钕的纯度，又多一个钐富集物产品。他们进一步研究了三组分体系的各组分积累规律，推导了在萃取段和洗涤段（包括水相和有机相出口）、开设中间出口（又称第三出口）的萃取量极值公式；建立了萃取段级数、洗涤段级数、第三出口位置的计算方法；编制了该类工艺的优化设计和动态模拟程序，为此类工艺在稀土萃取分离中的应用与推广奠定了基础。多闻，择其适者而从之。这就是借鉴，就是移花接木，就是创新。

稀土分离工业中的"回流启动"模式，也是借鉴了同位素分离中的回流萃取操作而建立起来的。原来在分馏萃取稀土的实际生产中，从填料启动到获得合格产品的动态平衡时间很长，并且会产生大量需要再处理的不合格的中间产物，生产效益受到严重影响。如果待分离元素间的分离系数比较小、原料中各组分含量差别比较大，又要得到高纯度的产品时，上述动态过程更是缓慢。经计算机模拟运算结果相同。这时徐光宪的移花接木法又派上了用场：

> 我们借鉴同位素分离中的回流操作概念，对回流萃取技术在稀土分离生产中的应用进行了理论研究和计算机模拟验证，提出了适合稀土萃取分离的全回流→单回流→大回流→正常操作的新启动模式，将四个操作过程的特点有机地结合在一起，解决了串级萃取工艺在启动后提高分离效果，加快各组分达到分离所需的稳态积累量的难题，有效地缩短了从启动到生产合格产品的时间。由于该模式可控制槽体内各组分必须在达到分离指标后才能产出，因而可消除从启动到稳态过程中的不合格产品。

移花接木，可以内移，也可以外移。徐光宪把他在稀土分离中的串级萃取法，用于金川钴—镍的分离大获成功，便是一种外移。

那是 1979 年，正在建设中的金川钴—镍分离厂，其生产线准备采用北京有色金属研究总院的 P204 萃取分离工艺。该工艺的生产条件要求是在50℃时，分离系数可达到8，而在常温下的分离系数却只有2，为了达到高效分离钴—镍，金川厂打算采用保持50℃的生产环境条件。这样一来，工人们就要在50℃的高温下艰苦工作了，对工人健康十分不利。徐光宪得知这一情况后一方面心里很不安，另一方面又觉得是个机遇，因为他的博士生倪亚明的论文题目是《串级萃取理论在冶金工业中的应用》。他想我们的稀土串级萃取分离理论如果能应用于金川的钴—镍分离就好了。经过研究徐光宪认为，钴—镍分离系数常温下为2，比相邻的稀土元素的分离系数高，采用稀土串级萃取理论的优化设计，金川的钴—镍分离完全有可能在常温下实施。于是徐光宪到北京有色总院和负责钴—镍分离的同志商量合作改用常温。但有色院认为该项目已经通过鉴定并批准实施，已经向上海定制50℃的加温设备，不想再做更改。徐光宪和他的科研组只好独立进行了模拟试验，采用上海跃龙厂袁承业院士建议的P507取代P204，用串级萃取理论计算流量比和级数，用人工配制的硫酸钴—镍料液，6级萃取，4级洗涤，试验结果得到了99.9%钴和99.9%镍。1980年1月，徐光宪带着小型试验的结果，向当时方毅仕主任时的国家科委二局局长林华汇报，林局长听后非常高兴，但根据当时的传统规范，林华指示必须经过扩大试验和工业试验，结果满意，才能改变已经决定了的50℃高温的工艺流程。

根据林华的指示精神，徐光宪科研组在北京矿冶研究院做了扩大试验，试验结果得到了完全验证。1980年5月，徐光宪的助手李标国、王祥云和研究生倪亚明等与中国科学院上海有机化学研究所和北京冶金研究总院的科研人员，到金川有色金属公司研究所一起进行了工业试验并取得成功。看到这样的满意结果，林华局长最后决定取消原定的高温工艺流程，采取徐光宪他们的串级萃取理论新工艺。这样，不仅省去了加热钛盘管的费用，而且最重要的是工人们不用在高温恶劣条件下艰苦劳动了。因为科技发展的根本目的在于改善人们的生活。1981 年 6 月，新工艺流程生产线试车成功，并安全运转 30 年直到今天。这是稀土串级萃取理论首次在冶金工业生产中的成功应用，是徐光宪善于"移花接木"的生动例证。当年主抓稀土工作的国务院副总理方毅得知后非常高兴，亲自到金川视察情况，并要接见徐光宪等人。遗憾的是，徐光宪认为正式生产不会有什么问题，没有去金川。投产成功后，参加该项工作的五个单位获得了冶金部的奖励和方毅副总理的表扬。

3 有中生新

有中生新就是利用现有的理论或方法，经过认真分析思考，别开生面，前进一步解决新的问题。徐光宪常说无中生有比较难，有中生新较容易些。下面是有中生新的一个例子。

徐光宪原来主修量子化学，1952 年院系调整后，徐光宪不仅指导量子化学的研究生，化学系还希望他指导本科生的毕业论文。为此他选择了溶液络合物的物理化学的实验研究方向（详见第四章），提高极谱半波电位测定的灵敏度 1000 倍，从而在国际上首先发现了通常认为没有络合作用的碱金属和碱土金属也有络合作用。在徐光宪的指导下吴瑾光测定了多种碱金属羧酸和氨基酸络合物的稳定常数，处于国际领先水平，开创了溶液碱金属配位化学的方向，对三十年后研究钾和钠离子在生物膜中的通道有深远的影响。山东海洋学院张正斌教授等用这一理论成功地处理了海水中金属离子的配位作用问题。

其实，徐光宪的串级萃取理论也是有中生新的结果。当他们开始分离镨、钕时，经过调研发现离子交换法成本高、产量小；而采取萃取法所用的 Alders 理论只能估算级数，而 Alders 理论的最大缺点是没有料液、萃取剂和洗涤剂的浓度和流量比的公式，且该理论的一个基本假设是被分离的组分 A 和 B 的萃取比 E_A 和 E_B 分别恒定，但是这个假设与实践相差甚远，不适用。徐光宪参考了 Alders 理论，舍弃其不合理的部分，从而提出"混合萃取比 E_M"的新概念和"混合萃取比 E_M 恒定"的新假设。并用混合萃取比 E_M 恒定的假设，来代替 Alders 理论中 E_A 和 E_B 恒定的假设。根据徐光宪的新假设、新概念，设计出最优化实验方案，使"推拉体系"得到大于 4 的分离系数，并在国际上首次用于串级萃取分离得到纯镨、钕。此后，徐光宪不断改进、创新，不仅推导出 100 多个公式，而且运用计算机仿真，建立串级萃取动态过程的数学模型，做到了不经过小试、中试、扩试，而"一步放大"到工业生产。并且可以根据不同原料组分和最终产品要求，快捷给出最优化的串级萃取工艺，做到一次试车成功，成为世界上最先进的串级萃取理论和工艺。这是徐光宪"有中生新"开出的奇葩。

4 学科交叉

学科交叉法也是科研中常用的。"两弹一星功勋奖章获得者"郭永怀先生组织科研队伍时，常常把不同学科背景的人员放在一起，便于互相启发，互相借鉴，综合创新。我们发现，有成就的科学家往往广博而精深。广博，能在不同学科之间进行比较、借鉴；精深，能把握其精髓实质，应用得当。

1940 年的西南联大，生活十分艰苦，但学术气氛却相当浓厚，因为居住条件的关系，不同科系的教师常常是邻居，数学家华罗庚与诗人闻一多曾共用一室，中间用布帘隔开，形成

"布东考古布西算"的奇特格局。生物学家汤佩松与物理学家王竹溪是近邻，一天下午，汤佩松教授把他长期构思和解决植物细胞水分运动（即植物体内"水向高处流"的问题）的方案提出来，向王竹溪先生请教是否可以用热力学理论来解释？王先生思索片刻回答说："我回去研究一下。"不几天，王竹溪教授把做好的热力学公式拿给汤先生看，汤佩松从生理学方面进行文字与公式的系统解释，于是汤、王合作的《离体活细胞水分关系的热力学论述》的论文便完成了。这是不同学科交叉、合作的典型例子。这篇远远超越其时代的，具有"先驱性意义"的"已包含有关这个论题的现代热力学处理的全部原理"的论文，40年后才被人发现和承认。汤先生认为，"这个问题的被埋没与被重新发现，与国家在国际上的地位是分不开的"。（《自然科学发现经验的探索》，17页）其实除国家地位之外，有关汤王论文值得讨论的话题还有很多，不过我们这里只注意它在学科交叉方面的意义。

当年王选为了解决激光照排的光源问题，曾向北大物理系光学专家张合义教授请教，得到了张先生的肯定答复，增强了信心，后来张合义教授成了"748"工程会战组的一员。北京大学学科齐全的优势，为在学科交叉点上创新提供了良好的学术环境。

1979年，徐光宪为了解决串级萃取从启动到稳定状态的动态平衡过程，带李标国一起去向常和自己下围棋的棋友，北大数学系的计算数学大师徐献瑜先生请教。徐献瑜先生听了问题之后提出用计算机来模拟"摇漏斗"实验，结果二徐合作解决了多组分的动态平衡问题，共同发表了《串级萃取理论Ⅲ——逆流萃取动态平衡的数学模拟》的论文（《北京大学学报》自然科学版，1980年第2期）。并对此后串级萃取理论的进一步发展起到了举足轻重的作用。

徐献瑜简介

徐献瑜（1910—2010），浙江湖州人，计算数学家，北京大学教授。1934 年毕业于燕京大学物理研究院，获硕士学位。后留学美国，1938 年获圣路易华盛顿大学博士学位。1939 年回国后任燕京大学数学系教授、系主任。1952 年院系调整到北京大学数学系任教授，并兼任中国科学院计算技术研究所三室主任、计算中心研究员，中国计算数学学会副理事长，中国数学软件协会名誉理事长，《计算数学》编委等职。他主要从事特殊函数、函数数值逼近、数学软件等方面的教学与研究，是我国计算数学的开拓者和奠基人之一，他主持研制建立了中国第一个"数学软件库"，完成的"数学软件库 STYR"项目获国家科技进步奖等。

徐光宪对学科交叉的关注影响深远。中国科学院院士、厦门大学教授张乾二说："每一次听徐先生的报告或发言都有一些启发，尤其是他对理论化学与化学其他学科的交叉、与材料、与生物、与信息科学的交叉的一些意见与建议，更使人对他学术的渊博而敬仰。"

5 吸收重建

吸收重建是指将所学的知识消化吸收后，变为自己的知识，根据需要随时建构起自己的知识体系，其排列组合可以变化无穷，因此也更基本。

徐光宪善于在广泛学习吸收的基础上，构建自己的知识体系。他小时候看到中药铺里数百种中药，被有序地排放在一个个小抽屉中，药剂师轻松地配药，启发他想要在自己的头脑中建立起框架、抽屉，分类储存知识，也能像药剂师那样轻松自如地驾驭它们，慢慢形成知识框架的概念。在上海交大学习物理化学课时，徐光宪就想建立物理化学的框架。他认为物理化学的核心是化学热力学，只要把化学热力学学好，物理化学就不难了；化学热力学的核心是热力学三大定律，其中重要的基本概念是体系和环境、体系的状态、状态函数－温度、压力、体积和组分、状态的变化、变化的过程、过程的分类、状态方程、热和功、焓、自由能和熵，等等。化学热力学中要用到大量的偏微分关系式，徐光宪就把它们总结为便于记忆的四条规则。在此基础上，徐光宪建立了自己的物理化学框架，然后，

　　我把所看到的几本物理化学教材和参考书的内容纳入我的框架中。我认为物理化学教材中最有启发性的是 Noyes and Sherril 著的《化学原理》。这本书共 500 余页，其中 250 页都是习题。别的教科书都把习题放在每一章的后面，只有这本书把习题穿插在教材内容之中，往往把下面要讲的一个定律，作为习题让学生自己去推导，所以它是一本引导学生自学最好的书。我做完了书中的498 道习题，并把它们纳入自己的框架，从此我自信物理化学读通了，过关了。我读通物理化学，使我终身受益。我不厌其烦地讲这些，只是想说明建立"知识框架"和"多做习题"的重要性。我最近看了《鲍林传记》（复旦大学出版社，1999 年出版），在第 73 页上写到，鲍林在进加州理工学院前，也曾经解答了 Noyes and Sherril 著的《化学原理》上的 500 道（实际是 498 道）习题。鲍林说："（我做完了这 500 道习题以后）大大加深了对物理化学的认识。Noyes 对逻辑的缜密思维的强调，以及他引导学生去发现定律和规则的技巧，对我自己的科学思维方式影响巨大。"我认为今天的物理化学博士，也应该建立自

己的物理化学框架，如有需要，随时可以开设物理化学课程。

1936年徐光宪考入浙江大学附属高工，常到附近的浙江省立图书馆看书，熟悉了杜威的十进制图书分类法：0-总类；1-哲学；2-宗教；3-社会科学；4-语言学；5-自然科学；6-技术科学；7-艺术；8-文学；9-历史地理。自然科学又分为：500-总论；510-数学；520-天文；530-物理学；540-化学；550-生物学；560-地质学，等等。化学又分为：540-普通化学；541-物理化学；542-分析化学，等等。这样从中学时代起，徐光宪就在自己的头脑中逐渐建立起知识树、知识框架，既便于记忆，又便于把已知的知识和未知的联系起来。

徐光宪在学生时代，每每把课堂笔记在课后复习消化的基础上，进行整理、完善、装订，有的保存至今，看上去就像一本书。工作以后的讲义、科研记录，也是同样处理。看着这一本本因年代久远而发黄发黑，但字迹工整，装订很好的笔记、讲义，不禁崇敬之情油然而生。

1996年4月，在上海交通大学建校一百周年纪念时，徐光宪应邀参加庆典，将他做过的498道习题复印件赠送给母校。交大同学争相传阅这全部用英文解答的16开本、21毫米厚、装订大方的习题集时，对徐光宪学长勤奋、严谨的治学态度交口称赞，感慨良多。

6 言传身教

中国传统教育在人才培养方面一向重视言传身教、身教重于言教。这一点在徐光宪的教学、科研过程中处处体现，同事、学生们印象深刻。

同事几十年的刘元方院士说："在副系主任的任职中，徐先生始终兢兢业业，认真负责，和当时的胡济民主任、虞福春副主任合作融洽。他性格温和、待人宽厚，很尊重他人的意见。对我们学生辈的青年更是热心帮助和亲切关心。在当时他已是一个受众人爱戴和欢迎的系领导。"

北京大学技术物理系教授赵深，是徐光宪到北大后教的第一批学生中的一员，他对徐光宪的言传身教，深受影响的体会具有代表性："毕业后我留校工作，与先生的接触就更多了。他常说教好书的关键是对教材理解的深和透，这又需要对有关知识的广泛摄取。……初教课时，要把准备在课堂上说的每句话想好，准备在黑板上写的每一行字设计好。讲稿要写得细，细得像绣花，但要给学生留有思考的空间。要向有经验的教师学习，也要向学生学习。到学生中去，认真回答他们的问题。众多学生的思考会帮助自己更深地理解教材。这些论点对我以后的教学和科研工作一直起着重要的指导作用。"其实赵先生所说的这些，正是徐光宪自己工作状态的写照。

我们从徐光宪保存至今的作业本、笔记本、讲义册（附有时间安排、测验题、期末总结等）等，一眼便可看出主人的严谨、认真、一丝不苟。曾经有幸见到过徐先生当年的 Noyes and Sherril 著的《化学原理》498 道习题本，欧阳辉同学的感受是"震撼"。那是在徐光宪发现了欧阳辉同学凭着聪明上课不做笔记，下课不做作业之后，请欧阳辉同学到自己家里来一下。同学们都以为欧阳辉这下可要挨批了，等他回来同学们问他是否挨骂时，欧阳辉却把他所受到的震撼讲给大家听：他听到的是徐先生和蔼可亲的话语，看到的是半个世纪前徐先生全英文的字迹清秀、整齐的笔记和作业本。从此欧阳辉变了，开始认真做笔记，认真做作业了。许多年后，欧阳辉说起此事仍感慨不已。

徐光宪治学严谨、尊重他人、精益求精、认真负责、平易近人、助人为乐等高尚品德和优良学风，由于他的言传身教，在他的学生中得到了传承。

"973"首席科学家、北京大学稀土研究中心主任严纯华教授，从做徐光宪的研究生，到接替徐光宪做中心主任，跟随徐光宪二十多年，感触尤深："徐先生以他的学术睿智和对研究趋势的把握，不仅帮我确定了研究方向，还适时地传授研究方法，并在具体研究中给予点拨，使我能够不断地了解自己所学专业的理论和实验。更重要的是，徐先生以他'勤奋、严谨、求实、创新'的科学精神和生活态度，使我逐渐感悟到自己的责任，不断地看到自己的不足。面对学生的错误和缺点，作为导师的他从不生硬地训导学生，而是用他独特的方式启发和引导学生，让我们自己来认识和改正错误。……其中的一件事迄今记忆犹新，它像一盏红灯，时刻警示于我心头，提醒着我，也提醒着我的同事和学生们。"这件事发生在二十多年前的包钢，徐光宪与严纯华进行的那次被严纯华称之为"终生受益的一次谈话"、"一次影响我人生道路的谈话"。"这么多年过去了，徐先生当时与我谈话时的话语和神态依然清晰于我心，当我此刻在追忆并记述时，仿佛仍能听到徐先生那娓娓道来的声音。回顾自己这些年的成长历程，回顾徐先生和其他师长对自己的言传身教，更感到自己的幸福和愧疚，也更意识到自己所肩负的责任。现在，我也成了北大的一名教师，我时常将此事说给我的同事和学生听，努力想将徐先生的品德和我们这个集体的优良传统继承和光大，更想以此为鉴，得到与我一起工作的伙伴的监督和支持。"

徐光宪乐于助人，追求共同幸福，他不仅资助生活困难或临时遇到灾病等难题的学生、同事；捐助希望工程；设立

"霞光奖学金"；而且胸怀全局，大力支持兄弟单位的事业，他助成南京大学配位化学研究所的成立；力排众议支持包头冶金研究所用一个萃取剂 P507，全萃取连续分离 La、Ce、Pr、Nd、Sm、Eu、Gd 轻中稀土元素的扩大试验通过鉴定，从而推动中国稀土事业的发展；积极推广串级萃取理论首次在冶金工业生产中实际应用……对兄弟单位的事业发展起到了切实的促进作用，密切了北京大学与兄弟单位的合作，也得到了兄弟单位的支持。徐光宪的科研集体与兄弟单位的良性互动，互助双赢的模式堪称科技界的楷模。如今，徐光宪的学生、北京大学化学与分子工程学院院长、中国科学院最年轻的院士之一的高松，正在传承着这一做法。高松做分子磁体研究，组里有一台磁性测量仪器，比较贵，在 20 世纪 90 年代末，国内没有几台，各兄弟单位做分子磁体的研究，只要有需要到他实验室来求助，借用这个仪器，高松就会花许多时间帮助测量，甚至帮助分析、处理资料。高松他们想现在有这个仪器，有这个资源，就应该让它充分发挥作用，有兄弟单位来用要尽可能帮忙。再现着徐光宪当年的情形，"大贤秉高鉴，公烛无私光。"（孟郊《上达奚含人》）

7 《科研创新十六法》

事实上一项重大科研成果的取得，往往不是某一种科学方法单独能奏效的，而常常是若干方法的综合运用，有时各种方法也很难分辨的清楚。徐光宪认为：

> 方法比知识更重要，学生要把学到的知识纳入自己头脑中的化学知识框架，经过消化、吸收、分析、整理，变

成自己的东西。毕业后能够把所需知识调出来，创新研究，解决实际问题。教师就要"授人以渔"，教会学生方法。

这里我们想把徐光宪的《科研创新十六法》摘录于此，以便读者诸君查阅借鉴。

《科研创新十六法》原载于《功能材料信息》，第6卷第3期，2009年6月出版。其主要内容有：①创新与知识积累；②创新链和创新树；③分类研究法；④学科交叉法；⑤移花接木法；⑥四两拨千斤法；⑦逆向思维法；⑧柳暗花明法；⑨天上人间法；⑩傻瓜提问法；⑪大胆假设，小心求证法；⑫意外机遇法；⑬灵感培养法；⑭虚拟实验法；⑮综合集成法；⑯接近于"无中生有"的原始大创新。

8 大学化学创新方法学的探索

2009年10月10日，"第十届全国大学化学教育研讨会"在北京召开，徐光宪在会上的演讲是他关于教学、科研创新的最新总结，现将其《大学化学创新方法学的探索》大纲摘录于此：

引言：

20世纪90年代以来，我国高等教育有很大发展。目前在校大学生已达2100万人，居世界第一位。但培养创新型人才的数量和质量，与世界先进水平还有较大差距。所以研究和探讨创新方法学，对落实十七大提出的科学发展观，建设创新型国家，加速培养高素质的创新型人才，提高国家的软实力，掌控国家发展的制高点有重要意义。

下面我汇报从童年到老年，在创新实践中的一些经验和教训，希望有一些参考价值，请大家指正。

一、我从童年到老年的学习和创新实践。

1. 保持童年时代的好奇心是创新的重要源泉。

2. 中药铺的抽屉给我的启发，为我积累知识，建立自己的化学知识框架，做好创新前的准备。

3. 对于理工科的学生，多做习题非常重要。黄昆、彭桓武等都做过一两千道数学物理习题。

4. 查阅高班同学的毕业论文和研究生论文，非常重要。因为期刊上发表的论文简明扼要，而研究生论文非常详尽，对于初次做研究的学生有很大的参考价值。所以图书室应存储历届毕业论文、研究生论文、博士论文、开题报告、博士后出站报告，供大家学习参考。这些论文如果和你的研究工作有关，必须引用。我在担任学报编委时，审查投来的稿件，如发现有主要的前人工作没有引用，就给予退稿处理。因为不外乎两者情况：一种是作者没有看到这篇主要文献，说明他对这个领域的前人工作不够了解。第二种是知道这篇论文，故意不引用，以免影响他的创新性。后一种情况是违背科学道德的，更为恶劣。所以，必须给予退稿处理。

研究生的论文基本完成后，还必须再查阅最新发表的文献。北大化学系曾有一位有机化学的博士生，在完成一个新化合物的合成研究后，论文也已写好准备答辩时，他查阅了最新文献，发现有一篇简报，称已合成了这个化合物。他把这个情况告诉导师。导师说这非常不幸，只好延期毕业，另给他一个题目去做。

5. 哥伦比亚大学有暑期班试读制度，是选拔研究生的一种好办法。哥大的 M.S.（硕士）不分专业，不做论文，但都要修满高等无机、高等有机、仪器分析、量子化学、化学统计力学、化学热力学、化学物理，外加两门自由选修课，通过一次有难度的综合考试。Ph.D（博士）则强调独立创新研究，没有年限，导师对你是否毕业不负责任。有的做了一两年，没有结果，就拿了硕士文凭离校去就业了。

英国大学研究生十分强调研究和导师指导的自由阅读，不需选修学分。两种风格，各有千秋。我们可以吸取各国优点，创建中国特色的培养创新型人才模式。

6. 我 1951 年回国，在北大任教。为了服从国家需要，多次转变科研方向。因此需要培养学生的适应性能力。

转变科研方向时，需要登高望远，看准三点：当前化学发展的前沿，在本单位开展的必要性和可能性，找准新方向研究的突破点在哪里？最后一点难度最大，要下很大的工夫。

7. 树立"立足基础研究，面向国家目标"的理念：做应用研究要立足于基础，这样才能避免走前人的老路，有自己的创新。做基础研究，要看到国家的远景需要；当然有的基础研究只是为了探索自然界的规律，不一定要有明确的应用前景。但后人会利用你发现的基本规律推动科学发展，最后会得到意想不到的重大应用。

8. 要有温家宝总理讲的"人无我有，人有我优"的雄心壮志，不迷信洋人，要有超越洋人的坚定信念。

9. 要在科研中培育人才，培育出超过自己的人才，是科学家对国家最大的贡献。唐敖庆先生多次在全国办研究讨论班，培养大批高层次创新型人才，是我们学习的楷模。

10. 要终身学习，与时俱进，不能故步自封。

二、大学化学教学要"授人以渔"，方法比知识更重要，学生要把学到的知识纳入自己头脑中的化学知识框架，经过消化、吸收、分析、整理，变成自己的东西。毕业后能够把所需知识调出来，创新研究，解决实际问题。

1. 如何建立化学的知识框架？过去化学分为五大或六大二级学科：无机、有机、物理化学、分析化学、高分子化学、生物化学或化学生物学。现在交叉领域中产生许多新学科，二三四级学科的划分愈来愈难。我提出四维分类法［详见我为陈洪渊院士主编《10000个难题化学卷》（科学出版社，2009年）写的序言］。

四维分类法是按照：A研究对象，B研究方法，C研究目的，D研究层次，来分类：

A 按照研究对象可分：A1无机化学。A2有机化学。A3前二者的交叉领域，包括配位化学、簇合物化学、金属有机化学、元素有机化学、生物无机化学、催化化学等。A4高分子化学。A5化学生物学、生物化学、金属酶化学、蛋白质组学、基因组学、代谢组学等各种组学，以及功能蛋白质设计等。A6放射化学、核化学、辐射化学等。

B 按照研究方法可分：B1合成化学，包括一维、二维、三维和多层次结构的组装和自组装、组合化学等。B2分析和分离化学，包括性能测定、监控、各种光谱和光化学分析、各种电化学分析方法、质谱分析法、各种电镜、成像和形貌分析法，在线分析、活体分析、实时分析等，各种物理、化学性能和生理活性的检测方法，萃取、离子交换、色谱、质谱等分离方法，分离分析联用、合成分离分析三联用等。B3物理化学包括化学热力学、化学动力学、微观化学动态学、相平衡、溶液化学、胶体化学、表面化学、结构化学、各种波段的谱学、电化学、磁化学等。B5理论化学包括量子化学、化学键理论、分子间范德华引力和非共价键的相互作用理论、疏水亲水作用理论、化学统计力学、分子力学、化学反应速度的第一性原理理论、广义结构与广义性能的关系理论、纳米尺度效应理论等。B6 计算化学，包括虚拟实验和计算模型、药物设计学、材料设计学，B7 信息化学和系统化学包括分子编码学、分子谱学数据库及其应用、分子结构信息数据库及其应用、生物分子序列信息库、基因库、蛋白质库、分子信息量的计算，系统化学等。

C 按照研究目的可分：C1 基础研究，以认识世界为目的。C2-C7 国家目标的各个领域，以改造世界和保护世界为目的。其中 C2 矿物资源和化石能源领域。C3 材料科学领域包括功能材料、结构材料、生物材料，医用材料等。C4 农业、生物资源、可再生能源领域。C5 生态环境领域，以及环境治理、废物处理的方法，并在源头上减少排放的原子循环经济、绿色化学领域。C6 生命科学领域包括人类健康、医药卫生、食品安全领域。C7 国防和天灾、毒品等各种安全领域。

D 按照研究层次可分：D1 原子层次。D2 分子片层次。D3 结构单元和组装元件层次。D4 分子层次。D5 高分子层次。D6 生物分子层次。D7 超分子层次。D8 尺度层次，特别是纳米尺度层次，以及在合成中控制粒度分布的方法。D9 维度层次包括一维链、二维膜、二维表面、二维界面、三维空腔结构等。D10 介观的微乳、胶束、反胶束层次及其在萃取分离化学中的应用。D11 分子器件层次，包括分子导线、分子开关、分子反应器等。D12 微流控芯片、微流控化学实验室。D13 分子机器层次，包括分子马达、分子计算机等。D14 宏观固体层次。D15 宏观的液体和溶液层次。D16 宏观的组装器件层次。D17 宏观的人造器官层次。D18 生物活体层次。D19 外界电场、磁场等环境层次。D20 极端条件环境层次，如高压、低温、高能辐照等。

　　科学创新始于提出问题，陈洪渊、高松院士等主编的《10000个科学难题·化学卷》是一本旨在"高中生有兴趣，大学生能通读，研究生可选题"的好书，可以启发学生的创新思维，推荐给大家一读。书中对21世纪的化学提出一个很好的定义，可以认真学习体会。书中收入190个问题本来分为六类，但因太多交差，最后未加分类。有了这个框架以后，就可把本书的190个问题，分类纳入框架．例如"高转化效率的纳米材料太阳能电池"属于A1，B1，C3，D15。"高效纳米储氢材料"属于A1，B1，C3，D8。

　　这种把书中内容纳入自己框架的方法有下列作用：①引起你学习本书的兴趣。②把书上的东西经过你对各课题的学习、消化、思考、梳理，可以对化学学科有一个粗线条的全面了解，从而启发你的创新思维。③在此基础上可以根据你的兴趣选择你喜欢的课题，从而去选择大学和导师。选择是双向的，大学和研究生导师也要选择你。在口试的时候，你对化学有粗线条了解，并能对一些问题提出看法，导师感觉到你的学术思想活跃，会增加你被录取的机会。

　　在讲了研究生院确定了导师和研究方向以后，具体的选题还是要听取导师的指导，因为导师的了解一般来说比你全面。在抬头看路，明确方向以后，一定要埋头拉车，在你的论文题目的主攻方向，做深入细致的研究，不能再务博，分散你的精力和时间。两者的辩证关系一定要掌握好，听导师指导和独立思考的辩证关系也要掌握好。

　　三、从战术视角探索创新方法学。

　　1. 创新前的准备：知识的积累和框架。

　　2. 创新链和创新树。

　　3. 分类研究法。

　　4. 学科交叉法。

5. 移花接木法。

6. 四两拨千斤法。

7. 逆向思维法。

8. 柳暗花明法。

9. 天上人间法。

10. 傻瓜提问法。

11. 大胆假设小心求证法。

12. 意外机遇法。

13. 灵感培养法。

14. 虚拟实验法。

15. 综合集成法。

16. 接近于"无中生有"的原始大创新。

四、从战略视角探索创新方法学。

1. 李约瑟难题：中国古代技术领先世界，为什么近代科学技术落后于西方？我的认识：①中国自古缺乏希腊欧几里得几何学的严密逻辑思维。②科举制度重视八股文，轻视科学技术。③日本的明治维新成功，而光绪的维新失败了。

2. 新的难题："八年抗战"时期，条件非常困难，大学生人数只有现在的千分之一，但却培养了世界一流创新人才，原因何在？西南联大的精神是什么？我的初步认识：①改革开放以前缺乏国际学术交流。②行政干预大学太多，1952年片面强调学习苏联的专科教育模式，从大学中分出许多专科学院，外语废除英文（这是中国软件人才不如印度的原因之一），只学俄语，进行大规模的院系调整，使清华、交大、浙大等名校大伤元气，自毁我国教育长城。③批判马寅初、曾昭抡等名师，压制学术自由。④应试教学以教师为主导，应对考试为目的，全面培养学生素质，调动学生的主动性、创造性不足。

3. 现在是国庆60周年，党中央提出科学发展观，建设创新型国家，我国科学飞速发展，形势无限美好。要鼓励青年学子树立不迷信洋人，超越洋人的雄心壮志，把培养创新型人才提高到新的层次。

4. 素质教育要树立"二观""三感""一论"，即科学发展观，人生观，社会责任感，时代幸福感，历史使命感和科学方法论。

十七大提出的科学发展观，是马克思主义、邓小平理论和"三个代表"思想，与当前中国实际和世界形势相结合的中国特色社会主义的世界观。是马克思主义的最新发展，是新中国60年辉煌成就的理论保证，是中国模式的核心理论。我们每一个中国人必须努力学习，对照自己的工作，贯彻实践。

我没有读过《资本论》和许多马恩的经典著作，没有系统学习过马克思主义，所以过去不敢对学生讲马克思主义。后来学习了邓小平伟人的一个重要讲话，说："马克思主义有核心部分和非核心部分之分。"马克思的最重要、最核心的世界观是，"世界上的所有事物都是在运动发展的，世界上没有绝对静止的东西。"这个观点，我们学科学的非常容易接受，因为从宏观来说，看上去静止的高楼大厦，都是随地球绕太阳而运动，太阳又围绕银河系的核心而旋转。从微观来说，我们从物质结构和光谱学知道，即使在绝对零度的固体质点也有零点振动能，也在不断振动之中。我们讲授物质结构和分子光谱时一定要强调这个零点振动能的哲学意义。

所以马克思主义最核心的世界观是完全符合科学实际的。这就是马克思主义的生命力和力量的源泉。

5. 牢记社会责任感，时代幸福感和历史使命感。

人是有知识的社会动物。做人的第一原则是要认识自己是社会的一个成员。我们每一个人生下来到进学校念书，凝聚着父母养育的恩情，师长教导的辛劳。我们吃的、穿的、住的都是前人劳动的成果，所以成人以后，一定要回报社会。这是社会责任感。我们现在处于中国 200 年来历史上最好的时代，是无数革命先烈牺牲奋斗换来的。今年是国庆 60 周年，生逢盛世，我们感到十分自豪幸福。今后 30 年，中华复兴、城乡全面小康，不但经济超越美国，还要领引世界和谐发展。这个重担在青年学生身上，要使他们充分认识这个光荣的历史使命。

6. 马克思主义的人生观（或价值观）是追求最大多数人民的共同富裕和共同幸福。

邓小平提出"允许少数人先富起来"，是一种手段。因为要从计划经济转向社会主义市场经济，要探索道路和政策。一部分人先富起来后，就要缩短城乡差距，建设新农村，免除农业税费和学费，追求最大多数人民的共同富裕。进一步要求物质和精神文化生活的共同提高，使最大多数人民共同幸福快乐。

这些简单的道理，我们每个专业教师都应在教学中贯彻，所花时间不多，但如每个青年学生都树立马克思主义的世界观、认识论、价值观和方法论。这是中国最强大的软实力，是在今后 30 年中，中华复兴，创建和谐世界的强大保证。

第十章　霞光绚烂

立己立人，大家风范。

1 院士伉俪

中国有院士制度始自 1948 年的中央研究院。1928 年，蔡元培创办中央研究院，到 1948 年第一次选聘了 81 位中央研究院院士。1949 年前后，81 位院士中不足四分之一的人去了海外，而绝大部分留在了祖国大陆，成为 1949 年 11 月 1 日成立的中国科学院的骨干力量。中国科学院于 1955 年 6 月 1～10 日，在北京召开中国科学院学部成立大会，选聘物理学数学化学学部、生物学地学学部、技术科学学部、哲学社会科学学部四个学部的委员共 199 人。由于当时海外学人踊跃回归祖国参加新中国的建设，所以 1957 年，中国科学院又增补了吴文俊、郭永怀、钱学森等 21 人为学部委员。至此，中国科学院第一届学部委员共计 220 人。后因众所周知的原因学部停止活动，至 1979 年恢复学部。1980 年 11 月 26 日，公布了经过推荐选拔、中国科学院审核、国务院批准的新增补学部委员 283 人。徐光宪、高小霞的名字同时出现在《人民日报》刊载的名单中，徐、高二位看了怀疑是否会是重名重姓，因为他们自己并没有填表申报，会是自己吗？原来当年的评选办法是由资深专家推荐、评议，本人并不知道。对徐光宪、高小霞来说，1980 年是个大年，在他们六十岁时，双双当选为中国科学院的学部委员（中国科学院学部委员的称谓在 1991 年改为中国科学院院士）。

中国科学院院士、中国工程院院士（1993 年第一届），是国家在科学技术方面建立的最高学术称号，具有崇高的荣誉和学术上的权威性，是中华民族现今科学技术队伍的水平和声誉的代表，是中国科技人员中的卓然超群者，占整个科技队伍的不到万分之一。而在这凤毛麟角的院士中，竟有十几对院士夫

图 10-1　与子成说，与子偕老

妇，双双在科学技术领域比翼高飞，闪现出耀眼的光辉。相濡以沫半个多世纪的北京大学教授徐光宪、高小霞伉俪便是这令人羡慕的一对（见图 10-1）。

徐光宪、高小霞同是浙江人，他们的故乡绍兴与萧山本相隔不远，算是同乡，又在 1940 年同时考取了上海交通大学读化学系。20 世纪 40 年代末，他们先后赴美留学分别攻读量子化学和分析化学。1951 年徐光宪取得博士学位，适逢祖国抗美援朝战争爆发，他们决心回国效力，不能再在一个与祖国交战的国度里待下去，为此徐光宪放弃了优越的工作条件和优厚的待遇，高小霞放弃了攻读博士学位的机会，义无反顾地回到刚刚成立不久，百废待兴，依然贫穷的自己的祖国，那是 1951 年的 5 月。在好友唐敖庆教授的介绍下来到著名的北京大学，并一直在这里教书、科研，几十年从未离开。1964 年，夫妇二人同时当选为第三届全国人大代表；1969 年，同到江西鲤鱼洲干校劳动；1978 年，同时当选为第五届全国政协委员，并同时连任第六、七届全国政协委员；1980 年，同时当选中国科学院学部委员（院士）；1981 年，同被批准为全国首批博士研究生导师，并受聘为第一、第二届国务院学位委员会理科评审组成员；1989 年，同受邀参加在澳大利亚召开的第三届亚洲太平洋化学大会……

几十年来，徐光宪在量子化学、化学键理论、络合物化学、萃取化学、稀土串级萃取及其工业应用等方面取得丰硕而卓越的成就，曾获国家自然科学奖、何梁何利基金科学与技术进步奖、何梁何利基金科学与技术成就奖、省部级奖多项，并获 2008 年度国家最高科学技术奖。在此同时，高小霞教授一直从事分析化学的教学与科研，她在仪器分析、电化学分析、极谱分析等方面成就卓著。她创建的络合吸附波研究法，具有简便、灵敏、快速、省钱等特点，适合我国国情，具有中国特色，推动了国内同行对极谱催化波的研究，其中她开创的稀土元素极谱分析法的灵敏度比国外同类工作提高三四个数量级，受到国际上的重视。美国稀土学权威 K.A.Gschneidner（格什奈德）和 L.Eyring（艾林）教授特邀请高小霞教授撰写"稀土的极谱催化波分析"专章，收入他们主编的大型工具书稀土化学与物理手册 *Handbook on the Physics and Chemistry of Rare Earths* 第 8 卷，该手册已为国际稀土学界视为经典。她的《极谱催化波》《稀土农用与电分析化学》等成果受到同行的高度评价，其研究成果曾获国家自然科学奖、国家教委科技进步奖、北京市科技进步奖等多项。

高小霞教授心灵手巧，又曾在中央研究院化学研究所当过吴征铠、梁树权教授的助手，受到了严格的实验训练，因此动手能力很强。早在 1953 年前后，高小霞教授曾用 K 式电位计自行组装极谱仪，不仅节省开支，而且灵敏度提高 500 倍。在几十年的教学科研中，高小霞教授经常根据实验需要自己组装仪器设备。她的这一优势曾给徐光宪先生转换科研方向有力的帮助。徐光宪回忆说："记得刘若庄教授（中科院院士）曾说佩服我能快速转变研究方向，但他不知道我得益于高小霞的启发和帮助。"原来徐光宪主修量子化学，1952 年院系调整后，徐光宪的任务有所变化，不仅指导量子化学的研究生，还要指导本科生的毕业论文，为了开展相应的实验研究，徐光宪从高小霞处学到用 K 式电位计组装的极谱仪（灵敏度提高 500 倍）和用 K 式电位计加氢电极组装的 pH 计（灵敏度可达 0.001pH 单位）等。用这些仪器研究溶液络合物，又用四甲基铵盐维持恒定离子强度，这样发现了通常认为没有络合作用的碱金属和碱土金属也有络合作用，在徐光宪指导下吴瑾光老师测定了多种碱金属羧酸和氨基酸络合物的稳定常数，开创了溶液碱金属配位化学的新方向，对三十年后研究钾和钠离子在生物膜中的通道有深远的影响。徐光宪甚至认为：

> 如果没有高小霞的帮助，我要从理论研究转向实验研究，恐怕很不容易。只靠量子化学的一些基础，很可能在北大站不住脚。

可是高小霞说："我们俩是同行，在家里也经常探讨学术问题。他的基础好，我有些问题还要向他请教，我让他帮我查找资料，他总是很高兴地答应；他说我的字写得好，让我帮他抄写点什么，我也很乐意。"

高小霞还说："能够跟他在一块儿我很幸福。"虽然自己"记性好，不像他那么总是随时笔记，可是，真要一些确切的材料时，还得找他才有。"言语之中流露着对徐光宪的赞美。当谈到家庭生活时，高小霞说："他很幽默，有时我想问题太专心了，他就会问我'你在那儿发什么傻呀？'年轻时我经常工作到午夜，现在年纪大了，有时工作到 11 点还不休息，他就会提醒我：'哎，黄牌警告啦。'他喜欢下围棋，闲暇时我会陪他对上一局。我呢，则喜欢看小说，古今中外的名著都愿意读。有时我们也出去散步，我坐在轮椅上，他推着我。我们互相尊重，互相帮助，生活得很幸福。"

1998 年 9 月 9 日，高小霞院士病故，这是徐光宪心碎的日子。然而耄耋之年的他很快疗好伤痛，又重新投入到他一生热爱的教学和科研事业中，真是不易。他说：

> 我一生中最满意、最幸福的是和高小霞相濡以沫度过的五十二年，就是无论在什么时候，我都能牵着她的手，

图 10-2　徐光宪、高小霞院士伉俪

图 10-3　1993 年徐光宪（右一）与高小霞（右二）院士伉俪荣获首届"中华蓝宝石婚佳侣奖"

一起为了共同的理想奋斗，不舍不弃。最大的遗憾是没有照顾好她，让她先我而去。

一幅"死生契阔，与子成说。执子之手，与子偕老。"（《诗经·卷二·击鼓》）的中国传统画图真实地展现眼前。

2 不要提名字

徐光宪、高小霞伉俪总是全身心地投入教学和研究，对自己的生活则简单朴素为要。平日的穿着让学生看着有些寒酸；被中央电视台《东方时空》节目采访时，高小霞穿的毛衣是朋友借给她的；最后住院时正值炎热的夏天，她身穿的还是不吸汗的现在已很少有人穿的"的确良"衬衣，护士看了很不理解这样一位名教授、院士为何如此不会生活，不会享受。答案在她对女儿的一段谈话中："如今我们都 70 多

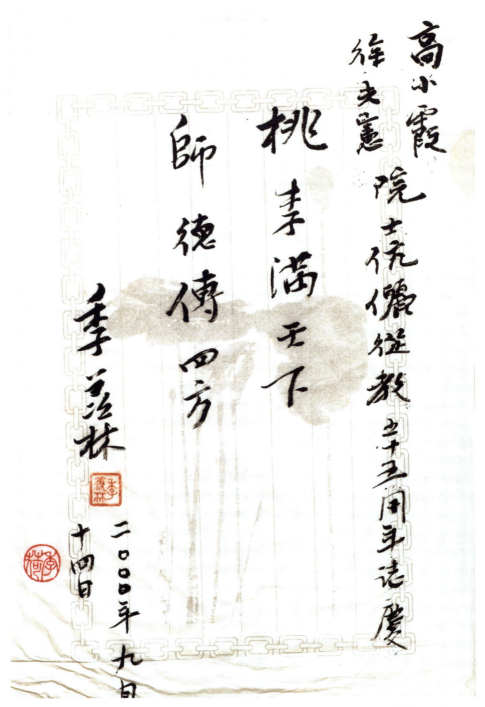

高小霞

徐光宪

院士伉俪从教五十三周年志庆

桃李满天下

师德传四方

季羡林

二OOO年九月十四日

图 10-4　季羡林先生为徐光宪、高小霞夫妇题记（选自《高小霞诞辰九十周年纪念文集》VI 页）

岁了，还在工作，不会享受生活……什么是享受生活？我从来没想过，当我和你们的爸爸付出很大的艰辛，做的工作得到了社会的承认后，那种高兴的心情是一般人理解不了的。享受的快乐已经融进在我们的工作之中，我们已很满足了"（《妇女杂志·未名湖畔夜话》）。2009年1月9日，徐光宪登上国家最高科技奖领奖台时，穿的是1980年出国考察时做的那套深蓝色西装。领奖要到人民大会堂，由国家主席亲自颁发，隆重庄严。因此，他女儿要为他买一套新西装，但徐光宪看了看快三十年的那套衣服还能穿，说："别买了，那么贵！"就让女儿买了两件新衬衫，穿着那套已有三十个年头的西装潇洒地站在了人民大会堂的领奖台上，脸上洋溢着幸福的微笑。

徐光宪、高小霞自奉甚俭，近于吝啬，但对自己的邻居、同事从来都是尽心尽力给以帮助和关爱，常常慷慨解囊，给予接济，对学生更是视同子女、备加关爱。一位家庭困难的同学因病住院，他们得知后立即送去2000元。过年过节，一些回不了家的学生常被高、徐两位邀请到家里共度节日。有时学生家属来京探亲，也被邀请到家做客。为帮助贫困地区儿童能上学读书，他们为希望工程先后捐款数千元……谈起徐、高的为人为学，同事们、学生们无不敬佩与动容。

1959年12月，徐光宪的《物质结构》一书由高等教育出版社出版了，他得到几千元的稿费，这在当时相当于一般职工十年的工资，是一笔"巨款"。当时全国正处在生活困难时期，许多人因为吃不饱肚子而患上浮肿病，有的地方甚至有人饿死。徐光宪看在眼里急在心里，他拿到稿费同夫人高小霞商量后，全部交给了系工会，用于补助生活困难的教职工。并一再嘱咐不要声张，更不要提自己的名字。1960年进入北大技术物理系读书的孙玉坤说："1960年我们国家进入了三年困难时期，全国人民都吃不饱，饿肚子。也就是在这一年，徐光宪先生把自己《物质结构》一书的稿费 6000 多元交给了北京大学技术物理系工会，让工会来救济一些困难教职工。6000 多元在当时来说可是一个大数字。一个工人工资每月 30 多元，一个大学毕业生每月 50 多元。在困难时期，徐光宪先生家里上有老人、下有小孩子，但是他首先想到的不是自己和自己的家，而是技术物理系的广大教职工。这种克己奉公、助人为乐的精神实在令人敬佩。"

徐光宪真心实意、不图名利帮助同事、同学的事迹不胜枚举。

20 世纪 60 年代，同事吴瑾光老师因参加土法炼铀而中毒生病，由于担心影响教学和科研任务，心情急躁，不能好好养病。徐光宪了解这种病不是单纯卧床休息能解决问题的，而且简单卧床休息容易产生苦闷情绪，机体机能衰退，不如做些轻微活动有利恢复健康。于是就安排吴瑾光半日工作，量力而行，在工作中转移注意力，有利于机体的恢复；与大家接触可以避免苦闷情绪，心情开朗，有利健康。吴瑾光说："这样使我能有好的心情养病，对我病情好转是很关键的。……在我生病期间，因病假半休扣工资，又需要自费买药，徐先生给我拿来他自己的工资，要我用来治病。徐先生对学生的照顾和关心，真让我们全家非常感动。"有一年，当徐光宪从外地讲学回到学校，得知一位青年教师因眼病住进了医院，就立即赶到医院看望。在与主治医生谈过了解了病情之后，再亲切地向病人指出他有战胜病魔的有利条件，帮助他解除思想上的恐惧。甚至还讲了上海交通大学的唐庆余教授在失明的情况下，因为他能背诵许多英文名著，所以仍能教英语课的故事给予鼓励，使病人大大增强了信心。

有时，同事或其家属病了，徐光宪得知后也会登门看望、送上营养品……

　　与徐光宪同事几十年的黄春辉院士说："事实上，徐先生对所有的人都是这样，他的稿费常常存在系办公室的会计那里，用来资助困难教职工和学生。"

　　福州大学郑威教授是 1958 年由浙江大学选送到北大学习放射化学的，有幸聆听徐光宪的课程，并成为他的研究生。他回忆了徐光宪在生活和学业上对他的关怀和帮助："令我感动的是，徐先生在指导我学习时，常常是帮我补基础，有的问题是从最基本的讲起。……更令人折服的是他那深厚的数理化基础和诲人不倦的耐心和热情，这些都深深铭刻在我的心中。"几十年后，郑威教授仍记忆犹新："徐光宪先生以自己的品格、学识和真诚，折射出的人生观和敬业精神，潜移默化地影响着他的学生们，令人终身难忘。……徐先生还经常关心我的生活和家庭，我的家在农村，两个妹妹还在念书，生活困难，他就从自己的书稿费和有限的工资中拿出钱来资助我，以解除我的后顾之忧，使我安心学业。据我了解，受徐先生经济上帮助过的还有不少他的亲友、同事和学生。"

3 大年初一

　　春节在中国人心目中是十分重要的节日，可以说是第一大节日，不管千里万里之遥，只要条件允许都要赶回家与家人团聚，这已成了全世界华人的一个标志。春节家人聚在一起，沟通信息、互相心贴心地倾诉倾听，亲情暖意能融化一切不快、振奋精神鼓起前进的风帆。因此，春节是中国人的大节。如果万不得已，不能与家人一起过春节，总会留下巨大的遗憾，更不用说身处冷寂、病困之中，"相对无言，惟有泪千行"之人。如果此时有人雪中送炭，怎么能不令人终身难忘？

美国德克萨斯州立大学的化学与生物物理高级研究员黎健就有这样终生难忘的亲身经历："1989年的春节，同宿舍楼的青年教师都回家过年了，我们夫妇俩带着病重的孩子，挤在北大西北角一间小屋里，倾听着北风的呼啸，心中充满了悲苦和无奈。大年初一的清早，天还没有全亮，我就听见有人在楼道里呼喊我的名字，打开门一看，只见徐先生披着一身寒气，正站在门口。原来老先生十分惦记着我们，赶在上午其他学生和老师来给他拜年之前的一点空余时间，带着高先生为我们亲自烹制的一只鸡、一盒八宝饭和400元钱，顶着寒风，骑着自行车，特意赶来看望我们。由于不知道我们的具体房间号码，老先生在拥挤黑暗的筒子楼楼道里，磕磕绊绊，从一楼到五楼，一声声呼喊着我的名字，找到我们的房间。面对此情此景，我和我爱人，不禁流下了感动的热泪。"

原来当年黎健师从徐光宪读研究生，他的爱人在家乡生产，孩子在出生过程中受伤造成脑瘫。这一灾难几乎将黎健夫妇击垮。徐光宪知道后，建议他们把孩子接来北京治病，在北京治病的一年时间里，徐光宪不仅经常关心询问，而且每个月都要拿出100元钱来补贴他们。在20世纪80年代，这100元相当于一般教师一个月的工资，还是能解决些问题的。

徐光宪对学生后辈，在校时关怀备至，离校后仍念念不忘，经常与他们互通信息，尽力帮助他们健康成长。黎健说："在我出国之后，他曾经给我写来八页的长信，向我们介绍国内和北大的发展和变化，教导我们要热爱祖国，为中国的科学事业贡献力量。这些教导，成为我们在海外尽自己的绵力为祖国和北大作一点贡献的鞭策和鼓励。"

4 洗手间的灯光

徐光宪待人至诚，处处为他人着想。1988 年，《中国科学》《科学通报》两刊编委会联合召开全体编委会议，除正常开会外，正副主编还要加班商议相关事宜，听取汇报，了解情况（见图 10-5）。徐光宪作为两刊的副主编，全程参与会议的筹备、主持等事项。会议闭幕的前一天晚上，正副主编会听取各小组汇报、研究会议总结等，直到深夜才结束，会议委托徐光宪做会议总结报告。一般情况下，由会议秘书组从会议简报归纳整理出一份总结报告初稿，然后报告人再加以修改即可。但是，年近古稀的徐光宪却加班开夜车自己亲手写，为了不影响同室同志的休息，徐光宪放着舒适、现成的办公桌、台灯不用，却关上洗手间的门在微弱灯光下的小桌子上埋头奋笔疾书。同室的福州大学黄金陵教授（曾任福大校长多年）半夜起来看到徐光宪的床是空的有些纳闷，当他推开洗手间的门看到此情此景时，感动和不安一起涌上心头。十多年后黄教授每当说起徐光宪对工作极端负责任，和处处为他人着想的崇高思想境界时，仍然十分激动。

越有见识的人，越能谦虚地对待别人。无独有偶，同乡大家蔡元培先生的相似事迹，被任鸿隽先生披露在 1940 年 3 月 24 日的《中央日报》上：某次蔡先生住在南京成贤街中央研究院办公处的时候，他的房间的外间适为某君所住，蔡先生出入必经过外间。一日蔡先生起身较早，而外间某君犹酣睡未醒，蔡先生怕惊动他，就一声不响在自己的房间里看书，等某君起身后才进行盥洗。此事在中研院传为美谈。

图 10-5　两刊会议（左四为徐光宪，左五为周光召）

　　同为"鉴湖越台名士乡"走出的蔡元培、徐光宪两位处理此类事情竟是如此的一致。

5 为他人做嫁衣不辞辛苦

　　一篇作品或一本书的发表、出版，除作者的劳动外，编辑人员的审阅、建议，甚至在作者同意后的修改工作，对作品的提高不仅是必不可少的，而且编辑人员要学识广博、责任心强才能做好。作品发表或出版后，人们知道作者是谁，很少注意到编辑的辛劳和贡献。因此，历来就有一种说法，把帮别人修改文章，或做编辑工作称为"为他人做嫁衣裳"而不愿为之。其实，每个读者当欣赏到优美的、有益的作品时，都应该对作品背后的，默默奉献的人们表示敬意。

徐光宪就是这样一位经常为他人做嫁衣的学者，他不仅要为自己的学生、同事修改文章，而且他还是或曾是《北京大学学报》（自然科学版）、《高等学校化学学报》《分子科学学报》《中国稀土学报》《中国科学》《科学通报》《无机化学学报》等学术刊物的主编、副主编、编委。常言说是能者多劳，徐光宪的多种兼职，压得他有时不得不在会议的空隙里为人修改文章。大约在 1984 年，山西大学杨频教授曾将几大包书稿（82 万字）送请徐光宪审阅并作序。"徐先生在日理万机，十分繁忙的情况下，仍认真审阅了书稿。十分感人的是，有一次徐先生去南方出差，还带上一部分书稿，利用会议间隙的休息时间审阅。在徐先生长时间的劳心费神批阅后，终于使此书审定通过，《性能—结构—化学键》一书，由高等教育出版社于 1987 年出版。……并于 1992 年获得了国家教育委员会颁发的全国学术专著优秀奖。我深知，这里凝聚着先生的心血。"杨频动情地如是说。其实，徐光宪并不是对杨频偏爱，而是对来请求帮助的晚辈学者是有求必应的，因为在徐光宪看来培育后学超过前辈是他的心愿和责任。徐光宪甘心情愿为他人做嫁衣的事不胜枚举。

20 世纪 80 年代初，许振华老师请徐光宪先生为他审阅一篇关于稀土大环配合物的合成与性质研究的文章。在送文章的同时，徐光宪还要求把相关的参考文献都送去，以便核查，徐光宪仔细阅读文献，认真修改文章，并动手改写了部分段落。徐光宪英文娴熟，对文章的英文摘要除仔细斟酌修改外，还用自己的打字机帮许振华打好，因为那时一般老师没有打字机，实验室也没有。提起此事，许振华教授感动地说："他这种认真负责，无微不至关心别人的精神使我一直不能忘怀。"

6 让与推

为了扶植晚辈、培养新人，徐光宪一贯对学生精心指导、严格要求，创造条件让学生承担重任，得到锻炼机会，帮助学生尽快成长。他的众多学生都有这种体会。1982年第四届国际量子化学大会在瑞典乌普撒拉举行，当时的国家教育部组团参加，徐光宪是被邀请者之一。为了让年轻教师有机会与量子化学领域的国际著名学者接触与交流，增广见闻，开阔眼界，近距离了解世界水平，以利发展，徐光宪就把自己的名额让给了黎乐民。大家都知道，参加国际会议，了解世界发展的前沿，对每个与会者都是重要的，是难得的机会，一般不会放弃。"在1988年承担国家自然科学基金重大项目课题时，他让我当项目负责人，以便有锻炼的机会，他自己只作为项目的参加者。1992年'稀土材料化学及应用'国家重点实验室成立时，由他当重点实验室的学术委员会主任和重点实验室主任是很合适和很自然的事情，但为了培养我，他让我当重点实验室主任。这样的例子还有很多，我的很多师兄弟也同样得到过徐先生的扶植和提携。"黎乐民院士这样说。

北京大学化学与分子工程学院院长高松教授的话是对黎乐民院士的补充，他回忆徐光宪积极推动他参加学术会议的情景说："徐先生对于像我这样的年轻人的品德修养和学术成长，倾注了大量心血。除了言传，先生更注重身教。我从先生的身上学到的不仅是如何做学问，更学到了如何做人。……

1990年春，全国量子化学会议在山东济南召开，徐先生积极支持像我们这样在读研究生去参加这样的学术会议。会议期间，热情地介绍我与国内一些知名学者认识，并鼓励我与他们交流。"参加学术会议进行交流，是学习提高的大好机会，徐光宪一贯支持年轻人尽可能参加。此外，徐光宪还很尊重学生的选择，鼓励他们开辟新的研究领域。高松的硕士研究生阶段，是跟随徐光宪、李标国从事多组分稀土串级萃取理论的计算和工业应用研究，到读博士阶段他想调整一下研究方向，就把这个想法给导师徐光宪谈了，心里忐忑不安，担心挨批，因为原来的研究很需要人。"但恰恰相反，徐先生和李老师热情鼓励支持我进行新方向的研究，还请黎乐民老师指导我进行一些量化计算，在博士论文后期，又积极鼓励我进行 4f-3d 异金属分子的合成、结构与磁性研究。这些为我近年来的工作打下了比较扎实的基础……"正是在徐光宪的精心培养下，当年的研究生高松，如今已是中国科学院最年轻的院士之一。

中国科学院上海有机化学研究所的陈敏伯研究员，至今记得被徐光宪"赶着鸭了上架"的事。那是在1985年，为应邀在北京科学会堂作报告的瑞典乌普萨拉大学的佩罗洛夫·鲁定教授做口译。鲁定教授是国际理论化学界赫赫有名的权威，曾任瑞典皇家科学院诺贝尔物理奖评判委员会成员、国际量子分子科学院首任主席，他是应当时的中国科学院院长卢嘉锡和吉林大学校长唐敖庆的联合邀请来华访问的。能聆听他的报告是一次难得的机会，如果能为他做口译，就要下些工夫尽量了解他的著作、学术思想，比只做个听众收获要大得多。因此，徐光宪想让自己曾经的学生陈敏伯去锻炼一下，就向卢、唐二老推荐了，结果陈敏伯有畏难情绪，因为陈对鲁定教授了解不多。为了让陈顺利完成任务又得到锻炼，徐光宪做了不少工作。据陈敏伯说:"当时徐先生一边仔细给我介绍鲁定教授的主要贡献,一边再三鼓励我:这是一次极好的学习和锻炼的机会,你一定不要错过。结果,一堂演讲翻译下来,我确实感到受益匪浅。"

参加国际会议需要一定的费用,如会议资料费等。为了使更多的青年学者参加国际会议进行交流,开拓思路,增广见识,以利成才,徐光宪甚至用自己的外汇(包括学校给他个人的零用钱)为他人支付会议的资料费等。

事实上,不管徐光宪对学生或助手是加担子、推上坡,还是让名额、代缴资料费,其目的只有一个,就是希望他们快快成才,好为国家服务,盼望国家早日富强起来。

7 语惊四座

古今中外,凡心怀天下,公而忘私,俯仰无愧,心底坦荡之人,往往举止潇洒,遇事能做到气定神闲,与自私多欲,驰竞于荣利,耿耿于得失之辈,整天忧惧不安相反。即所谓"君子坦荡荡,小人长戚戚。"(《论语·述而》)

"文化大革命"期间,徐光宪"受到无端牵连和迫害,被隔离审查近半年,身心受到巨大的折磨和摧残,但他自始至终坚持原则,坚持实事求是。当时他的几位弟子也受到审查,在一次批斗大会上,他义正辞严地大声说道:'我保证自己百分之百不是特务,也保证他们(指另外两位科学家)不是特务。'语惊四座,在当时险恶的环境里,这需要多大的勇气和毅力,使我第一次看到徐先生刚强的个性和大无畏精神,心中充满了敬佩。"事情过去三四十年了,北京大学技术物理系教授、原系主任高宏成仍然不能忘记,他感慨地说:"徐先生为人正直、敢于坚持真理、坚持实事求是的人格魅力深深教育着我。"

通过此事，我们看到了一位一心为公，考虑他人超过自己，不计个人得失的徐光宪。季羡林先生说考虑别人比考虑自己更多就是好人；王选院士说考虑别人与考虑自己一样多就是好人。显然徐光宪早已是这种标准的实践者。他是那样的心胸洒脱坦荡，举止耿介脱俗。所以，他能赢得他的学生、同事发自内心的赞佩。正所谓："天不言而人推高焉；地不言而人推厚焉。"（《荀子·不苟》）

8 非常时期 风范依旧

2003 年的春夏之交，当时称为"非典型性肺炎"（简称非典）的恶性传染病袭击北京，同时在中国不同地区也有传播，不少单位、学校放假隔离，人心惶惶，如临大敌，中华大地进入了非常时期。而战斗在保卫人民生命第一线的则是广大医务人员。由于事发突然，医务人员的防护措施和装备均显不足，而且病员激增，医务人员工作极度紧张、疲劳，十分辛苦，并且不能回家照顾孩子和家人，很是让人敬佩和心疼。大灾面前互相帮助、互相关爱，一方有难、八方支援，是中华民族的优良传统。北京大学工会及时做出决定，在北大新闻网上发布告示，号召全体教职员工"抗非典 献爱心"。4月 30 日上午，徐光宪打开电脑上网，校工会的号召闯入眼帘，他立即决定捐助。徐光宪的一贯做法是助人不愿留名，所以他不想到捐款现场，以免被媒体宣传，就给所在党支部李彦书记发个电子邮件，表示要以化学学院一教师的名义捐款一万元，因为收据需要实名，不得已才留下了徐光宪的名字。

他表示：

> 我主要是为医务人员的献身精神所感动。今年我国人民和政府遭受 SARS 的突然袭击，北大医学部附属人民医院、第三医院、北大医院等的医务人员在抗击非典中，不怕危险、不怕牺牲、勇敢担当责任。从新闻中看到许多医务人员顾不上自己家中的老人小孩，自觉奋勇地站到医护救治的第一线，为抢救 SARS 患者的生命作出了巨大贡献，有的甚至献出了生命。人民医院急诊科的丁秀兰大夫等献身事迹，使我非常感动。我想我们在后方的，也应该表示我们对医务人员的敬意。

这是徐光宪发自内心的朴实无华的真实思想。几十年来，每遇灾难发生他和夫人都要慷慨伸出援助之手，这是我们大家都熟悉的一贯风范。他们不仅给予困难者以经济援助，更关心解决其精神上的困苦。所以徐光宪积极响应非典期间北大团委及时组织的"网上读书计划"，5 月 24 日北大校园网上出现了"徐光宪院士致北大离校和在校同学的一封信"，信中说：

> 我觉得这个计划方案很好。"终身学习，终身读书"已经成为知识经济时代人们的共识。团委提出的读书计划，不仅仅是抗击非典的应急措施，而且可以为"终身学习"打好基础，意义是十分深远的。

信中徐光宪用唐敖庆、黄昆等老一辈科学家在西南联大那样艰苦的环境下刻苦学习，终成大器，为国家为人民作出巨大贡献的事迹为例，以及自己中学时期生病在家，多做习题的经验，鼓励同学们自学成才。不几天，校园网上点击此信的人数超过四千人次，很快《科学时报》转载了此信，影响超越了北大校园。徐光宪受到同学们热情的鼓舞，觉得这是与同学交流的好办法，于是在6月2、3日北大校园网上又出现了徐光宪致同学的第二封信："让我们一起学习"。信中徐光宪首先告诉同学们，人的一生总会遇到许多困难的，学会使矛盾的一方（困难）向对立面（有利）转化的辩证法，将会受益终身。然后，他强调了创新的意义，而青少年的好奇心正是创新的源泉，所以好奇心非常可贵。并指出创新的一般途径，第一步就是提出问题，要提出问题，就要有好奇心。徐光宪用自己亲身经历与同学们交流，亲切生动，平等对话，毫无居高临下说教之感，深受欢迎。徐光宪在信的最后写下这样的一段：

下面有几个问题，希望同学们用电子信箱 gxu@pku.edu.cn 回答我：

（1）你看了这封信有没有觉得浪费了你的时间？有哪些观点你不同意？哪些你同意？有没有什么收获？

（2）你是否同意"宇宙四要素"的观点。如果同意，我想一定有人也提出过，希望哲学系的同志们告诉我谁最先提出这个观点？以便以后我可以引用。如果不同意，希望能告诉我正确的提法应当如何？有什么参考文献？

（3）你是否同意信中对文学、艺术、哲学、宗教的说明。如果不同意，正确的提法应当如何？如能指出，非常感谢。

（4）你希望我们的讨论继续下去吗？你希望讨论些什么问题？

这是年届八十三岁的资深院士徐光宪写给青年学生的信，

是那么谦虚、那么真诚、那么严谨，读者一定能够从中感悟到一颗滚烫的心，学会怎样做人、怎样处世、怎样做学问……因此，受到学生们热烈的欢迎和回应。

徐光宪只是北大众多教师中的一位，是出色的一位，北大学子在这样的环境里，有优秀而丰富的精神滋养和睿智思想的熏陶，其成才也，速；其成才也，多。所以有人评论说："我相信，燕园的学子们会在多年之后，依然记得'让我们一起学习'这篇在特定时期被几千名同学点击过的文章。徐光宪院士的学者风范、个人魅力，将会深深地影响北大年轻的学子们，他们将懂得怎样为人师表。这种潜移默化的作用，才是它真正意义所在。"

9 霞光基金

徐光宪对学生、同事除生活上关爱外，更注重他们的成长成才。他的方法是细心指导、严格检查、压以重担、充分信任。如对新毕业任教的青年教师，徐光宪常常告诉他们教好书的关键，是广泛地掌握相关知识，把教材理解深、透，变成自己的，条理清楚地讲解。而后再审阅他们的教案、听他们的课，发现问题具体指导。当年的学生、技术物理系教授赵深的亲身感受是，徐先生告诉他："初教课时，要把准备在课堂上说的每一句话想好，准备在黑板上写的每一行字设计好。讲稿要写得细，细得像绣花，但要给学生留有思考的空间。要向有经验的教师学习，也要向学生学习。到学生中去，认真回答他们的问题。众多学生的思考会帮助自己更深地理解教材。这些论点对我以后的教学和科研工作一直起着重要的指导作用。"对从事科研的年轻人，徐光宪随时提出问题进行探讨，随时检查进展情况，随时纠正偏差。所以跟随徐光宪的青年教师都感到日有所进，成长很快。受他指导的研究生、助手已有多人成为中国科学院院士、长江学者、首席科学家等，其中留在北大有黎乐民、黄春辉、吴瑾光、高松、严纯华等。

在几十年的教学中，徐光宪、高小霞教授带出的硕士生、博士生过百名，本科生更不计其数。在这些学生中常有高小霞的博士生，原来硕士指导教师是徐光宪；也有高小霞的硕士生

图 10-6　霞光奖学金颁奖

又投到徐光宪门下读博士的，因此他们有许多共同的学生。这些学生中后来有的成为中国科学院院士、大学校长、学院院长、中国人民解放军的将军，更多的是在教学科研第一线的骨干中坚教授。由于徐、高二位教学科研成就斐然，双双在1980年成为中国科学院院士，成为人们敬佩的真正凤毛麟角的院士伉俪。

徐光宪陪伴着高小霞一路走来，深知高小霞半工半读求学的不易，更能体会她特别关注贫困学生并多次捐助的心情，所以在2005年获得何梁何利科学技术成就奖后，徐光宪根据老伴的遗愿，从他们的名字中各取一字，设立了"北京大学化学学院霞光奖学金"，专门奖励那些热爱祖国、勤奋学习、家庭贫困的本科生，使他们能完成学业，成长为年轻学者。每年8人，至今受奖学生已达48人（见图10-6）。

徐光宪看着青年才俊一批批成长，实现了高小霞和自己的心愿，心里充满了欣慰、愉快。

今日霞光绚烂，明日蔚霞满天。

第十一章　志高意远　余晖映天

把为社会服务看作自己人生的最高目的，为学生们超过自己而高兴。

古语说得好："志不立，天下无可成之事。"（王守仁《教条示龙场诸生》）徐光宪自小牢记母亲的教导："家有良田千顷，不如一技在身。"他立志要读书学本领，成为对家庭、对社会有用的人。徐光宪说：

> 这句话深刻地影响着我以后求学的道路。不论是在顺利的求学环境中，还是在艰苦的学习条件下，母亲的教导早已被我刻入心中。终身勤奋学习，成了我的习惯。

徐光宪数十年的勤奋学习、工作换来了回报，特别是丰厚的精神回报。因为他不仅在科学上有所发现、有所发明、有所创造、有所前进，在稀土世界引发了"中国冲击"，对国家民族作出了重大贡献，而且培养出了大批人才、后起之秀，因此他认为家庭的幸福和个人的成就应寓于对国家民族和人类社会的贡献之中，他说：

> 个人的成功是指个人对国家民族和人类社会的有益贡献，当然也包括家庭的幸福和个人的成就。……因此我们立志要取得成功，一定要着眼于对国家民族和人类社会作出有益的贡献。这样才能站得高，看得远，才有崇高的目标。

英雄所见略同，正如伟大的爱因斯坦所说："学校的目标应当是培养有独立行动和独立思考的个人，不过他们要把为社会服务看作是自己人生的最高目的。"（《爱因斯坦文集》第三卷，143页）

几十年来，徐光宪在立足基础研究，面向国家目标的理念下，他的教学和科研工作总是根据国家的目标而定，并密切注意科学发展动向，将二者灵活地相结合，在解决国家任务的同时，提出新的见解，推进科学的发展和人才的培养。中国科学院院士、吉林大学教授孙家钟对此深有体会，他说："几十年来，与徐老师交往，常常感受到，徐老师的爱国的热忱，始终如一。他的科研与教学总是围绕着为国家的社会主义建设和发展服务。"

半个多世纪以来，徐光宪正是在教学、科研中把育人放在第一位。看见学生有了进步，为之高兴给予表扬和肯定；看到学生有所不足，又及时谈话指出来予以纠正，实践着"教也者，长善而救其失者也"（《礼记·学记》）的古训。他常常以自己的亲身经历告诉年轻后辈，二百年来我们受尽帝国主义的欺凌，今天中国处在二百年近代史上最好的时期，要有时代幸福感、历史使命感、社会责任感。其主旨在教育青年把个人的成功与国家的前途紧紧结合在一起，树立正确的世界观和人生观。

1 尽心社会兼职

徐光宪的教学和科研任务一直都很繁重，但他对社会兼职仍能尽心尽力做好。据中国化学学会《化学学报》编辑部的介绍，1986～1994 年，在徐光宪担任国家自然科学基金委员会化学学部主任期间，带领学部的工作人员，贯彻基金委主任唐敖庆教授提出的"依靠专家、发扬民主、择优支持、公正合理"的评审原则，建立起基金委化学学部资助项目的严格评审制度，制订了具体的工作规程，为基金委化学学部规范化的工作打下了基础。按照评审制度和程序，择优资助了化学学科的一大批科研项目，其中有很多项目取得了优秀的科研成果，稳定了科研队伍，促进了我国化学基础研究的发展。1980年，中国稀土学会成立，徐光宪被选为该学会副理事长，从此他把很多时间、精力用在了组织中国稀土学会的学术活动上，他多次主持召开全国、国际稀土学术会议，为促进我国稀土事业的发展作出了重要贡献。他在担任中国化学会第22届理事会理事长和亚洲化学联合会主席期间，更是积极组织、领导了学会的学术活动的开展。他还多次担任国际性化学会议的大会主席，为促进我国化学学科的国内外交流和发展发挥了重要作用。徐光宪的社会兼职还有 *International Journal of Quantum Chemistry*、*Lanthanide and Actinide Research* 顾问编委；《北京大学学报》（自然科学版）、《中国稀土学报》、*Journal of Rare Earths* 主编；《中国科学》《科学通报》《高等学校化学学报》副主编等，积极组稿、认真审稿，开展学术交流等，为提高刊物水平尽职尽责。

《稀土信息》杂志创刊于1984年1月，在杂志筹备阶段其负责人邀请徐光宪担任《稀土信息》的顾问，他不仅爽快地答应了这又一个兼职，而且向编辑部建议：美国稀土信息中心在国际著名稀土学者格什耐特教授领导下，出版刊物《美国稀土信息中心新闻》，全世界发行，在世界稀土界影响很大。我国是稀土大国，你们完全可以考虑出版《中国稀土信息》英文版，以便对外交流。编辑部认真考虑了徐光宪的建议，认为有前瞻性，也有可行性，于是英文版的《中国稀土信息》（CREI）便在1985年问世了。1985年"北京国际稀土及其应用产品展览会"期间，《中国稀土信息》是中国稀土界与国际稀土届交流的重要媒介之一。现在，世界稀土产业中心已不在美国，美国稀土信息中心及其《美国稀土信息中心新闻》均已不复存在，而中国英文版的《中国稀土信息》连续发行二十多年，如今已经成为世界上唯一的英文稀土信息杂志。对此窦学宏先生感慨地说："这不能不感谢徐光宪先生当初的建议，或许二十多年前，先生已经预料到未来世界稀土产业和信息中心会转移到中国。"（《稀土信息》2009 年第 2 期，12 页）

2 心急如焚　上书总理

徐光宪跟稀土打交道多年，又多次前去包头钢铁公司，对那里的情况比较了解，知道国家资源的利用状况，他在各种会议上表示了对稀土资源浪费的痛心和对环境的关切。他撰写《白云鄂博矿钍资源开发利用迫在眉睫》一文，刊载在国家发展和改革委员会稀土办公室机关刊物《稀土信息》2005 年第 5 期上，文中徐光宪以科学家的严谨，用数字说明问题，他指出：

　　能源是支撑我国经济高速发展的关键问题。国际上对石油资源的竞争非常激烈，造成的高油价将是长久冲击，因此，采用核能发电是大势所趋。到 2003 年年底，世界共有 440 座反应堆，所发电量占世界总发电量的 16%，法国的核电占其总发电量的 75%，而我国的核电在 2003 年只占到总发电量的 2.2%，台湾省 26% 的电来自核电。……目前工业应用的热中子反应堆电站，天然铀作为核燃料的理论利用率只有 0.5%，而天然钍 232 通过快中子反应可全部转化为铀 233，理论利用率 100%。一个 100 万千瓦的电站，每年耗煤 350 万吨，如用核电，每年耗天然铀 180 吨，但如果建成高效的慢中子铀 233 反应堆，每年只需钍 1 吨……所以钍是非常宝贵的未来能源。

文章指出利用钍的核能可采用的几种模式，分析了国内外钍资源的开发现状，最后建议保护白云鄂博主东矿的钍和稀土资源；积极回收白云鄂博矿开发中的钍，大力加强快中子堆研究；加强保护具有我国自主的知识产权的稀土产业等。

文章发表后，反响强烈，得到许多有识之士的赞同和支持。

2005 年 9 月 29 日，徐光宪、师昌绪、王淀佐、赵忠贤、王大中等 15 位中科院院士联名发出《关于保护白云鄂博矿钍和稀土资源，避免黄河和包头放射性污染的紧急呼吁》，这篇《呼吁》很快送达国务院，温家宝总理很重视并批请发改委查处。《呼吁》是在徐光宪《白云鄂博矿钍资源开发利用迫在眉睫》一文的基础上写成的，内容更加丰富、具体。其中首先指出保护我国钍和稀土资源的重要性和紧迫性：我国稀土资源储量居世界第一位，钍资源居世界第二位。最主要的稀土和钍矿在内蒙古包头的白云鄂博主矿和东矿，现在两矿作为铁矿已开采了 40%，但其中的稀土利用率不到 10%，钍利用率则为 0。同时，钍对包头地区和黄河造成放射性等三废污染，若再不采取措施，矿藏过 35 年将全部采完，并进一步加剧对黄河的污染，形势十分紧迫。然后说明我国白云鄂博矿钍和稀土资源亟待保护和合理利用。20 世纪 50 年代，我国包钢开始建厂，苏联专家把白云鄂博主东矿设计为单纯的铁矿，未考虑稀土和钍的综合利用，这是一个错误的决策。自 1958 年包钢投产以来，主东矿已开采 2.5 亿吨，尚余 3.5 亿吨。现在开采量达每年 1000 万吨，照此开采下去，主东矿不到 35 年就开采完毕，我国将成为稀土和钍的资源小国，重蹈钨矿的覆辙。《呼吁》最后提出具体建议：

建议国家采取紧急措施保护白云鄂博矿钍和稀土资源。

第一，为扭转白云鄂博矿目前不合理的开采方式，避免钍和稀土等宝贵资源被进一步大量丢弃和缓解对环境的污染，希望国家有关主管部门限制白云鄂博主矿和东矿的开采量，增加西矿开采量。建议 2004 年主东矿开采 1000 万吨，2005 年起逐年减少，至 2007 年底减少到 500 万吨，2009 年减少到 300 万吨，2012 年起停止开采，把主东矿封存起来，用尾矿坝提供稀土的需要，并恢复植被，保护环境。

第二，为核实上述措施的可行性，不致影响包钢现在的钢铁生产量和造成白云鄂博矿山 20000 名职工下岗失业，徐光宪院士曾于 2005 年 4 月在包头与包钢公司包头稀土研究院前院长马鹏起教授高工和包钢矿山研究院院长等有关同志进行了研究，认为主东矿在三年内减少开采 500 万吨是可行的。500 万吨矿石按目前选矿水平，只能生产 190 万吨铁精矿粉，回收率只有 70%。如果把我国自主创新并已在高纯单一稀土分离工业中发挥重大作用的"串级萃取理论"应用到选矿中，回收率可以提高到 90%，铁精矿产量可提高 25%，800 万吨矿石可顶 1000 万吨，缩减 200 万吨，若再增加西矿开采量 300 万吨，就可缩减主东矿开采量 500 万吨。目前西矿已建成选矿厂，开采 300 万吨是可以做到的，到 2009 年再增加 200 万吨开采量，把主东矿开采量减少到 300 万吨，至 2012 年就可把宝贵的主东矿封存起来。

为此需要国家拨款 100 万～200 万元作为提高选矿收率的研发经费。

第三，目前萃取分离钍和稀土技术已很成熟，成本增加很小，2005 年计划生产 5 万吨稀土，应提取 300 吨二氧化钍。若国家以每吨 1 万～2 万元成本价收购作为战略能源储备，可同时解决对环境的放射性污染问题，以后钍—铀 233 反应堆技术成熟时，就可利用储备的二氧化钍制备核燃料。国际上是以每吨 13 万美元生产成本作为是否值得开采的铀矿评价标准。钍和铀是同样重要的核能资源，用每吨 1 万～2 万元人民币收购作为战略储备，是非常值得的战略投资，以免再造成钍资源的浪费和污染环境。为此需要国家拨款 300 万～600 万元作为钍资源战略储备和环境治理费。

第四，由于多年来铁矿的大量开采，尾矿坝存量已达 1.5 亿吨，其中稀土约 930 万吨，钍约 9 万吨。实际上这是我们留给子孙后代的一个新的稀土和钍矿，应设法予以保护。首先，不让它飞散或流失。尾矿坝是一个只有河流进口，没有出口的人造湖，靠蒸发平衡水量。但湖底高低不平，水面低时，部分尾矿暴露在空气中，因为是 200 目的细粉，会飞散损失并污染环境。其次，尾矿目前已和湖底泥沙混合，应采取措施不让其稀土和钍的含量进一步被其他杂质所稀释，造成今后提取稀土和钍的困难。为此需要国家拨款 100 万～200 万元作为保护尾矿坝的研究和采取措施的费用。以上三项共需国家拨款 500 万～1000 万元。

第五，现在包钢公司向国家交纳的矿产资源开采费，是按照矿区每平方公里 500 万元收取的。目前主矿和东矿占地 3 平方公里，由包钢公司开采，每年向国家缴纳开采费 1500 万元，西矿占地 42 平方公里，若开采每年要交纳 2.1 亿元，现因包钢未交开采费，所以无权管理西矿，造成西矿乱采滥挖现象十分严重，这是我国矿山管理工作中的漏洞。建议国土资源部收取白云鄂博矿开采费时按照开采矿石量计费，如每年开采 1000 万吨，交纳 1500 万元。这样包钢以开采西矿代替主东矿，可不必增加开采费。因为这也是包钢不愿开采西矿的原因之一。

第六，关于国家加快快堆和钍—铀 233 核反应堆的研究开发，建议组织院士专家深入调查研究，进一步咨询和论证。有关我国核能发展的整体战略，中国科学院学部核能发展战略咨询组正在研究。

这篇《呼吁》的主要内容刊登在《稀土信息》2005年第11期上。

呼吁恳切，建议具体。足见徐光宪等院士思虑此事已久，决非泛泛而谈。中国知识分子历来有忧国忧民的传统，他们把范仲淹的"居庙堂之高，则忧其民；处江湖之远，则忧其君。""先天下之忧而忧，后天下之乐而乐。"奉为圭臬，代代传承。在接受中央电视台《东方时空》栏目采访时，徐光宪忧心忡忡地说：

> 我反正就是特别心痛，白云鄂博矿啊，我怕二三十年以后要用光了。
>
> 然后中国变稀土小国了，那个时候稀土价格也许比现在的一百倍、几百倍都上去了。
>
> 那中国要吃大亏了。中国的钨矿已经是这样，钨矿本来是世界第一。

徐光宪同时指出：

> 包钢三废排放含有放射性钍的废气、尾矿飞尘、废水和废渣，不但严重污染包头地区，而且是黄河的主要污染源之一，若再不采取措施，并将进一步加剧对黄河的污染，形势十分紧迫。近期听说已引起国家环保总局的高度重视。因此，钍的回收、尾矿坝的保护和三废治理不可再延缓。

包头稀土保护利用的事情一日不解决，徐光宪一日放心不下。2006年6月19日，徐光宪再次上书温家宝总理，对三部委的解决方案贡献补充意见，并提出了加强知识产权意识和建立全国稀土行业协会等建议：

经过三十余年的努力，我国自主创建了包括十多个元素的"稀土串级萃取理论"，打破了20世纪80年代法国对于稀土萃取分离技术的专利垄断。在此基础上，建立的"最优化稀土工艺设计的计算机专家系统"，可根据不同稀土矿原料组成，和不同的产品纯度要求，在三天之内提出最优化新工艺，"一步放大"，直接用于生产，已超越法、美、日等国，达到世界领先水平，并迫使美国、日本的稀土分离厂停产，法国的罗地亚厂大幅减产。目前中国生产的不同纯度、规格的单一稀土产品已占世界90%的份额。

但令人遗憾的是，虽然拥有以上优势，但我们并没有做到小平同志在南方讲话的指示："中东有石油，中国有稀土，要打好稀土这张牌"，也没有完全落实江泽民同志"要把中国稀土资源优势转化为经济优势"的指示。

之所以出现这样的局面，徐光宪认为原因是：

我国科技人员、企业家和管理专家对知识产权和专利的意识淡薄。在欧洲，由于受到专利法的严格控制，不能重复建厂，所以，全欧洲只有法国罗地亚一个稀土分离厂。而在中国，我们科技人员认为科研经费是国家给的，科研成果理应无偿提供给国营大厂，转化为生产力。所以我在20世纪70～80年代到中国三个最大的稀土厂——包头稀土三厂、上海跃龙化工厂、珠江冶炼厂全力推广稀土串级萃取理论的应用，并在跃龙化工厂办串级萃取理论研讨班。

从 20 世纪 90 年代起，因为我国稀土分离技术大幅提高，打破了法国罗地亚厂的垄断，使稀土生产成本降低 10 倍，利润大幅增加。此时如果由全国稀土领导小组进行宏观调控，禁止重复建设，控制稀土产量在全世界需求量的 80%～90%，那么我国就有国际稀土价格的定价权，维持稀土应有的价格，获得巨大的经济效益。但当年要精简机构，认为稀土是小产业，撤消了全国稀土领导小组，放开宏观控制，本来只在包头、上海、珠江三个国营稀土大厂推广的分离技术，迅速扩散到地方和私营企业，建厂达几十个之多，分离稀土生产能力达 12 万～15 万吨，大大超过全世界的需求量 10 万吨。这种供大于求的情况，加上企业之间的恶性竞争，造成单一稀土价格大幅下降，甚至比 80 年代的价格还低，使我国稀土企业在 1995～2005 年间处于低利下运行的状态，损失外汇至少几十亿美元。我和中国稀土学会周传典名誉理事长以及全体会员，稀土专家组组长李东英院士领导下的全国稀土专家们都感到非常痛心，多次在各种会议上呼吁稀土行业，像欧佩克那样，自律限制产量，提升价格，但没有取得一致意见。

为此我在 2006 年第二次上书国务院，得到温家宝总理的迅速批示，国土资源部下令于 2007 年起，稀土资源的开发限制 8 万吨，小于全世界的需求量 10 万吨。这个消息在媒体公布后，尚未实行，就引起日本、韩国、美国等恐慌，使稀土价格上升 1～3 倍。2007 年维持高位，但 2008 年有所下降。原因除了国际金融危机外，是日本、韩国在过去 10 年中国低价出口稀土时储备了 20 年的稀土。现在看到稀土价格上升 1～3 倍，就不买了。这样我国不但在 1995 ~ 2005 年损失外汇至少几十亿美元，还丧失了稀土的定价权，教训是十分深刻的。

2009 年 8 月 7 日徐光宪在祝贺首届中国包头·稀土产业发展论坛大会胜利召开的贺信中，再次强烈呼吁国家建立稀土战略元素储备制度。陈述理由如下：

稀土是不可再生的宝贵战略资源，是工业维生素，用量不多，但不可缺少。具有 1 ~ 13 个 4f 电子的 13 个元素的电子能级达 1639 个，能级之间有 199177 个可能跃迁，比其他化学元素多几十到几千倍。因此稀土元素具有非常丰富的光、电、磁、超导，催化活性等优异性能，是不能替代的高新技术和军事战略元素。可以毫不夸张地说，"没有稀土就没有高新技术"，"没有稀土，美国就打不成海湾战争"。

这篇建议中引用英国《泰晤士报》2009 年 3 月 9 日的文章：

①全球 95% 以上的稀土金属都将由中国生产供应。它们广泛应用于手机、激光器和航空业等方面。随着世界各国在能源利用率方面加大努力，中国的主导地位将变得更具有战略决定性，因为很多重要的环保技术，例如风力涡轮机、低能耗灯泡和混合动力车等都非用稀土不可。②随着中国大幅削减每年的稀土金属出口配额，中国在稀土供应方面日益崛起的实力及其明显要把它作为"21 世纪的经济武器"的意图令日本政府感到担忧。有日本政府人士对《泰晤士报》说，对日本业界来说，这是一种无形的海啸恐慌。日本几乎 100% 的稀土进口都来自中国，因此他将这些元素看作未来贸易战的一个潜在战场。③稀土

资源将为中国高技术产业提供一个繁荣的机会，允许他们获得对亚洲、欧洲和美国竞争者的巨大竞争优势。没有这些'技术性金属'的元素，也就谈不上什么技术。中国已经开始研究如何使这些金属给本国公司以其他国家难以匹敌的竞争力。"

有鉴于国内外的警报信息徐光宪说：

为此我强烈呼吁国家建立稀土战略元素储备制度，拨出十亿左右美元用于在稀土价格低迷时收购稀土作为战略储备。包钢领导的北方稀土集团也在考虑储备稀土，如有国家作为后盾，就可以收回稀土的国际定价权。现在稀土的价格低于 1985 年的水平，是很不合理的，有很大的上升空间。对于国家而言，储备不可再生的稀有金属，可以分散购买大量美国国债的风险，也是一种有利的选择。现在美国把他的稀土矿完全封存起来，等待几十年后稀土价格可能上升 100 ~ 1000 倍。以上建议当否？请各位专家审阅修改。

几次呼吁，几次上书，为国为民，丹心可见。他现在还将承担中国科学院的保护稀土资源，发挥我国的稀土优势的咨询项目，积极准备召开会议再次向国务院提出切实可行的建议，古语说："志不真则心不热，心不热则功不紧。"（颜元《习斋先生言行录·杜生》）徐光宪功紧、心热、志真！

徐光宪已年届九旬，并获得了国家最高科学技术奖，可说是功成名就。在一般人看来，本可安享晚年，对外界凡事，不再闻问。可是一个以天下国家为己任的科学家却做不到。面对这样一位忧国忧民、奔波呼吁的耄耋学者，有些只顾本部门、本地区眼前利益，不考虑子孙后代长远利益的人，良心如何得安？

3 最高荣誉

科学技术是第一生产力，国际竞争是科学技术的竞争，是掌握科学技术的人才的竞争。国家为了调动科学技术工作者的积极性和创造性，加速我国科学技术事业的发展，提高综合国力，国务院颁布《国家科学技术奖励条例》，设立有国家最高科学技术奖、国家自然科学奖、国家技术发明奖、国家科学技术进步奖、中华人民共和国国际科学技术合作奖等五项。设立国家科学技术奖励委员会，聘请有关方面的专家、学者组成评审委员会，负责国家科学技术奖的评审工作。

国家最高科学技术奖授予在当代科学技术前沿取得重大突破或者在科学技术发展中有卓越建树、在科学技术创新、科学技术成果转化和高技术产业化中创造巨大经济效益或者社会效益的科学技术工作者。国家最高科学技术奖每年授予人数不超过2名。

国家最高科学技术奖创办于2000年，2004年空缺，2002年和2006年各一人，至2013年止颁发12次，获奖者共计22人，其中有北大校友6人和在校教师2人——王选、徐光宪。

2009年1月9日，在庄严的人民大会堂里隆重举行国家科学技术奖励大会，国家主席胡锦涛向王忠诚、徐光宪二位颁发2008年度国家最高科学技术奖（见图11-1）。

获得国家最高科学技术奖，这是对获奖者巨大贡献的褒奖和肯定，是获奖者长年累月辛勤劳动的证明。徐光宪和其他获奖者一样，能走上这最高奖台绝非一朝一夕之工所能成就，而是经过数十年的孜孜矻矻的勤奋努力才可到达的。徐光宪从事教育、科研六十余年，根据国家需要，几次改变方向，并在

图 11-1　国家最高科学技术奖证书

量子化学和化学键理论、配位化学、核燃料化学、无机化学与材料科学、萃取化学、稀土化学、串级萃取理论及其应用等各个方面都取得了卓越的成就，走在当时的学科前沿，其艰辛、毅力绝非一般人所能及。"古人学问无遗力，少壮工夫老始成"（陆游《冬夜读书示子聿》）说的恐怕正是这种情况。因为他自己说：

> 我的天分并不特殊，靠勤奋也能"笨鸟先飞"。

北京大学另一位国家最高科学技术奖获得者王选院士，为了激光照排系统的研制，曾经 18 年中未休息一天，包括春节等节假日，更不要说星期天了。这也证明了"大抵为学，虽有聪明之资，必须做迟钝工夫始得"（朱熹《朱子语类·卷

s 一清如水 徐光宪传

图 11-2　2009 年 1 月 15 日邻居们祝贺徐光宪获国家最高科学技术奖

八》》的古训。

　　徐光宪获得国家最高科技奖的消息传来，徐光宪所居住的社区邻里欢欣鼓舞，1 月 15 日，邻里新年联欢会上的第一项节目，就是向徐光宪祝贺、献花（见图 11-2）。

　　徐光宪所获奖项众多："稀土萃取研究"获全国科学大会奖；"串级萃取理论及其在稀土和金川钴镍分离中的应用"获得国家教委科技进步奖一等奖；"串级萃取理论及其应用"获得国家自然科学奖三等奖；"轻稀土三出口萃取分离工艺理论设计及其工业实践"获得国家教委科技进步奖二等奖；《物质结构》荣获全国高等学校优秀教材奖特等奖，《稀土溶剂萃取》获全国优秀科技图书奖一等奖；《应用量子化学——成键

286

规律和稀土化合物的电子结构》科研成果获国家自然科学奖二等奖；他还荣获首届何梁何利基金科学与技术进步奖和何梁何利基金科学与技术成就奖等。

而徐光宪对 2006 年 12 月 13 日，北京大学颁发的"蔡元培奖"感触尤深。这首次颁发的"蔡元培奖"是北京大学的最高教师荣誉，以表彰获奖教师在教书育人、传承文化、知识创新和社会服务等方面作出的卓越贡献。此次与徐光宪同时获奖的 10 位名师包括季羡林、侯仁之、曲绵域、王曛、韩济生、厉以宁、王阳元、袁行霈和林毅夫。他们都是各自领域的开拓者、领军人物。

对各种奖励徐光宪总是说：

> 要说工作成绩，那是团队集体努力的心血结晶，我只是其中的一分子而已。他们青出于蓝而胜于蓝，工作能力和成就大大超过了我，这点是我最大的欣慰和骄傲。

这就是大家大器大胸怀。

我国气象学家赵义炳院士说过："衡量一个科学家的成就，有三个标准：①科学工作的创新性；②对科学前沿的敏感性；③带出一代新的科学家。"（《院士风采》，165 页）用这三条标准来衡量，毫无疑问，徐光宪都达到了，他理当站在国家最高奖领奖台上。

黄春辉院士说得好："中国科学史上不能没有徐光宪的名字，中国近代化学发展史上会有徐光宪的专页。他的精神直接教育和鼓舞了我们整整一代人，并将成为我们民族的精神财富。"（《润物细无声》，111 页）可谓一片丹心图报国，千秋功业胜封侯。

4 个人和集体

大家公认徐光宪是我国稀土串级萃取理论的创立者，对我国稀土事业的发展作出了巨大贡献，多次获奖，但每当谈及这些时，徐光宪总是说这是大家共同努力的结果，自己只是其中的一员。2001 年，徐光宪应国家发展与改革委员会稀土办公室《中国稀土发展纪实》编写组的邀请，为其撰写了一篇关于稀土串级萃取理论的创建和推广应用纪实的文章。徐光宪在文章中称中国科学院长春应用化学研究所、上海有机化学研究所、包头稀土研究所、北京有色金属研究总院、复旦大学等高校和上海跃龙化工厂等为我国稀土研究的先行者。而比上述单位晚得多开始稀土萃取研究的北京大学，则从上述各单位得到很多帮助。例如北大化学系在 1970 ~ 1971 年间建立用 P350 分离镧的车间，所用的流程就是北京有色总院无私提供的，所用的萃取剂 P350 是上海有机化学所首创研制成功的，他们还从长春应用化学研究所的学术交流中获益良多等都列入文中。并借编写《纪实》的机会向上述各单位的科学家和工程师表示由衷的敬意和深切的感谢。特别是上海有机化学研究所的袁承业院士、陆熙炎院士、徐元耀研究员等的研究小组从 20 世纪 50 年代起研制了许多萃取剂，为我国原子能事业和稀土萃取工业的发展作出了很大的贡献表示敬意。

对参与其事的人员北大化学系黄春辉、金天柱、李标国、严纯华、徐光宪，包头有色三厂周慎理、钟鑫昇、李禄详和稀土车间的工人等，包冶所叶祖光、乔书平、郝纪宁、王熏铭、张丽萍等均一一列出。还有东北工学院的一位教师，和湖南冶金研究所的一位工程师参加了工作，虽然记不起名字，但也没有忘记列入。

古语云："海水广大，非独仰一川之流"。要使中国的科学事业跻身于国际前沿，不能少数人独打天下。因为徐光宪知道"天下之事，非一人所能独知也。"而要做成大事必须要"急于求人，弗独为也。"(《鹖冠子·道瑞第六》) 所以培养人才，加强各单位合作是非常重要的。

大凡丹心为国，公而忘私者的心灵是相通的，他们对合作者或提供帮助者永存感激之情。如我国著名的有机化学家、萃取剂合成专家袁承业院士在谈到他们研制的 P507 萃取剂时也说："假如没有北大徐光宪先生的串级萃取理论，假如没有大量工程技术专家在萃取设备设计及自动化方面付出的大量创造性劳动，P507 在单一稀土生产中的成功应用也是不可能的。"

伟大的爱因斯坦曾主张"应当防止向青年人鼓吹那种以习俗意义上的成功作为人生的目标。因为一个获得成功的人，从他的同胞那里所取得的，总是无可比拟地超过他对他们所作的贡献。……"并尖锐地指出，商品社会的个人竞争是一种"破坏性经济斗争"，他认为人在生存竞争中的情形"正像在一个蚂蚁窝里的个别蚂蚁之间的交战，说不上什么是为生存所必需的，人类社会中各个成员之间的情况也是这样。"(《爱因斯坦文集》第三卷，145 页) 徐光宪十分赞赏爱因斯坦这一观点，强调要有社会责任感，历史使命感，强调把他人的帮助记在心上，又想着帮助他人，我们的事业才能迅速发展。

5 寄语青年

青年在任何时候都是国家的未来和希望，凡是关心国家前途、民族命运的人无不重视对青年一代的培养。毛泽东主席曾把青年人比作早晨八、九点钟的太阳，给予无限的希望：

"世界是你们的，也是我们的，但归根结底是你们的。你们青年人朝气蓬勃，正在兴旺时期，好像早晨八、九点钟的太阳。希望寄托在你们身上。"（《建国以来毛泽东文稿》第 6 册，650页）徐光宪对这早晨八、九点钟的太阳格外关心爱护，他经常与学生、助手对话，言传身教，传授自己的经验，希望能帮助学生或助手尽快成长。北京大学百年校庆期间，北京大学出版社推出了《北京大学院士文库》系列，《徐光宪文集》是其中之一。打开《徐光宪文集》，第一部分就是："Ⅰ献给青年读者"；而后才是"Ⅱ学术论文"、"Ⅲ ……"他对青年的关怀、期望于此可见。

早在 1961 年 12 月 12 日，《北京大学校刊》上就刊载了徐光宪《与理科同学谈谈怎样做好毕业论文》一文，该文是根据他以自身经历与学生的谈话、报告写成的，周培源副校长看后建议校刊发表，因为周培源先生认为很有意义、很好。此文后来被《北京日报》全文转载，许多学生深受其益，其影响超出了北京大学。

文章对学生认识毕业论文的意义、写作方法、技巧，以及以后的科研工作等有指导意义。文章指出毕业论文是一个重要的教学环节，是学生在掌握基础知识、专门知识和实验技能的基础上，得到从事科学研究、培养独立工作能力的训练的重要一环。比如学习查阅文献、调整仪器、分析结果等等，可以加深和巩固所学到的知识，可以弥补以往基础训练中的某些不足。做毕业论文的过程是一次科学态度、科学作风、科学方法等的全面训练。文章具体介绍了如何选题、如何阅读文献、如何制定计划，实验前仪器的校正、药品的提纯，实验中各因素的控制，实验后仪器、药品的处理等一一交代清楚。他以自身的经历告诫同学，要特别注意培养严肃的科学工作态度、严格的科学工作作风、严密的科学构想方法和良好的实验室习惯。

强调得到的实验数据要重复几遍，做到自己确信，十分可靠，对结果的分析和讨论要实事求是。当遇到困难时，坚持就是胜利：

> 还记得我在做研究生论文的时候，曾碰到一个关键性的问题不能解决，那时候人都变瘦了，几乎考虑要不要换论文题目的问题了。后来终于找到了门路，就像王国维在《人间词话》讲做学问的三种境界所描写的："昨夜西风凋碧树，独上高楼，望尽天涯路"；"衣带渐宽终不悔，为伊消得人憔悴"；"众里寻他千百度，蓦然回首，那人却在灯火阑珊处"。科学研究工作就是这样必然会经过一些十分伤脑筋的阶段，因此，当碰到困难和挫折的时候，不泄气，不动摇，不轻易改换论文题目是很重要的。路总是会打开的，往往闯过了"关"，就可以大步迈进。

1999 年夏，在面向 21 世纪的知识经济时代，创新成为科学技术发展的灵魂，成为人类社会进步的动力的时刻，徐光宪与北京大学稀土研究中心的青年教师及研究生徐怡庄、谢大弢、田文、黄云辉、黄岩谊、白鸥、周彪等就"知识如何创新"问题进行了五次讨论。参与者认为讨论对自己的启发很大，十分有益，徐光宪将讨论的部分内容整理成《科学研究的创新思维和方法》一文，发表出来以供同学和研究生们参考。（原文载于《科学新闻》1999，34，6-7）内容涉及：知识创新的"无中生有"与"有中生新"；创新链与创新树；学科交叉，分类研究；大胆假设，小心求证；四两拨千斤，柳暗花明等等。在此，徐光宪引用数学、化学、物理、生物、医药、天文，甚至经济学等领域的众多诺贝尔奖获得者的成功实例加以论证，把自己一生的治学心得体会毫无保留地介绍给大家，他希望中国的年轻学者，能有扎实的基础、敏锐的眼光和远见，在 21 世纪，去开创和建立新的学科。

2000 年，徐光宪将以上思想发展、总结为"成功的十大要素"发表于《中国人才》（2000，1，10–12；2000，2，12–15）其中对志向和目标，兴趣和爱好，决心和毅力，勤奋和效率，灵感和创新，健康、教育、方法、天赋、机遇，大环境、小环境等做了精辟的阐述，提出了自己独到的见解，首次使用"负成功"一词。他认为：

> 个人的成功是指个人对国家民族和人类社会作出的有益贡献，当然也包括家庭的幸福和个人的成就。如果对人类社会和国家民族做了坏事，那就是"负成功"，即成功的反面，它和"失败"不同。失败只是没有成功，是"零成功"。一个国家的振兴和富强是她的全体人民的"成功"的代数和。例如"四人帮"在"文化大革命"中做了极大的"负成功"，抵消了亿万人民的"成功"，使中华振兴停滞了十年，他们是中华民族的罪人。因此我们立志要取得成功，一定要着眼于对国家民族和人类社会作出有益的贡献。这样才能站得高，看得远，才有崇高的目标。……

其中心意思是要学生把个人的发展成长与国家民族的目标紧紧联系在一起。并鼓励说：

> 有了远大的志向和目标，选择了你喜欢的专业，就要自信你一定会成功，不能说"你想成功"，而是说"你一定要成功"，只有下了"你一定要成功"的决心，才能在遇到困难和挫折的时候，有坚持下去的毅力。……

面对大科学时代，个人单打独斗、单枪匹马闯世界的机会越来越少了，科学研究，尤其是重大项目更需要团队精神，更需要互相协调、合作、激励，徐光宪在文章中特别强调了心理健康与品德修养：

> 人是有知识的社会动物，所以要处理好个人与人类社会、国家民族、工作单位、家庭成员，以及人与人之间的关系。"处世"就是调整好人际关系。"修身"就是修养个人的情绪和正确对待人生的精神境界。
>
> 处世的第一原则是"推己及人"的原则，也就是牛顿第三定律："作用＝反作用"。这就是说，你这样对待别人，别人也会这样对待你，儒家教导的"己欲立而立人，己欲达而达人"，"己所不欲勿施于人"，"老吾老以及人之老，幼吾幼以及人之幼"，都是同样的意思。要养成"设身处地"的习惯，经常考虑别人的希望和利益。如果和你交往的人常常能在思想上或工作上有所得益，在他困难的时候，会得到你慷慨的帮助，那么就会有许多人愿意与你交往，你的"人缘"就好就广，而"人缘好""人缘广"就会使你成功。"一个篱笆三个桩，一个好汉三个帮"，个人的成功，需要大家的帮助，这是一条人际关系的真理。……

在这里徐光宪把中国传统文化与现今的需要和时代精神巧妙地结合起来，这也是他多年的亲身体会和经验。由于他待人谦和、真诚，推己及人，所以他的团队总是团结和谐、亲如家人，工作上互相支持，考虑大目标，不计个人得失。例如1978～1981年间，徐光宪在萃取化学方面最得力的研究生是在金川钴—镍（Co/Ni）分离中作出主要贡献的倪亚明，但是

1981年倪亚明毕业离开了北大，而当时串级萃取理论的研究正需要有优秀的研究生继续工作。徐光宪与吴瑾光教授商量办法，严纯华本来是吴瑾光教授最优秀的研究生，吴瑾光与徐光宪共事多年，遇事每每从全局考虑，她就动员严纯华转做徐光宪的研究生，开始串级萃取理论的研究。对此，徐光宪一直都很感谢，并视为重要的事：

> 1982年下半年有一件重要的事要提一下，那就是严纯华同志开始参加稀土萃取的研究。……后来的20年实践证明严纯华果然是非常杰出的青年学者，他对串级萃取理论的深入创新发展，超越了我和李标国的工作。但吴瑾光教授研究组的工作因而受到很大影响，所以我要借此机会感谢吴瑾光教授对稀土工业的发展作出的间接贡献。（《中国稀土发展纪实》）

春秋战国时代秦穆公用"远交近攻"战略成其霸业。徐光宪则提出"近交远攻"作为处世原则。他指出我们的世界是一个竞争的世界，我们要把竞争的对手放到国际上，这是"远攻"；对于本单位或国内的同行，则要"近交"，一致团结起来，共攀科学高峰。这一点得到许多学者的认同，大家都能说出不少实例，任何单位、任何时候"近攻"都是最致命的毒瘤，都将导致事业的失败。徐光宪后来说，对于国外同行，也要"近交"，而把"远攻"的目标放在探索自然界的规律上。

中国传统文化历来注重品德、操行的修养，亦即修身，有"修身、齐家、治国、平天下"之说。一个人成就大业的基础是修身，修身就是品德、操行的养成过程，"一德立百善从之"，徐光宪深谙此理，深有体会，所以他特别指出：

修身的第一原则是要爱祖国，爱人民，有崇高的理想和目标。

并经常以亲身经历告诉青年们：

现在是中国两百年来最好的历史时期，党的十七大提出了实践科学发展观、以人为本、和谐社会、建设新农村、提高农民收入、拉动内需等政策，而且改革开放 30 年来取得了巨大的成就，青少年应该有时代的幸福感；更高层次的社会主义现代化建设重担落在青少年身上，要有历史使命感；我们从小受父母养育和师长教育，我们的衣食住行都是前人劳动的成果，所以我们成年以后，要用自己的劳动回报社会，要有社会责任感。

大凡优秀的科学家都重视科学方法论的教育与养成，徐光宪晚年对青年一代更是关心，有机会就讲、就写，不断发展完善他的科研理论，在"成功的十大要素"的基础上他又写出"科研创新十六法"发表在《功能材料信息》2009 年第 3 期上。把他多年的治学心得经验总结为 16 条：创新与知识积累；创新链和创新树；分类研究法；学科交叉法；移花接木法；四两拨千斤法；逆向思维法；柳暗花明法；天上人间法；傻瓜提问法；大胆假设，小心求证法；意外机遇法；灵感培养法；虚拟实验法；综合集成法；接近于"无中生有"的原始大创新。徐光宪在文章开头满怀深情和希望地写道：

多年以来，我一直在实践中探索科研如何创新的方法，总结了 16 条。我可以告诉大家，我的天赋很平常，但"天道酬勤"，只要依靠勤奋，是可以取得科学成就的。

大发明家爱迪生说：天才＝98％的汗水＋2％的灵感。而2％的灵感也可用勤奋来培养。各位同学只要勤奋努力，相信都能成为出色的科学家。

人要有适应素质，我认为素质教育里面要有适应的素质，要培养学生有适应的能力，不管在什么情况下都能找到合适的工作。

恳切温暖的话语，处处洋溢着徐光宪对年轻一代的深情关怀、信任和期待。

福州大学郑威教授，在离开北大四十多年后对此仍然印象深刻，他说："徐先生的热心指导，激发了我的学习动力和克服困难的勇气……正如徐先生所告诫我们那样，学习和研究都要持之以恒，誓在必成。成大业者，一定要有远大的志向和目标，而且要自信你一定会成功，只有下了'一定要成功'的决心，才能在遇到困难和挫折的时候，有坚持下去的毅力，要有不到长城非好汉的顽强意志。对他的学生和青年教师，徐先生就是这样倾注了他的爱心和孜孜不倦的教诲，精心培育了他的学生们。我们从他的言谈举止中，可以明显地感受到，这是他以自己所学为党为国家培养急需人才，做着默默的无私奉献。他是我们心目中具有崇高师德和超人才华的师表。"

6 他们超过了我

徐光宪这种为科学不厌不倦的献身精神，也为他的学生们树立了学习榜样，成就了大批人才。由于徐光宪学识渊博，所以他教出的学生分布在量子化学、萃取化学、材料科学、核燃料化学、稀土化学、配位化学、光电化学等领域，并且大多成为各个行当的领军人物。

人们总是喜欢用"青出于蓝而胜于蓝"的话来介绍自己的学生，这是中国文化传统，徐光宪常常愉快地说：

> 我最大的成就是培养了一批好学生，他们今天的成就早已超过了我。比如在串级萃取理论方面，严纯华和他的团队发展了我的基本假设，使之能适用于重稀土元素的分离，使串级萃取理论更趋完善。他们又提出'联动萃取'的新概念、新技术，可以大大节省成本，增加效益。在量子化学理论方面，黎乐民早已超过了我；在稀土光电功能材料方面，黄春辉取得了卓越的成就，获得了"何梁何利科技进步奖"；在微乳萃取和肿瘤早期的红外光谱研究方面的主要理论，是吴瑾光在国际上首先提出来的；在分子磁体的研究方面，高松成绩卓著，已是中国科学院最年轻的院士之一……

不过大家都能感觉得到"新竹高于旧竹枝，全凭老干为扶持。"（郑板桥《题画竹六十七则》）徐光宪的培育之功永载史册。

与徐光宪同事多年的黄春辉院士的体会具有代表性和深刻性，她说："先生在他的文集第 14 页中写道：'1998 年 11 月，国家重点基础研究'973'计划——稀土功能材料的基础研究项目，最后获得通过，严纯华教授被任命为首席科学家，实现了我多年的愿望之一。'1999 年 9 月 10 日，以黎乐民院士为主任、陈志达教授和严纯华教授为副主任的北京大学稀土材料化学及应用国家重点实验室，通过国家科技部的评议，被评为 A 级，实现了我多年来的愿望之二。'其实，我们知道，先生多年的愿望更何止于此。五十年前满怀赤子之心，一腔爱国热血由大洋彼岸回到祖国；五十年中辛勤耕耘，百折不挠，为的是祖国的繁荣富强。先生就像一颗种子，到哪里都能生根发芽，开花结果。不管是徐先生所钟爱的量子化学，还是配位化学和萃取化学，他都能拿起来，钻进去，出成果。今天祖国走向繁荣富强的步伐正越来越紧，祖国繁荣富强的蓝图已日趋清晰。我想先生应该毫无愧色地说：'这其中有我的贡献'。"当记者问在您取得的众多成就中："您感到最快乐的是什么？"时，徐光宪回答说：

> 我感到最快乐的是，在北大有许多优秀的研究生，他们的独立工作能力很强，我指导他们很省力，现在他们在各自的领域都已超过了我。而我，终于有时间"独上高楼，望尽天涯路"，以更宽的视野，看一看当前科学发展的大趋势了。

其实徐光宪一生中不止一次"独上高楼，望尽天涯路"选择方向和突破口。现在他又一次登高远望了。

7 再上高楼　展望天涯路

科学的发展不仅仅需要物质条件，生产和技术基础，而且需要创新精神，科学思维和前瞻性的哲学思维。

耄耋之年的徐光宪以科学哲学的思维，站在学科的前沿，关注并思考着学科的发展，而且思维缜密、思想活跃、领域广阔。世纪之交，他先后发表了极富哲理的《宇宙进化的八个层次结构》《理论化学与21世纪"化学学科重组"前瞻》《21世纪的化学是研究泛分子的科学》等文章。其中就现在的宇宙、大爆炸宇宙理论、宇宙进化的第一层次——物理进化的 8 个时期、宇宙进化的第二层次——天体演化、宇宙进化的第三层次——地质演变的 6 个时代、宇宙进化的第四层次——化学进化的 6 个时期、宇宙进化的第五层次——生物进化的 11 个时期、宇宙进化的第六层次——社会进化的 6 个时期、宇宙进化的第七层次——人工自然进化的 8 个时期、宇宙进化的第八层次——物质产生精神，形成文化和科学技术等，精神又反作用于物质等方面阐述了自己的观点。而在对 21 世纪理论化学发展的前瞻中，徐光宪建议加强对理论化学的支持，并提出化学是研究从原子、分子片、分子、超分子、生物大分子等，分子的各种不同尺度和不同复杂程度的聚集态的合成和反应、分离和分析、结构和形态、物理性能和生物活性及其规律和应用的科学。根据这个定义，化学可从研究对象的不同划分为八个层次：原子层次的化学、分子片层次的化学、分子层次的化学、超分子层次的化学、生物分子层次的化学、宏观聚集态化学、介观聚集态化学、复杂分子体系的化学等。之后提出的"21 世纪化学研究的五大趋势"、"21 世纪化学的四大难题"、"21 世纪化学的 10 个突破口"、"20 世纪化学的盲点"等，无不具有新意和前瞻性。"他在许多场合反复强调过，迄今化学已积累了极其丰富的试验资料，但对这些资料进行总结归纳得出新的规律性认识的工作还做得很不够，希望引起大家足够的重视。"黎乐民院士这样说。

徐光宪于今又开始编著《二十一世纪知识系统的自然分类和新编码法》《创新方法学》等。徐光宪真正做到了"君子之为学也，其可一日而息乎。"（欧阳修《杂说·三》）

有记者问徐光宪：晚年还想做些什么？他回答说，如果身体还健康，他还想做四件事来回报社会。

（1）《量子化学》三卷的再版，和编著《原子价的新概念》。

2006 年，因《量子化学》上册 25000 本已经脱销，而且 20 多年来量子化学有许多新的发展，科学出版社来找徐光宪和黎乐民能否修订第二版。他们答应了，由徐光宪、黎乐民、王德民和陈敏伯重新修订，于 2007 年再版上册，2008 ~ 2009 年再版中册和下册。完成了他晚年的一个心愿。

另一个心愿，是在考虑编写《原子价的新概念》。现在国内外通用的共价键定义是 Pauling（鲍林）提出来的，在有机化学中非常适用，但在无机化学、原子簇化学、金属有机化学中发生困难，例如：下列分子都是共价分子，现在要问其中 C、N、F、O、Ni、Fe、Cr、Be 等原子的共价是多少？

1）CO　NO　FO　NO_2　N_2O

2）$Ni(CO)_4$　$FeCp_2$　$Cr(C_6H_6)_2$

3）CpBeCl　$[BeCl_2]$ n　$BeCl_2$　$[BeCl_2]_2$

徐光宪对此类问题进行深入研究，提出共价的新定义，认为原子的共价等于它在形成共价分子时接受的共享电子数。对于共价配键来说，接受一对电子的原子的共价等于 2，给予一对电子的原子的共价等于零。CO 分子有两个正常共价键和一个共价配键，所以 C 原子的共价等于 4，而 O 原子的共价等于 2。因此上述分子中各原子的共价等于：

C=4, O=2, N=3, F=1, Ni=8, Fe=10, Cr=12, Be=6

他还提出共价的量子化学定义，发表了几篇论文，但还没有被普遍采用，所以想写一篇 Review（评论）和一本书。

（2）从中药铺的抽屉到《21 世纪知识系统的自然分类和图书的新编码法》。

他决定做这件工作后，就提出问题：什么是知识？知识的内容如何分类？知识框架如何建立？它的发展趋势如何？将来会有哪些新学科？提出问题后，他的习惯是：先查找文献资料，看前人对这些问题如何回答。结果很使他十分惊奇，这样重要的问题，竟然没有满意的答案，也没有人认真思考过。于是他试图自己来回答问题，这样就成为创新的研究。所以创新研究一点也不神秘，就是这样的简单流程。青年学者们可以从中借鉴。

关于《21 世纪知识系统的自然分类和图书的新编码法》的详细情况请参见文后。

（3）借鉴信息论、生物进化论和系统生物学，创建《化学信息学》《化学进化论》和《系统化学》。

2009 年是达尔文诞生二百周年，和他的《物种起源》发表 150 周年。生物学家把他的进化论和后人提出的"突变进化论"，传统的动物分类学，植物分类学，DNA 的双螺旋结构和基因遗传理论，分子生物学、生物信息学等众多学科综合成为系统生物学。徐光宪善于"举一反三，移花接木"，他回头一看，觉得化学落后了。他建议创建"系统化学"。

（4）最后徐光宪真诚地希望青年学子保护你的好奇心，因为它是创新的重要源泉之一。

附　　21 世纪知识系统的自然分类和图书的新编码法

我国提出建设创新型国家，加速培养高素质的创新型人才。素质教育要把打开知识宝库大门的钥匙交给学生，最好还有一张知识宝库的导游图。

学生如果问：什么是知识？现有的约 8000 门学科是如何分类的？如何到网上或图书馆搜索需要的知识？如何去创建新的学科？这些问题是中学大学师生很需要了解的。是打开知识宝库的一把钥匙和导游图。本文虽然只有 6000 余字，却是从我 30 多年积累起来的 20 万字的存档中抽出来的提纲，请大家指正。

1. 知识爆炸和学科高度分化的简史。

（1）5000 年前：人类古代四大文明只有三门知识：语言、技艺（工具和衣服制作、狩猎、农耕等）和图腾（包括绘画、艺术、舞乐等以及宗教的萌芽）。

（2）2000 年前：14 门学科：语言、文学、中国儒家的《四书》《五经》（修身齐家治国平天下的学问）、哲学、宗教、法律、军事、历史、地理、音乐、艺术、天文、数学、博物、技艺（农耕、建筑、石器、陶器、青铜冶炼、医药、交通运输、指南针等）。

（3）公元 1700 年：50 门学科。

（4）公元 1900 年：500 门学科，出现了物理、化学、生物学、工程科学、建筑科学、技术科学等。

（5）公元 2000 年：5000 门学科，有数学、物理、化学、经济学、历史、地理等一级学科。还有二三级，甚至四级学科。在 20 世纪的 100 年中，学科数目增长了 10 倍。

（6）估计在 21 世纪的 100 年中，还将增长 10 倍。即 2100 年达到 50000 门，2050 年达到 20000 门，50 年中新增 15000 门。我们中国人占世界人口的五分之一，至少应创建五分之一的新学科，即 3000 门。我们要有思想准备开始创建新学科，首先要对学科体系、知识框架，发展趋势，可能会有哪些新学科，心里都要有底。

2. 现有的 5 种图书分类法都已不能适应 21 世纪发展新学科的需要。

（1）杜威的图书十进制分类法。

（2）中国科学院情报中心采用的十进制图书分类法。

（3）国家标准采用的十进制《学科分类代码表》。

（4）美国国会图书馆英文字母分类法。

（5）中国图书分类法也用英文字母。

上述五种分类法各有优缺点，实用性比较强，是从图书馆对图书分类的实际需要出发考虑的，不是真正的知识巨体系的自然分类法。因此有以下缺点：

（1）数码分配与知识系统的自然归属不相适应。例如杜威十进制分类法中数码 900 历史地理，其中历史属于社会科学，地理属于自然科学。

（2）杜威图书十进分类法已有 80 余年历史，当时只有 1000 门学科，已不能适应 80 多年来科学的迅猛发展。例如数码 500 自然科学现已分为数学和系统科学、物质科学、生命科学、信息科学、思维和认知科学等，只给它一个数码已不够用。又如生态环境科学、管理科学等新学科没有纳入杜威分类法。

（3）数码的分配与门类中图书的多少不相适应。例如哲学和宗教类图书较少，可以合并为一个数码，语言学与文学也可合并为一个数码。在杜威分类法中历史可以归入社会科学，不必占据一个数码 900。科学技术发展很快，应有几个数码。

（4）数码的使用很不均衡，例如在国家标准《学科分类代码表》中数码 700 集中了哲学、宗教、语言学、文学、历史学、考古学、经济学等七门大学科，而数码 900 只有一门统计学。统计学是一门小学科，可以归入社会科学。

（5）数码没有达到最优化的充分利用。例如《学科分类代码表》中欧氏几何学的编码为 110.2715，用了 7 位数数码。目前各级分支学科数不到 10000 门，考虑到将来要发展到几万门，但如合理安排编码，4～5 位数已足够。

3. 知识巨系统的自然分类法的特点。

（1）对"知识"提出严格的科学定义。

（2）根据知识的研究对象、研究方法、研究目的和研究内容进行系统的、科学的分类。知识系统是一个内容十分丰富、复杂的巨系统。本文按照知识的研究对象、方法和目的的不同来分类，共分"子系统"、"分系统"、一级、二级、三级、四级、五级学科等层次。

（3）按照一级、二级、三级、四级分支学科的多少，来分配以英文字母开头的十进制的数码。使数码得到最优化的充分利用。

4. 知识的定义。

（1）知识的通俗定义：①知识是各行各业的各门学科的总和。②知识是人类在历史的长河中创造和积累起来的精神财富。③《辞海》的知识定义：知识是人类在社会实践中积累起来的经验。从本质上说，知识属于认识论范畴。④《中国大百科全书·哲学卷》的知识定义：知识是人类认识的成果。

上述知识定义没有说明"学科"、"精神财富"、"认识论范畴"是什么？所以不是完整的定义。一个概念 A 的科学定义，是说它是一个更大的概念 B，并加上限制条件 C。如定义"白马为皮毛白色的马"。本文认为知识属于人工信息的范畴。所以先要说明信息、人工信息是什么？

（2）信息是什么？

信息不是物质，因为信息没有质量。信息不是能量，因为信息不守恒。信息不是精神，因为信息（例如 DNA 中包含的生物信息）先于精神而存在。所以信息是和物质、能量、精神等最高层次的概念相当的概念（哲学把最高层次的概念称为范畴），是宇宙的四要素之一。至于宇宙究竟有几个要素，大家并无统一看法，是一个重大哲学问题，因限于篇幅，不在本文讨论。

（3）信息的分类。信息可以分为三类：

a. 自然信息：是有生命以前自然界本身具有的信息，例如宇宙大爆炸开始时的"原始火球"就带有促使大爆炸和以后宇宙进化发展的信息，促使恒星诞生、发展、直致消亡的信息等。

b. 生物信息：是 DNA 的遗传密码，能转达为 RNA 和各种蛋白质，组成各种器官和生物个体，和促使生物生、老、病、死以及生物种群进化发展的信息。

c. 人工信息：是有人类以后用语言、文字、声音、绘画等符号系统所表达的信息。人工信息又可分为两类如下：知识和一般人工信息。

（4）知识的定义。

知识是具备下列基本属性的人工信息，不具备这些属性的人工信息称为一般人工信息。例如我们在日常生活中说的话，就是一般人工信息。

知识的基本属性是：

a. 群体性：知识不是一个人发出的人工信息，而是人类群体在历史的长河中创造和积累起来的人工信息。但一个人提供的有价值的信息，例如科学家的一篇论文，文学家写一部作品，艺术家创作一幅画，如果被多数人所接受（例如已经发表，出版或其他被公众认可的方式），那么这个有价值的信息就转化为知识大海中的一部分。

b. 相对真理性或一部分人的价值观：科学知识是在一定限度内被实验验证的真理。文学艺术是被至少一部分人们认为有价值的东西。宗教是一部分人们的信仰。

c. 发展性：知识是不断发展，不断更新的。但有相对稳定性，例如牛顿创建的经典力学，已在 20 世纪发展到量子力学和相对论，但在宏观和比光速低得多的领域，还是适用的。我们在学校中讲授和学习的课程都有相对稳定性。如果知识没有相对稳定性，教育就没有意义了。

d. 有保存价值和可存储性，可传播，可学习，可继承性。

e. 可增益性：你把知识传送给我，我获得了知识，但你并不损失知识。这就是知识的可增益性，或不守恒性。"不守恒"也是信息的通性。宇宙的物质和能量可以转变形式，例如核裂变可以把裂变物质如铀235的小部分静质量，按照质能联系定律，转变为大量动能。因此总的质量和能量是守恒的，不能增益的。

5. 知识系统的自然分类法。

研究或表达知识系统整体的对象是整个宇宙和世界。宇宙和世界是哲学上最大的两个范畴，都是指全部空间和时序上的所有事物。但两者之间也有一些区别。"宇宙"是哲学本体论的范畴，"世界"是认识论的范畴。

世界可分为物质世界和精神世界两大类。前者指自然界和人类社会。后者有：思维和意识形态，情感世界，信仰世界等三个层面。

知识系统是一个复杂、开放的巨系统。按照它的研究对象、方法、目的的不同，本文把它分为六大"子系统"：

第一子系统：总类、哲学、宗教子系统；

第二子系统：语言文学艺术音乐子系统；

第三子系统：社会科学子系统；

第四子系统：数学、系统论和自然科学子系统；

第五子系统：技术科学与工程科学子系统；

第六子系统：文理交融学科子系统。

每个子系统下面又有"分系统"、共有26个分系统，用26个英文字母表示。每个分系统下面有一、二、三级学科，用3个数码表示。这四个数码原则上可容纳26000个学科，有的三级学科下面还要分四/五级学科可用小数点后的数码。这就是本文建议的自然分类法。

表 1　知识巨系统的自然分类法

第一子系统：总类、哲学、宗教子系统	
分系统	说明
A　知识总类	总类是指综合性的知识，例如大百科全书，四库全书等。文化、文明
B 哲学	哲学研究知识的总体，是关于自然知识和社会知识的概括和总结，是对于人生有系统性的反思的思想，是用范畴、思辩等方法，探讨物质与精神之间的关系的知识体系。对应于哲学系
C 宗教学、无神论	宗教是一部分人群（而不是人类整体）关于精神世界的信仰体系。宗教学研究各派宗教的教义、教典、教法、教规、教史、教理等。把无神论纳入宗教学分系统，因为它也是一部分人群的信仰体系。对应于宗教学院或神学院
第二子系统：语言文学艺术音乐子系统　表达和交流情感世界的知识子系统	
D 语言学	语言学是研究各国各族人类语言、语法、语义、修辞、音韵等规律的社会科学，但因文学主要由语言来表达，大学的系科设置，也常常把语言和文学放在一起。本文把语言和文学合为第二子系统。对应于语言学院
E 文学	文学，是以语言的形式表达和交流情感世界的知识体系。对应于文学院
F 艺术、书画、音乐分系统	艺术和音乐是以创造和交流美感为目的，研究、表达、描绘和处理声音和形貌的情感世界的知识体系。对应于艺术学院和音乐学院
第三子系统：社会科学子系统　社会科学是用社会实践、考察调查、实验、理论和模拟计算等科学方法，来认识、探索、研究社会发展规律的知识体系。对应于社会科学院	
G 政治、法律分系统	对应于政法学院
H 经济、统计分系统	对应于经济学院或商学院
I 教育学、社会学、人类学、新闻学分系统	对应于师范学院/新闻学院
J 历史学、考古学分系统	对应于历史考古学院
K 体育学、休闲、娱乐和幸福科学分系统	对应于体育学院
第四子系统：数学、系统论和自然科学子系统	
L 数学分系统	数学是研究物质世界中抽象出来的"数"和"形"的科学
M 系统科学分系统	系统论（包含非线性科学）是研究物质世界中各种复杂、开放的巨系统的整体运动和发展规律的知识系统
N 计算科学，云计算，建模设计，大数据库的建设和应用，虚拟实验和设计科学分系统	科学方法除实验和实践方法，理论方法外，又有第三种计算方法，其重要性与日俱增

续表

O 物质科学分系统	研究非生命的自然界
P 生命科学分系统	研究生命世界的科学
Q 思维和认知科学分系统	是认识、探索人类大脑思维和认知规律的科学

OP 两个分系统总称自然科学。自然科学是人类用科学实验、科学考察（地理和地质学常用）、科学观察（天文学常用）、科学理论、模拟计算，和合理猜想等科学方法，来认识自然界规律的知识系统

第五子系统是技术科学和工程科学子系统

　　这个子系统的目的是改造和保护世界，包括人类自身。自然科学是认识自然界的基础科学，技术科学是改造和保护世界的应用科学，工程科学是在自然科学和技术科学的基础上，来实施改造和保护世界的工程技术。过去有的工程破坏了世界的可持续发展，造成环境的污染和资源的过分索取，现在要加以纠正

R 医药科学、技术和工程	对应于医学院
S 农业科学、技术和工程	对应于农学院
T 信息科学、技术和工程	对应于信息学院和邮电学院
U 传统工程和技术科学	包括机械制造、交通运输、电机、土木水利、动力能源、过程工程（包括化工冶金、材料合成、环境和污物处理，分离过程等）、生物工程、轻工业等。相当于工学院

第六子系统是文理交融学科子系统

　　这个子系统是指自然科学、系统科学、信息科学、生命科学、技术科学、工程科学与社会科学、文学、艺术、哲学等交叉的学科。它可分为 5 个分系统

V 管理和规划科学分系统	管理要处理人际关系，是人文社会科学，但要利用信息科学和系统论等理工科工具，所以是文理交融学科。规划是管理的重要组成部分，要预测未来，所以包括未来学
W 城市设计和建筑科学分系统，城镇化的方案与政策	建筑技术和工程本来属于传统的土木工程，但建筑物是城市名片，例如北京的鸟巢／水立方是巨大的艺术品，所以建筑科学和城市设计是文理交融的
X 世界和平、社会和谐和可持续发展科学分系统	2000 年前就有军事学，但 21 世纪必须建立和平和和谐科学
Y 军事科学分系统	兵法是人文领域的，但军事装备和通讯是理工领域的
Z 大成智慧学分系统	大成智慧学是钱学森先生创建的，以马克思主义的辩证唯物论为指导，利用现代信息网路，人机结合，集古今中外知识智慧之大成

308

以上六个子系统，前两个是研究知识总体和精神世界的知识子系统。第三、四是研究物质世界和人类社会发展规律的基础科学子系统。第五是改造、保护世界的技术科学和工程科学子系统。 最后第六个是文理交融的知识子系统。这样六个子系统和 26 个分系统是对知识巨系统很自然的科学分类方法，但现在国内外通用的 5 种图书和学科分类法都没有这样做。

科学和哲学追求的是真，文学和艺术追求的是善和美，宗教追求的是善。但科学中也有美，而文学和艺术中也有真。科学和哲学的目的是认识世界，技术科学、工程科学的目的是改造和保护世界，语言、文学和艺术的目的是表达和交流情感世界。

26 个分系统 A – Z 下面的一、二级学科

表 2　A 总类分系统下的一、二级学科

一级学科	二级学科
A000 知识总论 A001 知识分类学 A002 图书馆学、图书编码学、目录学、索引	
A100 综合类百科全书	A110 中国大百科全书 A120 四库全书 A130 四库全书续编 A140 中国古代经籍：永乐大典 A150 大英百科全书 A160 Wipidia 百科全书 A170 其他百科全书
A200 国学 Sinology	A210 儒藏：四书五经 A220 道藏
A300 丛书、类书	
A400 辞书、辞典	
A500 综合类年鉴	
A600 连续出版物、综合性杂志、报刊	

A700 特藏、善本、手迹、墨宝	
A800 文明与文化	A810 古代文明　A811 中华文明 A812 希腊文明　A813 埃及文明 A814 两河流域文明　A815 印度文明 A820 西方文明与文化 A830 东方文明与文化 A840 其他文明与文化 A850 东西方文明与文化的比较研究 A860 世界古今人物评论
A900	

表3　B 哲学分系统下的一、二级学科

B000 哲学总论 B100 哲学史	B001 哲学辞典 B002 格言
B200 马克思主义哲学	B210 马克思主义总论 C220 恩格斯 B230 第二国际哲学派别 B240 第三国际哲学派别 B250 中国特色社会主义理论体系 B260 科学发展观 B270 中国梦
B300 西方哲学	
B400 中国哲学	
B500 东方哲学	B510 印度哲学 B520 日本哲学 B530 其他东方哲学
B600 方法论	B610 形而上学 B620 逻辑学 B621 逻辑史 B622 三段论 B630 黑格尔的辩证法 B640 唯物辩证法 B641 实践论 B642 矛盾论 B643 相反相成原理 B644 否定之否定规律 B650 谬误 Fallacy B660 假设 Hypothesis B670 模拟、类似 Analog B680 虚拟实验方法

续表

B700 伦理学	B710 自律伦理学—修身
	B720 家庭伦理学—齐家
	B721 性伦理学
	B730 社会伦理学—人际关系学
	B731 推己及人原则 632 诚信
	B740 政治伦理学—治国
	B750 经济伦理学、商业道德
	B760 职业伦理学
	B770 教育伦理学—素质教育
	B780 科学伦理学、科学道德
B800 美学	B810 美学范畴 B811 意境 B812 优雅
	B813 崇高 B814 风度
B900 部门哲学	B910 科学哲学、科学学
	B920 经济哲学
	B930 社会哲学

表 4　D 宗教学分系统下的一、二级学科

D000 宗教学总论	
D100 基督教、圣经	
D200 伊斯兰教、可兰经	
D300 佛教、佛经	
D400 道教	
D500 印度教	
D600 犹太教	
D700 其他各教	
D800 神话、巫术、迷信	
D900 无神论	

表 5　E 文学分系统下的一、二级学科

E000 文学总论	
E100 中国文学	
E200 西方文学、欧洲文学	E210 欧洲文学总论
	E220 英国文学 E230 德国文学
	E240 法国文学 E250 意大利文学
	E260 俄国文学 E270 美国文学
	E280 希腊、拉丁文学
	E290 其他西方文学

续表

E300 东方文学	F310 印度文学 F320 日本文学 F330 朝鲜文学 F340 越南文学 F350 其他东方文学
E400 非洲、南美洲等其他文学	
E500 东西文学的比较研究和评论	

表 6　F 语言学分系统下的一、二级学科

E000 语言学总论	
100 普通语言学	E110 字典、辞典 E120 词汇学 E130 语法学 E140 文字学 E150 方言学 E160 修辞学 E170 翻译学
EE200 中国语言学	E210 中国少数民族语言 E211 满语 E212 蒙语 E213 藏语 E214 维吾尔语 E215 其他少数民族语言
E300 西方语言学	E310 英语 E320 法语 E330 德语 E340 俄语 E350 世界语 E360 拉丁语 E370 希腊语 E380 其他西方语言
F400 东方语言学	E410 日语 E420 朝鲜语 E430 越南语 E440 印度语 E450 缅甸语 E460 其他东方语言
F500 非洲、南美洲等其他语言学	
F600 比较语言学	

表 7　G 艺术音乐分系统下的一、二级学科

G000 艺术总论	
G100 美术、绘画	
G200 书法、雕塑	
G300 工艺、陶瓷	
G400 摄影、电影	
G500 戏剧、舞蹈	
G600 音乐	

表 8　H 政治法律分系统下的一、二级学科

H100 政治学	
H200 国际关系学	H210 国际组织 H220 外交学
H300 法学	

表 9　I 经济统计分系统下的一、二级学科

I100 经济学总论、经济学史	
I200 世界经济学	
I300 中国经济学	
I400 各国经济学	
I500 专业经济学	I510 工业经济 I520 农业经济
I600 财政、金融学	
I700 贸易经济	
I800 会计学	
I900 统计学	

表 10　J 教育新闻学分系统下的一、二级学科

J100 教育学	
J200 社会学	J210 民意调查科学
J300 人类学	
J400 人口学	J410 人口调查和预测学 J420 人口移动
J500 民族学	J510 少数民族学 J520 民俗学
J600 新闻传播学	
J700 情报学	
J800 出版事业学	
J900 博物馆学	

表 11　M 数学分系统的一、二、三级学科

一级学科	二级学科	三级学科
M000 数学总论		
M100 代数与数论		
M200 几何与拓扑		
M300 分析数学	M310 微分方程 M320 调和分析 / 傅立叶分析 M330 小波分析 M340 动力系统	
M400 计算数学		

续表

一级学科	二级学科	三级学科
M500 概率与统计		
M600 运筹与控制		
M700 组合与计算机数学		
M800 数学在文理各领域的应用	M810 数学在社会现象中的应用 M810 数学在工程现象中的应用 M810 数学在物理现象中的应用	

表 12　N 系统科学分系统的一、二、三级学科

一级学科	二级学科	三级学科

表 13　O 物质科学分系统的一、二、三级学科

一级学科	二级学科	三、四级学科
O100 力学		
O200 天文学	0210 宇宙学 0220 星系学 0230 恒星学 0240 行星学 0250	
O300 物理学		
O400 化学		0451 生物化学 0452 化学生物学
O500 地质学 / 地球科学、矿物资源科学　能源科学	0510 地球信息科学 0520 地球系统科学	0511 数字 / 地球
O600 地理科学、空间科学、海洋科学、太空科学、大气科学、水资源科学	0610 旅游学 0620 遥感学 0630 海洋科学 0640 大气科学 0650 空间科学 0660 太空科学 0670 水资源及其管理	0671 跨界水资源管理 0672 跨国水资源管理
O700 生态环境科学		
0800 材料科学		

表 14　O400 化学一级学科下面的二、三、四级学科

二级学科	三级学科	四级学科
O400 化学总论		
O410 无机化学	O411 稀有元素化学	O411.1 稀土化学
O420 有机化学		

续表

二级学科	三级学科	四级学科
O430 无机有机交叉化学	0431 配位化学 0432 簇合物化学 0433 金属有机化学 0434 元素有机化学	O431.1 合成配位化学 O431.2 功能配位化学
O440 高分子化学与物理	0441 高分子合成化学 0442 高分子物理 0443 元素高分子化学	0443.1 硅元素高分子化学 0443.2 稀土元素高分子化学 0443.21 稀土细旦尼龙化学
O450 生命化学	0451 生物化学 0452 化学生物学	
O460 泛分子化学	0461 超分子化学 0462 纳米尺度化学 0463 微空结构化学 0464 分子器件化学 0465 分子机器	0464.1 分子导线 0464.2 分子开关 0465.1 分子计算机
O470 分析化学		
O480 物理化学		
O490 理论化学与计算化学		

表 15　P 生命科学分系统的一、二、三级学科

一级学科	二级学科	三级学科
P000 生命科学总论		
P100 生物学		
P200 分子生物学		
P300 生理学 P400		

表 16　Q 思维和认知科学分系统的一、二、三级学科

一级学科	二级学科	三级学科
Q000 思维认知科学总论		
Q100 思维科学		
Q200 认知科学		
Q300 心理学		
Q400 行为科学		
Q500 脑科学		

表 17　R 医药科学技术和工程分系统的一、二、三级学科

一级学科	二级学科	三级学科
R000 医药科学总论		
R100 基础医学		
R200 临床医学		
R300 预防医学		
R400		

表 18　S 农业科学技术和工程分系统的一、二、三级学科

一级学科	二级学科	三级学科

表 19　T 信息科学技术和工程分系统的一、二、三级学科

一级学科	二级学科	三级学科

表 20　U 传统工程和技术科学分系统的一、二、三级学科

一级学科	二级学科	三级学科

表 21　V 管理和规划科学分系统的一、二、三级学科

一级学科	二级学科	三级学科

表 22　W 城市设计和建筑科学技术工程分系统的一、二、三级学科

一级学科	二级学科	三级学科
W000 管理科学总论		
W100 国家管理科学		
W200 行政管理科学		
W300 经济管理科学	W310 银行管理科学 W320 金融管理科学 W330 企业管理科学 W340 工业管理科学	
W400 教育管理科学	W410 大学管理科学	
W500 科学技术管理		
W600 交通管理科学	W610 铁路管理 W620 航运管理 W630 民航管理	640 公路管理 650 城市交通管理
W700 新农村建设和新农业管理		

表 23　X 世界和平社会和谐 / 可持续发展科学分系统的一、二、三级学科

一级学科	二级学科	三级学科
X100 东方和谐哲学	X110 科学发展观 X120 十八大提出的实现中国梦 X130 人与自然界的天人和谐。 X140 全球化与和谐	X121 深刻变革论 X122 世界和谐论 X123 共同发展论 X124 共担责任论 X125 积极参与论。（参见《瞭望》2009，12 月）
	X150 区域间和谐	X151 南北和谐 X152 南南和谐 X153 东西和谐 X154 发达国家和发展中国家之间的和谐 X155 发展中国家之间的和谐和共同发展 X156 中国东部与中西部的和谐共同发展
X200 世界和平与可持续发展的理论基础和实践		
X300 国际和平共处的原则和实践	X310 和平共处五项原则	
X400 社会和谐的理论和实践		
X500 风险预测、防范、控制和应对的科学理论及实践		
X600 自然灾难预测防范、控制和应对的科学理论及实践	X610 碳排放。气候控制等可持续发展的世界协议、技术和实践	
X700 人为恐怖事件的预测、防范、控制和应对的科学理论及实践		
X800 社会矛盾事件的预测、防范、控制和应对的科学理论及实践		
X900 信访接待科学与实践、廉政建设与实践		

　　作者正在全部列出从 A 到 Z 的 26 个分系统下面的一、二、三级学科，共 10000 余门，其中三分之一是预测 21 世纪可能发展的新学科。

徐光宪：我的幸福观

（部分内容曾在《科学时报》2010年2月5日发表）

我认为对青少年学生的素质教育，应该有七育：德育、智育、体育、美育、群育、劳育和乐育。乐育就是培养学生的幸福观、快乐观：我们中国现在正处于200年来历史上最好的时代，是无数革命先烈牺牲奋斗得来的。我们要有强烈的时代幸福感，要具有乐观开朗的性格，在遇到艰难困苦的时候，永远不怕艰险，深信一定能战胜困难，要有取得成功的毅力和决心。尽管当前面临世界金融危机，国内也有生态环境，缩短贫富差距，廉政建设等许多问题有待解决，但我们一定能战胜困难，实现中华民族的伟大复兴。

我的幸福观，即对"什么是幸福？"这个问题的回答。每个人都会有不同的回答，这里我选录我的回答。正确与否？和大家共同探讨。

我从童年看到中药铺的上百个抽屉，觉得很好玩，从此养成分类归档的习惯。我把自己的三十个答案，按照认识的深度分为：直觉观、科学观、哲学观。按照幸福与其他方面的关系分为：幸福快乐与健康的关系，与工作效率的关系，与个人成功的关系，与国家兴旺、中华腾飞的关系。

这些内容是我的晚年感悟，现在提出来和大家讨论，希望一起深入思考，集思广益，可以写几篇文章或一本书，发展一门新的学科：幸福科学或幸福哲学。现在初步介绍如下，请大家修改、补充、指正。

一、直觉观

1. 幸福与快乐差不多是同义词，但幸福更长远，快乐更"即时"。幸福与快乐可翻译成英文的 Well-being 或

318

Happiness。按照《中国大百科全书·哲学卷》的定义：幸福（Well-being）是伦理学的基本范畴之一，指人们在一定的社会生活实践中因目标和理想的实现或接近而感受到的一种内心满足。

2. 幸福是期望的达到。例如童年时得到父母的喜爱，吃到可口的糖果，得到好玩的玩具等都是童年时代的幸福。

3. 幸福是好奇心的满足，是兴趣与爱好的实现。科学工作者的幸福，首先在于科学研究的过程之中。特别是到了"山重水复疑无路"时，忽然发现"柳暗花明又一村"，"蓦然回首，那人正在灯火阑珊处"的时候，是科学家最快乐最幸福的时候。科学家最会享受在科研中克服困难的快乐。

4. 幸福是完成一件顺心的事情。例如爱国艺术家常香玉演完一场义演，捐献一架抗美援朝的飞机时，她是很幸福的。一个人最大的幸福是从事他喜欢的工作，实现他一生的理想。常香玉对她的学生说："戏比天大"。对于教师来说，"讲课比天大"。几十年来，我一共在四个领域讲过12门不同的课，从来没有迟到过。我从学生的脸上，看到他们对我的讲课是满意的，我就感到很高兴，很幸福。我从小喜欢数理化，抱定科学报国的理想。这个理想终于能够逐步实现，感到非常幸福。

5. 幸福是从交流中得到的启发。参加国内外的学术会议常常会得到许多启发。英国有名的"下午茶（Afternoon Tea）"是思想和学术交流的好场所。长期从书本中不能找到解答的问题，与友人一席话，忽然有所醒悟，胜读十年书，这是读书人最高兴、快乐、幸福的时候。

6. 晚年反思人生，忽然有所感悟，把它记录下来，与亲朋好友，共同探讨，是一件非常幸福快乐、有意义的事。是晚年难得的乐趣。"有朋自远方来，不亦乐乎！""知足常乐"，"助人为乐"。这些都是幸福、快乐。

7. 幸福是享受父母、老师、家人、亲友、学生和社会给我的恩情。我有一本感恩卡，把我要感恩的事和人记录下来。我在十三岁时生过一次发烧 28 天的伤寒病，是靠母亲日夜辛勤的看护和中医的治疗救治的。我现在住着蓝旗营的高楼大厦，要感恩农民工的辛勤劳动。他们拿很低的工资，干很苦很累的活，使我们能住上好房子。

我对教学和科研的贡献不大，但在国家授予我 2008 年度国家最高科学技术奖，由胡锦涛总书记亲自颁奖。这是党和人民给我的最高荣誉。我要永远铭记党、国家和人民给我的恩情，尽我晚年的余力来回报。

翻阅这本感恩卡，我觉得社会和人们对我太好了，我太幸福了。我要努力工作，回报社会给我的恩情。

8. 幸福的要素：仁智、健康、闲暇、金钱。幸福的初级与金钱成比例，中级与健康成比例，高级与闲暇成比例，超级与仁智成比例。

9. 幸福是个人的尊严受到别人的尊重。幸福是自己感受到公正的待遇。所谓幸福，是有一颗感恩的心，一个健康的身体，一份称心的工作，一位深爱你的爱人和孩子们，一帮可以信赖的朋友，一批聪明勤奋的好学生，获得超越自己的好成就。

10. 幸福是看到自己的境界在提高，提出一篇创新的论文，开始人们不理解，甚至发表不出去，到被接受、被广泛应用。

11. 现在有所谓"90 后"、"80 后"、"70 后"、"50 后"、"30 前"或"20 前"等。不同时代出生的人们对幸福或不幸福有不同的感受。这是所谓"代沟（Generation Gap）"。不同时代出生的人们之间要互相交流，互相了解，这是非常有益的。父母要平等对待子女，要使子女的心里话愿意向父母倾吐，虚心倾听子女的心声，互相平等交流谈心。

我们"20 前"、"30 前"的老人们，都经历过日本军国主义的侵略，国军节节后退，在中国的土地上，上海的英租界或法租界里做第二等公民的屈辱。1948 年在渡江解放南京的战争中，我与高小霞在美国听到解放军敢于向停留在长江上的英国军舰紫石英号开炮的消息时非常激动，1949年新中国成立，听到"中国人民站起来了"的宣言非常兴奋。现在中华人民共和国成立60周年，我们深深感到我们生逢盛世的幸福。

"50后"这一代，遇到十年"文化大革命"，上山下乡，感受失学的痛苦。当他（她）们听到恢复高考，重新有了学习的希望时，是非常幸福的。1977年11月在相隔11年后参加第一次高考的学生，年龄相差达十余岁。我的女儿徐燕13岁小学毕业时遇到"文化大革命"停课，16岁到黑龙江生产建设兵团劳动8年，24岁回到北京参加高考，根本没有念过中学，她们是靠非凡的勤奋，取得上大学的机会的，那年录取比例为29∶1。这代人非常珍惜读书的机会，非常努力勤奋，现在已是在中国各条战线上的主力军了。

"80后""90后"多数是独生子女，我们本来有些担心他们太娇生惯养了。但在2008年中国奥运火炬在国外传递时，"80后"这一代青年表达的爱国情怀，她们以流利的法语在巴黎街头发表演说，受到西方人士的尊敬，提升了中国的国际地位。他们是早上六七点钟的太阳，中国的未来寄托在他们身上。

二、幸福快乐与健康的关系

12. 幸福快乐的情绪可以促进健康。

"养身在动，养心在静"。首在不发脾气，不寻烦恼，知足常乐。"快乐"是健身的最好补药；反之，在一切不利影响中，对健康危害最大的，莫过于消极的情绪和恶劣的心情。

生气是最大的傻瓜：别人的行为无意或有意地让你十分生气，你如一笑置之，别人损害不了你，你也不会损害别人。

幸福快乐的钥匙要牢牢地掌握在你自己的手里。假如你生气了，你就把幸福快乐的钥匙交给使你生气的人了。你自己就受到很大伤害，这是你自己惩罚自己。所以生气是最大的傻瓜。有人做过实验，用一根吸气管，让生气的人把气吹到一盆清水中，不久清水会出现淡黄色，有时甚至出现淡紫色。说明生气者生理起了反应，呼出的气体有毒素，这种生理反应对身体非常有害。

13. "情绪转换技术"。

那么，怎样保持快乐的情绪呢？我发现"苦或乐"在很大程度上是一种"主观、相对的情感"，需要有一个参考坐标系来表达这种情感。因此可以通过坐标系原点的移动，来实现情绪的转换，把消极的、不愉快的情绪向积极快乐方面转化。

例如我在2000年搬到蓝旗营新居，不慎在家中摔了一跤，后脑碰到地板。女儿把我扶起来，当时还好，但半天后就感到头痛，头颈扭伤，心里非常烦恼，后悔自己不当心。后到医院做了CT，脑部没有出血，神经没受损伤。于是我想这次摔跤实在是很运气的，它给我一个警告，使我下决心以后不再骑自行车，避免了以后更严重的摔跤（在70～80岁之间，我骑车摔过三次跤）。这样就感到幸福快乐了。

所以对同一件事情，从不同的角度来考虑，把参考坐标系的原点移动一下，可以得到烦恼或幸福两种完全不同的感受。前者是与没有摔跤的情况相比较，就感到懊恼后悔，后者和摔得更严重的情况相比较，就觉得很幸运，还从中得到教训，感到有收获，就更加高兴了。这就是所谓"人生苦乐一念间"。我把它叫做"情绪转换技术"，如果翻译成英文，可以叫作"Emotion-transform technique"。这个"技术"给了我许多快乐，希望同志们能够采用共享。

14. 晚年能体会到自己存在的价值，是很大的安慰和幸福。我现在90岁了，虽然早已不在第一线工作，但各种各样要做的事情还比较多，每天总有一大沓书报信函送到家，书桌上总有清理不完的文稿，常常为完不成任务而苦恼。但如果有一天，书桌真的清理干净了，却也未必就快乐。正如有一句西方名言说的："A clean desk is a sign of a sick mind"。因为真的没有什么工作了，社会不需要你了，又会产生老年人的空虚失落感。所以现在有做不完的工作，说明社会还需要我，使我能体会到自己存在的价值，这是人生很大的安慰。这样一想，我就非常高兴了。所以我们要经常从幸福快乐的方面去考虑，这就是笑口常开、健康长寿的诀窍。

15. 糊涂是福：张学良的养生秘诀——"什么都不放在心上"。

我还有这样的经验：有一次小小的助听器找不到了，买个新的要几千块钱，心里非常不高兴，这就影响情绪，影响工作效率。过几天助听器找到了，毫无损失，但几天来的不高兴和工作的低效率，却是最大的损失。以后碰到这类事情，我就放开，不去想它，不放在心上。即使真的找不到，也只是有形的损失，避免了更大的无形损失。

几年前张学良先生在檀香山家中欢度百岁华诞，新华社记者去问他养生秘诀，张笑答："我只是什么都不放在心上。"这句话真是一语道破了长寿的秘诀。郑板桥写过不少"糊涂是福"、"难得糊涂"的条幅。郑板桥的"糊涂"是高级糊涂，是智慧的糊涂，是大智若愚。他也像陶渊明一样，不愿为五斗米折腰，在原则问题上一点不糊涂。

16. 助人为乐，心胸宽厚，厚积是福，仁者寿。

《红楼梦》中的凤姐机关算尽，反误了卿卿性命，她是不懂得糊涂的人。平儿很聪明，帮凤姐办事，但她心地善良，心胸宽厚，在她手中断案时，"装糊涂"放过了很多人。这是"智慧的糊涂"。平儿在贾府的仆人中人缘非常好，厚积是福，平儿的下场应该是幸福的，可惜《红楼梦》没有交代。

17. 幸福不在过去，不在未来，而在"现在"，"当前的时刻就是最快乐的时候"，要学会享受"当前的"幸福。有的人身在福中不知福，一年到头，难得有快乐的时候。或者"杞人忧天"，一天到晚不是担心这个，就是挂念那个。以前，我的个性也是偏向于这一类人。例如1997年4月，浙江大学邀请高小霞和我去参加百年校庆，在乘车去飞机场的路上，我还在想一件没有做完的事情。小霞就责备我说，你这个人真傻，不懂得"Work while work，play while play（工作的时候要认真地工作，玩的时候开心地玩）"，在这样春光明媚的好天气，到天堂的杭州和千岛湖去，还不会享受旅游的快乐。现在回想起来，小霞已先我走了，这样与老伴在一起的、幸福快乐的旅游，永远享受不到了，那时候身在福中不知福，我真傻呀！

后来，我忽然觉悟了，发现"每一个人在他当前的时刻就是最快乐的时候"。最幸福的时刻不是企盼中的未来，也不是过去的辉煌，而是平平常常的"现在"，是有缺陷的现实。有一位美学专家说："美就是有破缺的对称。"中国庭院建筑有对称性，但又不完全对称，而是"错落有致"。不要去追求完美的人生，那是不现实的。要满足于有缺陷的现实的人生。

譬如我生了病，住进医院，就想到健康时多么幸福。现在我没有生病，能自由自在地活动，正常吃东西，这就是最大的幸福。所以，能对现实感到满意、幸福，并享受这个快乐的人是最聪明的。我对"快乐"说了那么多话，因为我累积几十年的经验，认识到"快乐的情绪"对于老年人的健康实在太重要了。

三、幸福快乐与工作效率的关系

18. 促进良性循环，遏止恶性循环。

要把"好运"的影响发挥到最大，把"厄运"的影响控制到最小。因为你做了一件顺心的事情，心里高兴，情绪好，工作效率就高，做下一件工作就能顺利完成，这就是良性循环。反之，如果某一件事做坏了，你心里不高兴，那么做第二件事，往往又要做坏，这就是俗谓"祸不单行"，就是恶性循环。

1998年是我家最倒霉的一年。2月间小霞腮腺发生肿块，被医生误诊为腮腺炎，直到4月中才确定为癌症，但已扩散到肝脏，耽误了2个月的宝贵时间。后来转到肿瘤医院，住院5个月，终于不治。在这一年中，我心力交瘁，既悲痛失去了最亲的老伴，又后悔不早到肿瘤医院就诊，亲友和同事们都担心我也要垮下来。后来我多看《长寿》杂志和《健康文摘》，明白这种悲痛悔恨的情绪最是伤神；也想起小霞临终前的遗言，要我好好活下去，做好还想做完的一些工作，照顾好徐红，与她父女俩相依为命。这样才使我警惕"祸不单行"，把消极情绪扭转过来。1999年，在美国的女儿们再三邀我去她们那里散散心，回来后大家都说我精神好得多了。我也自信已经用前述第14点的"情绪转换技术"，遏止了恶性循环，走进了良性循环。

四、幸福快乐与个人成功和中华腾飞的关系

19. 勤奋和效率是个人成功的要素之一，幸福快乐可提高效率，从而帮助你成功。

爱迪生说："成功 = 98%的汗水 +2%的灵感"，爱因斯坦说："成功 = 努力 + 方法正确 + 少说废话"。所以勤奋或努力是成功的要素。"书山有路勤为径，学海无涯苦作舟"，"滴水可以穿石"。如果你梦想要做一个科学家，那么勤奋学习就是实现你的梦想之"舟"。但舟有快如宇航飞船，有慢如蜗牛。所以勤奋必须是高效率的勤奋，不要去做"摩擦生热"似的"无用功"，更不要做"负功"。要提高学习和工作的效率，加速你的"舟"。第一要有决心，第二要做你喜欢做的工作，第三要有正确的方法。第四是"永远保持乐观的情绪"，因为快乐时工作效率很高，而烦恼时的工作效率是很低的。烦恼时不如放下工作，去玩乐散心，去做你喜

做的事情。

所以经常保持幸福快乐的情绪，可以帮助你成功。

20. 个人的成功是指个人一生对国家民族和人类社会作出的有益贡献，当然也包括家庭的幸福和个人的成就。如果对人类社会和国家民族做了坏事，那就是"负成功"，即成功的反面，它和"失败"不同。失败只是没有成功，是"零成功"。一个国家的振兴和富强是她的全体人民的"成功"的代数和。所以保持幸福快乐的情绪，不只是个人成功的小事，而是有关祖国兴旺发达、中华腾飞的大事。

五、幸福的科学观

我做人、做事、做学问，有一个习惯，要把定性的形象思维转化为定量的逻辑思维。要把概念公式化、数学化。上面 21 个答案是对幸福的直觉观，是定性的形象思维。下面五个是公式化、数学化的答案，构成幸福的科学表达式。

21. 幸福 H 等于：

H = 快乐（现在的幸福）+ 有意义的生活（将来的幸福）

22. 幸福 H 是一个分数，它等于：

H = 现头的生活质量 / 期望值

如果你希望幸福，只要把心中的期望值降低一些，就会增加幸福感。

23. 幸福 H 是一个导数，是人的生活质量曲线的斜率。如果把一个人的物质和精神生活的质量 L 对时间 t 作图，可以得到一张人生起落的变化曲线，时间如以年为单位，是长期变化曲线，如以日或小时为单位，是短期变化曲线。个人幸福或苦恼的感受就是 L–t 曲线的导数，即：

H = dL/dt

美国人比中国人富裕十倍以上，他们的生活质量远高于中国人。但是根据民调结果，美国人的幸福感比中国人低。

这是因为中国人看到生活质量在上升，而美国人看到自己的生活质量、就业率在下降。

24. 幸福 H 是环境因素和心理因素的乘积。

H =（环境因素）×（心理因素）

环境因素 =（世界和平、经济发达、政治清明、社会公平、官员清廉、可持续发展的环境）×（所在单位的环境）×（家庭环境）等。

心理因素 = 现实的生活质量 / 期望值

25. 国民幸福总值 GNH。

中国科学院院士、兰州分院院长、冻土专家程国栋提出"国民幸福总值 GNH（Gross National Happiness）"新概念，认为至少与 GDP 同样重要。

国民幸福总值 GNH = 一个国家的居民享受生活的程度

= 个人幸福的总和

= 政治自由 + 经济发达 + 社会公平和谐 + 安全有保障 + 发展能持续 + 环境保护好 + 政府官员以人为本，廉洁清明，人民满意

六、幸福的哲学观

26. 古哲学家亚里士多德说："人性的最大特点看来就是追求快乐和避免痛苦。"趋乐避苦乃人之常情。"吃得苦中苦，方为人上人"，是为了明日成为人上人的快乐。

英国哲学家休谟说："一切人类努力的伟大目标在于获得幸福。"

27. 幸福是生命的意义和目的，是人类生存的终极目标。幸福、平安与快乐是生命最根本的企求，是全世界 60 亿人每个个体的期望，是世界有可能和谐发展，不再有第三次世界大战的根据。

我偶尔在蓝旗营门口成府路上溜达，走进一家书店看到一本 Tal Ben-Shahar 著的 *Happier*，中文译本称为《幸福的方法》，当代中国出版社 2007 年出版，是哈佛大学排名

第一的普适教育课程。书中第 31 页说："幸福是生命的意义和目的，是人类生存的终极目标。"我才想到："呀，人生的目的原来就是幸福"。我中学时希望上大学，大学毕业后希望去留学。这些阶段性的目标，其实都是为了将来能过上幸福的生活。所以我相信作者说的，"幸福是人类生存的终极目标"。

28. 幸福不能"独善其身"，如果只有我幸福，周围的人们都不幸福，那么社会就不会安宁，就会动乱，最后我也得不到幸福。所以必须"共同幸福"。这一点是我用东方哲学的思想加上去的，不是《幸福的方法》作者的原意。本文的内容是从我本身的直觉提出的，和《幸福的方法》这本书可以互相补充印证。

29. 发展生产力是为了"共同富裕"，导致"共同幸福"。

七、素质教育要贯彻德智体美群劳乐七育

1. 什么是素质教育?

我认为素质教育应包含：①做人的基本素质，这就是德育。②科学素质、技能素质、人文素质，自学能力和独立创新研究的能力，这就是智育。③健康素质，这就是体育。④艺术素质，这就是美育。⑤社会适应素质和待人处世能力以及心理素质，这就是群育。⑥劳育。⑦乐育。所以素质教育就是全面培养学生的"德、智、体、美、群、劳、乐"七育。素质教育不仅仅是政治课教师的责任，我们每个专业课教师，都应该从自身的体会，随时讲一点自己对素质教育的认识，以及做人做事做学问的道理和方法。这样学生会感觉到教师不是在说教，而是在讲自己的亲身体会，教学效果会更好。

2. 德育是学会如何做人? 首先要树立正确的科学世界观。马克思认为"世界上的一切事物都在运动、变化、发展之中，没有绝对静止不动的事物。"这是马克思的核心世界观。从宏观来看，看似静止的高楼大厦，都随着地球围绕太

阳而运动。从微观上看，在绝对零度时的完美晶体的晶格质点，有零点振动能。这是被科学实验和振动光谱理论证明了的。

所以马克思的核心世界观完全符合当代科学的认识，是科学的世界观。

社会要发展，生产力要发展，使最大多数人民共同富裕。这就是马克思主义的价值观。马克思主义是发展的，与时俱进的。到了21世纪，如果单单追求共同富裕，追求GDP的增长就不够了。我们还要保护绿色的生态环境，缩短城乡差距，建设社会文明，推动社会和谐，追求可持续的发展。这就是十六大以来党中央提出的科学发展观，十八大提出实现中国梦，是马克思主义的最新发展和继承。牢固树立和全面落实科学发展观，实现中国梦，是对全国人民的共同要求，也是素质教育的根本内容。

马克思主义的方法论："实事求是，实践是检验真理的唯一标准。矛盾对立统一规律等唯物辩证法"。以上是德育的根本内容。

落实科学发展观，要树立"三感"：一是认识自己是社会的一个成员，树立社会的责任感。二是认识当前中国和世界的形势，树立时代的幸福感。三是认识当前时代的挑战，树立历史的使命感、紧迫感。

社会责任感

人是有知识的社会动物。做人的第一原则是要认识自己是社会的一个成员。我们每一个人生下来到能够进学校念书，凝聚着父母养育的恩情，师长教导的辛劳。我们住的房子、进的学校、吃的粮食、穿的衣服、走的道路，都是父老乡亲多年来辛勤劳动的果实。

我国伟大的教育家、北京大学的老校长蔡元培先生曾经说过："我们人类在生物中无角无爪，很是柔弱，而能发达者，全在彼此互助。只顾一人，是断不能生存的。自己要人家帮助，同时也需要帮助人家。这样大家互助，世界上的事情才弄得好"。

爱因斯坦在《我的世界观》中也说："我的精神生活和物质生活都依靠着别人（包括生者和死者）的劳动，我必须尽力以同样的分量来报偿。"

所以我们要培养学生爱父母、爱师长、爱家庭、爱社会、爱国家、爱人类的爱心，立志做一个有益于社会的好公民。

时代幸福感

20世纪90年代有一位美国智囊向克林顿进言：20世纪最重大的事件不是两次世界大战，也不是苏联的兴起和解体，而是中国的崛起，由此将改变世界的秩序。中国曾经在世界上领先几千年，其落后是最近200多年的事，现在又重新觉醒，开始加速往前跑了。

现在中国已经超过德国，成为世界第一出口国。2010年超过日本成为世界第二大经济体。2009年的中国的经济增长率领先世界，成为世界经济恢复的主要原动力。到2040年中国的GDP总量将超过美国，雄踞世界第一，实现200多年来多少先烈为之献身，无数仁人志士梦寐以求的中华腾飞。

现在的中青年同志们到那时候不过五十、六十、七十岁，都能看到这个无限美好的前景，多么幸福呀！这个幸福感，我们从旧社会过来的这一辈人，感受特别深。我们教师一定要深刻认识，并使学生牢记自鸦片战争以来的多少国耻，认识"千秋耻，既已雪，中兴业，需人杰"，培养青年学生的时代幸福感。有了时代的幸福感，才会产生民族的自豪感，有了民族自豪感，才会树立青年人的雄心壮志和历史的使命感。

历史使命感

中华腾飞的美好前景已在我们前面，但要真正实现它，还要缩短贫富差距，提高农民收入，加强廉政建设，应对世界金融危机，需要全体中华儿女的努力，重担尤其是在中青年同志们的身上，我们要使青年学生充分认识历史赋予他

（她）们的这一光荣任务，永远铭记紧迫的历史使命感，自觉做高素质的社会主义建设者和接班人。

此外，各行各业人员要遵守行业道德规范。中国科学院和工程院制订了科学道德规范，院士必须严格遵守并带领全国科技人员遵守。教师要遵守师德规范，国家公务员要遵守廉政规范和以民为本的理念。企业家要树立诚信从商的理念，退休后要有热心公益事业，回报人民的理念。

1. 德育是学会如何做人？首先要树立正确的科学世界观。马克思认为"世界上的一切事物都在运动、变化、发展之中，没有绝对静止不动的事物。"这一点我们学科学的人很容易接受。从宏观来看，看似静止的高楼大厦，都随着地球围绕太阳而运动。从微观上看，在绝对零度时的完美晶体的晶格质点，有零点振动能。这是被科学实验和振动光谱理论证明了的。

2. 智育是学会如何做学问？一是把从课堂、书本、实验室和课外学到的科学和人文知识，实验技术和动手的能力消化为自己的东西，并建立自己合理的、既有一个或两个专长（专业教育）又有比较宽广的、能适应社会需要的知识框架（通识教育）。智育的另一重要内容是方法教育，即学会自学的方法。"授人以渔"比"授人以鱼"更重要。老师要把打开知识大门的钥匙，连同一张导游图交给学生。还要培养学生的创新思维和创新方法。

3. 体育即健康素质教育，是培养学生具有健康、强壮的身体，树立现代预防医学的理念，学会几种体育运动的技巧。健康的身体是成功的要素，这是不言而喻的。健康是走向"成功"的基础。健康的要诀是：人要经常参加活动，如游泳、打网球、散步、做体操等。所以在学校教育中，就要教会学生几种体育运动的技巧。

在家庭和学校教育中，从小就要培养青少年养成良好的健康生活习惯，不抽烟，少喝酒；合理平衡的饮食；永远乐观的情绪，开朗的性格。吸烟对健康十分有害，是癌症的第一杀手。我国的烟民占世界第一位，希望国家和社会大力宣传吸烟的害处，使烟民数量快速下降，尤其希望青年们一定不要吸烟。

现代医学已由治病为主，发展到预防第一，治病第二的阶段。所以健康素质教育要使青少年树立现代预防医学的理念和公共卫生的习惯，例如不随地吐痰、勤于洗手等。

预防医学认为人的一生有三个阶段：养育学习阶段，工作服务阶段，休息养老阶段。又有三种状态：健康状态，亚健康状态，疾病状态。一个人从出生到大学毕业，约需 22 年，这是养育学习阶段。从 23 岁起，进入工作服务阶段。我们的目标要使健康状态和工作服务阶段的时间越长越好。

4. 什么是美育？

美育是培养高尚的情操。艺术和音乐是形象思维，科学主要是逻辑思维，但重大的原始科学理论创新是由形象思维开始的。我的头脑中逻辑思维的能力强一些，形象思维的能力比较差。科学理论的创新有两类：一类是发展式的创新，另一类是原始创新。前者是在现有理论的框架下发展，得到新的结果。这一类创新主要是用逻辑思维的方法。后者是完全抛开现有理论框架的原始创新，例如爱因斯坦提出的光子学说、相对论，哥本哈根学派提出的量子力学等。这类创新往往起源于形象思维，通过形象思维提出一个假设，然后运用严密的逻辑思维建立理论，并设计实验来验证。

例如爱因斯坦曾经形象地设想如果自己以光速跟着一束光线跑，他会看到什么呢？他看到的是一串相对静止的光的波包。由此悟出光可能是一束光子流，他马上把这种形象思维转变为严密的逻辑思维，提出了定量的光子学说，圆满地解释了光电效应，因而获得了诺贝尔奖。他的相对论应该获得第二次诺贝尔奖，但未授予。这是诺贝尔评奖委员会的失误。

美育也包括文明礼貌，尤其是在公共场合，出外旅游，要十分注意文明礼貌。

5. 什么是群育？

群育是学会如何待人处世？培养学生与老师、同学、父母、家庭、亲友、社会进行思想交流、互相关爱和协作相处的能力。培养团队协作精神和领导艺术。

6. 劳育是培养学生从事体力和脑力劳动的习惯和技巧，包括家务劳动和生活自理能力，以及平等对待和尊重体力劳动的心态，树立"劳工神圣"的理念。男女孩子都应学会缝缝补补和洗衣做菜的家务劳动。家庭之中，如果妻子做菜，丈夫一定要买菜，洗碗收拾，平均分担家务。

7. 乐育就是培养学生的幸福快乐观。

1920 年 11 月 7 日　徐光宪出生于浙江绍兴市，祖籍绍兴上虞。

1936 年 9 月 1 日　浙江大学附属高级工业职业学校土木科学习。

1937 年 7 月 7 日　日本帝国主义发动侵华战争，12 月浙江大学内迁，高工被迫解散。徐光宪回上虞老家自学代数解析几何，做大量习题。

1938 年 7 月　转学到宁波高级工业职业学校土木科，插班三年级。

1939 年 7 月　浙江宁波高级工业职业学校土木科毕业。

1939 年 11 月　每天晚上在上海南洋煤球厂老板罗怀开先生家担任家庭教师，白天在上海大同大学化学系肄业。

1940 年 9 月 ~ 1944 年 7 月　上海交通大学化学系学习。1944 年毕业。

1944 年 7 月 ~ 1946 年 8 月　上海宝华化学厂技师。

1946 年 4 月 18 日　在上海与交大同班同学高小霞结婚。

1946 年 9 月 ~ 1947 年 12 月　上海交通大学化学系助教。

1948 年 1 ~ 6 月　美国圣路易城华盛顿大学研究院学习。

1948 年 7 月 ~ 1951 年 3 月　美国纽约哥伦比亚大学研究院学习，主修量子化学，辅修物理学。

1948 年 9 月 ~ 1951 年 1 月　美国哥伦比亚大学化学系助教。

1949 年 2 月　当选为美国 Phi Lamda Upsilon 荣誉化学会会员，获金钥匙一枚。

1949 年 9 月　获哥伦比亚大学理学硕士学位。

1950 年 10 月 当选为美国 Sigma Xi 荣誉科学会会员，接受金钥匙一枚。

1951 年 3 月 15 日 博士论文《旋光的量子化学理论》通过论文答辩，获博士学位（Ph.D.）。正式博士证书要在 9 月的开学典礼上才能发给，那时徐光宪已经回国，是同学施履吉（中国科学院生物学部院士）在 1955 年回国时带回给徐光宪的。

1951 年 4 月 15 日 与夫人高小霞离开旧金山，乘船回国。

1951 年 5 月 5 日 受聘任北京大学化学系副教授，为化学系三年级学生、解放军防化兵部队进修生班和金日成大学进修生班讲授物理化学。招收第一名量子化学研究生方国光。兼任燕京大学副教授，并为研究所讲授量子化学课。

1952 年 9 月 10 日 加入中国民主同盟。

1952 年 9 月 全国高校进行院系调整，北京大学与清华大学、燕京大学三校理科合并调整为新的北京大学与东北人民大学的理科，徐光宪任新的北京大学化学系副教授，在全国首次开设讲授物质结构课。

1953 年 9 月 开始配位化学的研究，开始讲授化学统计力学课。

1954 年 7 ～ 9 月 受教育部委托，唐敖庆、卢嘉锡、吴征铠、徐光宪在北京主办物质结构进修班，为全国培养第一批物质结构教师。

1956 年 5 月 参加《1956 ～ 1967 年科学技术发展远景规划纲要（草案）》制订会议。在 55 项国家急需的重大项目之外，在唐敖庆和卢嘉锡建议下，增加了第 56 项"物质结构的基础研究"，获得周恩来总理的批准。

1955 年 8 月 根据中央部署，在北京大学成立物理研究室，培养核物理（一组）和放射化学（三组）专业学生。当时放射化学专业由郭挺章先生领导，并聘任苏联专家涅费道夫副教授开展热原子化学和同位素交换的研究。1956 年郭挺章先生不幸英年早逝，苏联专家也已回国。

1957 年 8 月　高教部决定撤消物理研究室，核物理专业并入物理系，放射化学专业并入化学系，成立放射化学教研室（对外称物质结构教研室），根据钱三强先生推荐，任命徐光宪为教研室主任，开始从事核燃料萃取化学的研究。1958 年 9 月开始讲授原子核物理导论课。

　　1958 年 12 月　北大党委为了便于保密专业的管理，又把核物理专业和放射化学专业，分别从物理系和化学系调出来，成立原子能系，后来改称技术物理系。任命胡济民为系主任，虞福春为副系主任。

　　1959 年 1 月　增加任命徐光宪为原子能系副系主任，兼核燃料化学教研室主任，开始讲授核燃料化学、萃取化学。

　　1959 年 2 月　开始从事铀 235 同位素分离方法的研究。

　　1959 年 9 月　到湖南长沙参加重铀酸铵的研制和生产劳动。

　　1959 年 12 月　徐光宪主编的《物质结构》由高等教育出版社出版。

　　1960 年 8 月　徐光宪受教育部委托，到河南郑州大学再次为全国中青年教师主办物质结构和放射化学两个进修班，在一个月内讲完两门课。

　　1961 年 8 月　应中科院上海有机化学所邀请，到该所讲萃取化学一个月。

　　1964 年 3 月　参加二机部在青岛燕儿岛召开的绝密会议，讨论苏联专家撤走后的后处理厂仍用苏联的沉淀法，还是改为先进的萃取法的问题。徐光宪因已从事核燃料萃取研究 5 年，与清华大学的汪家鼎等专家竭力主张摒弃苏联提供的沉淀法，以我国自行研究的、先进的萃取法筹建核燃料后处理厂，制造原子弹原料钚。

　　1964 年 12 月　徐光宪和高小霞当选第三届全国人民代表大会代表。

　　1965 年 6 月　《物质结构简明教程》由高等教育出版社出版。

1965 年 10 月　应复旦大学化学系邀请，为全国无机化学教师讲高等无机化学课。

1969 年　到江西鲤鱼洲北京大学干校劳动。

1972 年 3 月　由江西干校回化学系与黄春辉、金天柱等接受镨钕分离的任务，从事稀土萃取分离的教学和研究，6 月开始研究串级萃取理论。

1973 年 12 月　包钢稀土三厂派人带来他们积压的镨钕富集物，来北大做 N263–DTPA 推拉体系萃取分离镨钕的中间试验，获得成功。

1974 年 9 月　与金天柱等到包钢稀土三厂做 N263–DTPA 推拉体系萃取分离镨钕的工业试验，获得成功，仅用 80 级萃取槽，得到纯镧、纯镨、纯钕，并在第三出口得到钐，铕，钆的富集物。

1974 年 12 月　与黄春辉、金天柱、陈凤祥、李能等研究用环烷酸一步法萃取高纯钇，获得成功，为北京化工厂提供制备荧光粉的合格原料。

1975 年 8 月　在京召开第一次全国稀土会议，会上徐光宪提出串级萃取理论，受到大家重视，有色研究总院萧祖炽总工程师建议徐光宪在全国办串级萃取理论讨论班，在全国推广应用。

1976 年 4 月　参加制订全国稀土发展规划。

1976 年 6 月　到上海跃龙化工厂主办串级萃取理论讨论班，有中科院、冶金部、高校和主要稀土厂的技术骨干 100 余人参加，为串级萃取理论在全国的推广应用打下基础，对我国稀土工业发展影响深远。

1977 年 11 月　当选为第七届北京市人民代表。

1978 年 2 月　徐光宪与高小霞同时当选为第五届全国政协委员。

1978 年 3 月　"稀土萃取研究"获全国科学大会奖。

1978 年 9 月　钱三强先生来到北大告诉徐光宪现在可以回到量子化学的基础研究了，因此与黎乐民共同招收量子化学研究生十名，连同中国科学院化学所和南开大学来进修的研究生，开一量子化学研究生班，编写量子化学讲义，后来由科学出版社出版《量子化学——基本原理和从头计算法》上、中、下三卷。

1978 年 12 月　受聘任国家科学技术委员化学学科组成员。

1980 年 5 月　率中国科学院稀土代表团访问美国及法国。

1980 年 12 月　徐光宪和高小霞同时当选为中国科学院学部委员（院士）。

1980 年 12 月　倡仪成立中国稀土学会，在第一届会员大会上当选为副理事长，兼任稀土化学和湿法冶金专业委员会主任。

1981 年 2 月　受聘，任国务院学位委员会第一届学科评议组成员；任中国大百科全书化学编委会物理化学副主编和无机化学副主编；在化学系开设高等无机化学课。

1981 年 4 月　受聘，任《高等学校化学学报》副主编。

1981 年 9 月 9 日　参加第一届 CGP 留美研究生招生命题会。

1982 年 1 月　受聘，任《国际量子化学杂志》（Int. J. Quantum Chem）顾问编委。

1983 年 6 月　当选第六届全国政协委员。

1983 年 11 月　参加中国共产党。

1984 年 1 月　专著《萃取化学原理》由上海科技出版社出版。

1984 年 10 月　庆祝中华人民共和国成立 35 周年，应邀到天安门观礼。

1984 年 12 月　任《中国科学》《科学通报》副主编；《中国科学 B 辑：化学》主编。

1985 年 1 月　任《北京大学学报》（自然科学版）主编。

1985 年 2 月　受聘，任国务院学位委员会第二届学科评议组成员；应聘，任《无机化学学报》副主编。

1985 年 5 月　专著《量子化学（中册）》由科学出版社

出版。

1985 年 9 月　任第二届国际稀土会议大会副主席，兼程序委员会主席，做大会学术报告。

1986 年 1 月　*New Frontiers in Rare Earth Science and Applications* 由科学出版社出版。

1986 年 2 月　国家自然科学基金委员会成立，应聘，任化学学部主任。

1986 年 4 月　当选为中国化学会第 22 届理事会理事长。

1986 年 10 ~ 11 月　受日本科学振兴会特邀作为 JSPS 高级研究员，访问东京大学、东京工业大学、分子科学研究院、京都大学等讲学。

1986 年 10 月　在北京大学成立稀土研究中心，任中心主任至 1999 年 9 月。

1987 年 5 月　受日方特邀，作 IUPAC CHEMRAWN CONF Ⅵ（国际纯粹和应用化学联合会召开的第六次世界需要的重大化学问题研讨会）的大会报告。

1987 年 6 月　受聘，任第二届国家自然科学奖励委员会委员。

1987 年 8 ~ 9 月　参加唐敖庆率领的国家自然科学基金委员会代表团访问联邦德国。

1987 年 9 月　访问比利时列日大学开讲学；专著《稀土溶剂萃取》由科学出版社出版，该书于 1990 年 10 月获全国优秀科技图书奖一等奖。

1987 年　"应用量子化学"科研成果获国家自然科学奖二等奖；"串级萃取理论"科研成果获国家自然科学奖三等奖。

1988 年 1 月　《物质结构》荣获全国高等学校优秀教材特等奖，由国务院总理李鹏授奖。

1988 年 3 月　当选第七届全国政协委员。

1989 年 4 月　国家计委批准在北京大学筹建稀土材料化学及应用国家重点实验室。

1989 年 9 月　参加在澳大利亚召开的第三届亚洲化学大

会，当选为亚洲化学会主席。

1989 年 12 月　参加在美国檀香山召开的太平洋地区化学大会，应邀作分组学术报告。

1990 年 10 月　参加第二届中日稀土交流会作大会学术报告。

1990 年 11 月 7 日　70 岁生日，稀土中心编印《徐光宪论文选集》（共五卷）。

1990 年 12 月　荣获国家教委和国家科委授予全国高等学校先进科技工作者称号。

1990 年 12 月　被第四届亚洲化学大会聘为大会主席。

1991 年 1 月　应聘，任国际镧系和锕系研究 *Lanthanides and Actinides Research* 顾问编委。

1991 年 4 月　受聘，任山东大学化学系兼职教授。

1991 年 5 月　在京召开第二届国际稀土会议，任大会副主席，兼程序委员会主席，作大会学术报告。

1991 年 6 月　受聘，任第三届国家自然科学奖励委员会委员。

1991 年 8 月　在京召开第四届亚洲化学大会，任大会主席，参加大会的各国和地区的化学会主席受到江泽民主席的接见。

1991 年 11 月　"稀土萃取分离工艺的一步放大"科研成果获国家科技进步奖三等奖。

1992 年 1 月　徐光宪和高小霞应邀访问香港中文大学讲学。

1992 年 9 月　参加在日本京都和东京召开的第 2 次中日理论化学会，作大会学术报告。

1992 年 10 月　主持在广州召开的第 4 次中日稀土化学会，作大会学术报告。

1992 年 12 月　主持在泰国曼谷召开的亚洲化学大会理事会，应邀在第十六届国际化学教育会上作原子价新定义的大会报告；国家攀登项目"稀土基础研究"立项，任首席科学家，召开第一次专家会议，分配课题。

1993年2月　到中科院上海有机化学研究所主持有机化学战略讨论会。

1993年4月　应邀访问加拿大 McGill 大学，作稀土化学方面学术报告两次，讨论合作计划；应 Arthony John Poe 教授邀请访问 Toronto 大学，作稀土配位化学方面学术报告。

1993年7月　受聘，任浙江大学化学系兼职教授。

1993年9月　至美国 Monterey 参加 The 20th Rare Earth Research Conference，出席稀土国际会议协调会，决定1995年8月在中国召开国际稀土会议；应哥伦比亚大学化学系主任 Richard Bersohn 教授和 Ronald C. D. Breslow 教授邀请访问该校，作稀土配位化学与量子化学方面学术报告；受聘，任中国科技大学兼职教授。

1993年11月　到马来西亚 Kuala Lumpar 参加第五届亚洲化学大会，作大会邀请报告，接受亚洲化学会荣誉证书。

1993年10月　主持国家基金委在南京召开的无机化学发展战略讨论会。

1994年1月　应台湾工业研究院院长邀请访问新竹，作稀土分离化学学术报告；应台湾中研院院长邀请访问台北，作原子价新概念的学术报告。

1994年9月　荣获北京大学首届自然科学研究突出贡献奖。

1995年1月　荣获首届何梁何利基金科学与技术进步奖；受聘，任东北大学名誉教授。

1996年4月7日　与高小霞一起应邀参加上海交通大学100周年纪念及交大院士纪念馆开幕剪彩。

1996年4月18日　徐光宪和高小霞在杭州欢度金婚纪念。

1996年7月12日　"八五"攀登计划《稀土科学基础研究》总结通过验收，被评为优秀。

1996年12月9～15日　到深圳、虎门、香港等地参加

中央电视台主办的大陆香港"同是一个梦"大型联欢会，预祝香港回归。

1997年4月1日 与高小霞应邀参加浙江大学100周年纪念活动，并作学术报告。

1998年5月18日 高小霞被确诊患癌症，住中国医学科学院肿瘤医院，9月9日故世，9月17日遗体告别，10月14日骨灰安葬于北京万安公墓。

1998年10月9日 中国稀土学会在北京首钢召开第三次全国会员代表大会，被选为名誉副理事长。

1998年11月 国家重点基础研究"973"计划"稀土功能材料的基础研究项目"最后获得通过，严纯华教授被任命为首席科学家，实现了多年来的愿望之一。

1999年9月10日 以黎乐民院士为主任、严纯华教授和陈志达教授为副主任的北京大学稀土材料化学及应用国家重点实验室经过国家科技部的评议，被评为A级，实现了多年来的愿望之二。

1999年10月25～30日 参加我国信息化学会议，作大会报告。

2000年7月 参加在山东威海召开的全国无机化学会暨庆祝徐光宪80华诞大会。《徐光宪文集》出版；纪念文集《润物细无声》出版。

2000年10月 指导量子化学博士生王炳武。

2000年10月21日 参加在北京召开的全国博士后学术会议，作大会报告。

2000年11月5日 国家自然科学基金委和北大化学学院庆祝徐光宪80华诞。

2000年11月6日 中国科协邀请徐光宪和严纯华参加在上海召开的"2000年科技论坛"，并在7日祝贺徐光宪80岁生日。

2001年2月3日 由朗润园迁到成府路蓝旗营小区新居。

2001年6月13日 中央电视台方静、张文华、黑子等

登门录制庆祝建党 80 周年纪念片《旗帜》中有关徐光宪的 5 分钟。

2001 年 9 月 10 日　李岚清副总理登门访问，徐光宪汇报了包头白云鄂博西矿乱采滥挖的问题，受到李副总理的重视，指示包头市长召开现场会议，及时加以制止，保护了国家宝贵的资源。

2001 年 10 月 23 至 26 日　参加在桂林召开的全国配位化学会议，并应邀作大会报告。

2002 年 7 月 17 至 19 日　在长春参加第八次全国量子化学会，作"21 世纪理论化学的挑战和机遇"报告，游长白山。

2002 年 9 月 27 日　参加稽山中学 70 周年校庆，和创办人邵力子先生诞辰 129 周年暨铜像揭幕仪式。徐光宪 1935 年在稽山中学就读。那时绍兴，每年总是风调水顺，不知旱涝灾害。幼年时不知其故。现在绍兴市政府修建了东汉马太守庙，才知著名的鉴湖原来不是天然就有的，其实是马太守修建的水库。为此他要征购土地，被当地豪强上告，马太守被斩首，为民献身。徐光宪被马太守的精神深深感动。

2002 年 11 月 2 日　高松陪同徐光宪参加中国化学会创建 70 周年暨第七次全国代表大会，徐光宪作"21 世纪是信息科学、合成化学与生命科学共同繁荣的世纪"的大会报告。

2003 年 2 月　北大化学学院稀土研究中心与无机化学研究所合并，成立新的无机化学研究所，长江学者严纯华任所长。

2003 年 4 月 10 日　北大发现首例"非典"，4 月 20 日国家卫生部部长和北京市市长因抗"非典"不力被撤职。由吴仪兼任卫生部部长，启用中医投入抗"非典"，使疫情迅速得到控制。4 月 30 日徐光宪捐献 1 万元向抗"非典"医务人员表示敬意。5 月 2 日"非典"新增 155 人，达到高峰。6 月 24 日世界卫生组织（WHO）解除北京旅游警告，删除北

京"非典"疫区名单，共计战斗65天。

2005年　徐光宪与谷超豪获"何梁何利科技成就奖"。徐光先用所得奖金在北京大学化学学院设立霞光奖学金，每年奖励家境困难，而品学优良的化学本科二年级学生8名。

2006年5月5日　原北大化学系1956年毕业生，中国科学院化学所研究员徐端大院士不幸故世。他与吴瑾光教授、徐怡庄副教授在络合物化学和高分子化学的交叉领域，做了大量基础和应用基础研究，从而创建的稀土细旦尼龙，使纤维细度达到0.6旦的高峰［9000米长的纤维的重量的克数，称为"旦（Daniels）"］。徐端夫院士担任杭州师范大学有机硅重点实验室的学术委员会主任，与实验室主任来国桥教授合作研发细旦尼龙的中试工作，不幸英年早逝。为了使这一工作继续进行，徐光宪答应继任学术委员会主任，以便加强两校的联系与协作，完成徐端夫的遗志。

2006年12月13日　获首届北京大学蔡元培奖。

2008年8月20日　徐光宪全家到万安公墓扫墓。

2008年9月9日　北大分析化学研究所李南强、邵元华、刘虎威、张曼平、焦奎、倪亚明、聂利华、葛道英等到万安公墓纪念高小霞逝世十周年。

2009年1月9日　国家主席胡锦涛在人民大会堂向徐光宪、工忠诚颁发2008年度国家最高科技奖。

2009年4月　徐光宪与吴文俊、钱学森等被上海交通大学授予"杰出校友终身成就奖"。

2009年11月7日　北京大学化学学院召开"无机和稀土化学前沿学术研讨会暨徐光宪先生九十华诞庆祝会"。

徐光宪著作目录简编

一、徐光宪的专著和高等院校本科生及研究生的教材

［1］徐光宪. 物质结构. 北京：高等教育出版社、人民教育出版社，（北京，1959，1961，1963，1978，1983）

［2］徐光宪，王祥云. 物质结构. 第二版. 北京：高等教育出版社. 1987

［3］徐光宪. 物质结构简明教程. 北京：人民教育出版社. 1965

［4］徐光宪，袁承业. 稀土的溶剂萃取. 北京：科学出版社. 1987

［5］徐光宪，王文清，吴瑾光，高宏成，施鼐. 萃取化学原理. 上海：上海科技出版社. 1985

［6］徐光宪，黎乐民. 量子化学——基本原理和从头计算法. 上册：基本原理. 北京：科学出版社. 1980

［7］徐光宪，黎乐民，王德民. 量子化学——基本原理和从头计算法. 中册：从头计算法. 北京：科学出版社. 1985

［8］徐光宪，黎乐民，王德民，陈敏伯. 量子化学——基本原理和从头计算法. 下册：理论方法. 北京：科学出版社. 1989

［9］徐光宪，刘静宜. 十年来中国的络合物化学（1949～1959）. 十年来中国科学丛书中的一章. 北京：科学出版社. 1995

［10］徐光宪，倪嘉缵. 神奇之土——稀土科学研究. 长沙：湖南科学技术出版社. 1996

［11］徐光宪. 徐光宪论文选集. 北京：北京工业大学

出版社. 1995

〔12〕徐光宪. 徐光宪文集. 北京大学院士文库. 北京：
北京大学出版社. 2000

〔13〕徐光宪主编. 稀土（上册）稀土湿法冶金. 北京：
冶金工业出版社. 1995

〔14〕徐光宪主编. 稀土（中册）稀土火法冶金. 北京：
冶金工业出版社. 1995

〔15〕徐光宪主编. 稀土（下册）稀土材料及应用. 北
京：冶金工业出版社. 1995

〔16〕徐光宪，黎乐民，王德民. 21 世纪高等院校教材.
量子化学——基本原理和从头计算法（上册）. 量子力学基
本原理，理论及其在量子化学的应用. 北京：科学出版社.
2007 年 7 月修订第二版. 2009 年 10 月，第八次印刷

〔17〕徐光宪，黎乐民，王德民，陈敏伯. 21 世纪高等
院校教材. 量子化学——基本原理和从头计算法（中册）.
量子化学积分，原子结构的多重态理论，自协场计算，电子
相关问题，密度泛函理论方法，有效芯势方法. 北京：科学
出版社. 2009 年 6 月修订第二版

〔18〕徐光宪，黎乐民，王德民，陈敏伯. 21 世纪高等
院校教材. 量子化学——基本原理和从头计算法（下册）.
多粒子体系的二次量子化方法，Green 函数方法原理及其应
用，置换郡的表示，线性变换郡的张量表示，Lie 郡和 Lie 代
数，量子散射理论，光化学基元过程理论. 北京：科学出版
社. 2008 年 3 月修订第二版

二、徐光宪主编的国际会议论文集

〔1〕Guang-Xian Xu, Jimei Xiao. New Frontiers in Rare Earth Science and Applications. Vol. 1 and 2. Science Press. Beijing, China, 1985

〔2〕Xu Guang-Xian, Xiao Jimei, Yu Zongsen and Chen Minbo. Proceedings of the Second International Conference on Rare

Earth Development and Applications. Vol. 1 and 2. International Academic Publishers. 1991

［3］Xu Guang-Xian，Xiao Jimei，Yu Zongsen and Yan Chunhua. Proceedings of the Third International Conference on Rare Earth Development and Applications. Vol. 1 and 2. Metallurgical Industry Press. 1995

三、获奖书目

［1］《物质结构》获全国高等学校优秀教材奖特等奖（1988）. 获奖者：徐光宪

［2］《稀土的溶剂萃取》获全国优秀科技图书奖一等奖（1990）. 获奖者：徐光宪，袁承业

徐光宪主编的国际会议论文集、徐光宪在国内外的学术期刊发表论文 550 余篇，为节省篇幅，目录从略。

主要参考文献

［1］交通大学校史撰写组. 交通大学校史资料选编. 西安：西安交通大学出版社，1986.

［2］交通大学校史撰写组. 交通大学校史. 上海：上海教育出版社，1986.

［3］上海交通大学志编纂委员会. 上海交通大学志. 上海：上海交通大学出版社，1996.

［4］上海交通大学志编纂委员会. 上海交通大学纪事. 上海：上海交通大学出版社，2006.

［5］李鹰翔，等. 当代中国的核工业. 北京：中国社会科学出版社，1987.

［6］［美］阿西摩夫. 古今科技名人辞典. 北京：科学出版社，1988.

［7］文集编撰委员会. 一代宗师——曾昭抡百年诞辰纪念文集. 北京：北京大学出版社，1999.

［8］郭建荣. 中国科学技术纪事. 北京：人民出版社，1990.

［9］郭建荣，等. 北大的大师们. 北京：中国经济出版社，2005.

［10］郑德荣，等. 新中国纪事. 长春：东北师范大学出版社，1986.

［11］《今日北大》编写组. 今日北大. 北京：北京大学出版社，1988.

［12］钟云霄. 胡济民. 北京：金城出版社，2008.

［13］有林，等. 中华人民共和国国史通鉴. 北京：红旗出版

社，1993.

［14］毛泽东. 毛泽东选集. 第五卷，北京：人民出版社，1977.

［15］中国科学院学部联合办公室. 中国科学院院士自述. 上海：上海教育出版社，2000.

［16］徐光宪. 物质结构. 北京：高等教育出版社，1959.

［17］徐光宪，等. 萃取化学原理. 上海：上海科学技术出版社，1984.

［18］徐光宪，等. 稀土. 的溶剂萃取. 北京：科学出版社，1987.

［19］徐光宪. 徐光宪论文选集. 北京：北京工业大学出版社，1995.

［20］《稀土》编写组. 稀土. 北京：冶金工业出版社，1978.

［21］徐光宪，等. 稀土. 第二版. 北京：冶金工业出版社，1995.

［22］徐光宪. 徐光宪文集. 北京：北京大学出版社，2000.

［23］中国科学技术协会. 中国科学技术专家传略·理学编·化学卷 3. 北京：中国科学技术出版社，1999.

［24］中国科学技术协会. 中国科学技术专家传略·理学编·化学卷 4. 北京：中国科学技术出版社，2001.

［25］北京大学技术物理系. 核科学家摇篮——北京大学技术物理系成立四十周年（纪念册）. 1995.

［26］王学欣，等. 润物细无声. 北京：科学技术文献出版社，2001.

［27］恩格斯. 自然辩证法. 北京：人民出版社，1971.

［28］孙小礼. 文理交融. 北京：北京大学出版社，2003.

［29］许良英，等. 爱因斯坦文集. 北京：商务印书馆，1979.

［30］郭建荣，等. 北大的才女们. 北京：北京大学出版社，2009.

［31］时代人物. 2009 年 3 月号，19–23 页

［32］稀土信息. 2009 年第 2 期，10–13 页

［33］中国科技奖励. 2009 年 1 月号，32–40 页

［34］人民画报. 2009 年第 1 期，51–53 页

［35］在京浙江人. 2006 年第 12 期，17–19 页

［36］科技创新与品牌. 2009 年第 2 期

［37］光明日报. 2006 年 5 月 10 日，第 5 版

［38］功能材料信息. 第 6 卷第 3 期，2009.

［39］陈衡. 科学研究的方法论. 北京：科学出版社，1984.

［40］吴岱明. 科学研究方法学. 长沙：湖南人民出版社，1987.

［41］（英）A.N.怀特海著. 何钦，译. 科学与近代世界. 北京：商务印书馆，1989.

［42］（英）波普尔著. 纪树立编译. 科学知识进化论. 北京：三联书店，1987.

［43］丛中笑. 王选的世界. 上海：上海科学技术出版社，2002.

［44］胡作玄，等. 吴文俊之路. 上海：上海科学技术出版社，2002.

　　我认识徐光宪、高小霞院士伉俪，是在 1993 年。那时我承担了《北京市普通高等教育志》的"重大事件篇"和"人物篇"的部分撰稿任务，写完初稿之后请传主或其家属过目，修改后定稿。因此我有机会到朗润园登门拜访，将初稿呈送徐、高二位先生审阅，记得此举颇得徐先生鼓励："北大就是北大，认真严谨。"

　　一晃数年过去了，不意我们成了邻居，出入常能碰面。居此才高八斗、学富五车的芳邻之中，真是我学习的好机会。2006 年，我在编写《北大的才女们·高小霞》时，得到了徐先生的大力支持，为我提供了诸多便利，使我顺利完成任务。在这个过程中，我对徐先生、高先生有了进一步的了解和认识。徐先生那种实事求是、严谨认真、温文尔雅、可敬可亲的大家风范深深印在我的脑海之中，给我以激励和鼓舞。尤其是他在耄耋之年，仍然为国家的科学事业孜孜不倦地耕耘的精神，对我等晚辈更是有力地鞭策。每当我有松懈之意时，徐先生坐在电脑前敲击键盘的身影、微笑的面容就会浮现眼前。功成名就的徐先生尚且如此，后生晚辈敢不努力！

　　2009 年初夏，当我有问题向徐先生请教之后，徐先生说起国家科学技术奖励工作办公室要为他写个传记的事，希望能由我来编写，问我是否可以。虽然我在写完《高小霞——平凡的人生　非凡的探求》一文之后，有为徐、高二位写一合传的念头，但当真的要落实下来，我却不敢贸然答应，因为我自知才疏学浅，怕不能真实呈现这位国家最高科技奖获得者的方方面面，让读者失望。由于徐先生看过拙作，认为拙文风格朴实，叙事实事求是，符合他的要求。在徐先生的鼓励下，我们开始了。

一开始徐先生就为本书定下了写作原则：①从读者着想应该比从传主着想多一些，要使读者读后有所收获，有所借鉴。②实事求是，不夸大，也不过分谦虚，说老实话，做老实事。③有关人物和时代背景，要有简单说明。④要有趣味性、可读性，许多经验教训，都从实际事例说起，让读者自己得出可以借鉴的结论。

我们拟定的框架是以时序为经线，从童年、青少年、中年到晚年。这就是本书的第一至第七章，介绍徐先生的求学、教学、科研的曲折经历和所做出的贡献。第八至第十一章是纬线，讲徐先生做人、做事、做学问的理念、方法、教训和经验，以及晚年意图回报社会的几个愿望。这些在前七章中大都已提到，而且是从实际的生活和事例中，逐渐形成和归纳出来的。但在第八至第十一章中加以总结、梳理和提炼。这样经纬结合组成一幅画卷，使本书的中青年读者有所借鉴和超越。以便培养自己成为国家需要的杰出创新型人才。

徐先生讲述，我录音、笔记，然后整理成录音记录，这是资料之一。另外，徐先生将他的有关著作、讲义、报道等，三十多公斤文字、照片资料提供给我。我在把这大量资料阅读整理之后，拟定了一个篇章目录，请徐先生审定，在得到徐先生认可之后我开始动笔。

在写作的过程中，我一再被事实所激动，感受一位大家的方方面面。比如，徐先生一贯助人为乐，不管是事业上还是生活上得到过他的帮助、提携的学生、同事很多，尤其是在处境困难或关键时刻得到过帮助，他们至今都谨记在心，有机会时都会激动地表达出来，书中有几处记述。徐先生在审阅初稿过程中，几次表示"此事我不记得了，删去吧。"徐先生不记得了，这表明一则徐先生帮人出于自然，过后不念；二则他帮人太多，多则易忘，但受惠者却牢记不忘。这"施惠勿念，受恩莫忘"的中国传统的生动画面是那样轻松、自然、真实、感人。而徐先生在眼睛动过手术之后，目力困难的情况下仍抓紧修改稿件，特别是在他跌倒摔断肋骨之后，只住院一周就回家抱病整理附录、照片，使我备受感动……

这经年的时间是我学习和提高的过程。在这不舍昼夜的日子里，心中想的、眼睛看的无不是有关资料和问题。吃饭、散步时也在考虑某章、某节该如何处理；有时夜间醒来，会突然想起某段文字的表达换一种方式也许更好，或明天又该去图书馆借什么参考书……从夏历秋，寒来暑往，不知不觉中又一个夏天来临，在徐先生的关怀指导下，终于粗成首尾。徐先生仔细审阅修改了初稿，一些文字出自徐先生的亲笔。

在写作过程中时时向徐先生请教，谨记徐先生"要从读者出发，替读者考虑"的观点，并为此而努力，但效果如何，只有等待读者诸君的评判了。由于本人水平所限，书中不足之处在所难免，敬请批评指正。

本书在编写过程中，北京大学校史馆领导尽量减少我的其他任务，以保证我有比较充裕的时间写作，给予了大力支持；化学学院的黄春辉、黎乐民、高松、严纯华等教授仔细审阅了初稿，并提出了宝贵的意见，使书稿得以改进、增色；化学学院花文廷、苏勉增、彭崇慧、杨培增、李能、戴黎等老师给予了很多的帮助；此外，还得到绍兴文理学院王建华、钱斌、汤伟星、袁油迪等老师以及绍兴市元培中学吴赛男老师的帮助。在此一并表示衷心感谢！

《国家最高科学技术奖获奖人丛书》的出版获得了国家科学技术奖励工作办公室的大力支持，中国科协原党组成员、书记处书记宋南平对书稿内容提出了宝贵的意见，同时感谢中国科技新闻学会秘书长许英在书稿策划，组织编写方面所做的重要工作。

郭建荣

2010 年 9 月 20 日蓝旗营听雨轩初稿

2011 年 10 月 29 日修订完